Mathias Schüz, Stephen Wirth und Aiko Bode

Lügen in der Chefetage

200 Jahre Wiley – Wissen für Generationen

Jede Generation hat besondere Bedürfnisse und Ziele. Als Charles Wiley 1807 eine kleine Druckerei in Manhattan gründete, hatte seine Generation Aufbruchmöglichkeiten wie keine zuvor. Wiley half, die neue amerikanische Literatur zu etablieren. Etwa ein halbes Jahrhundert später, während der »zweiten industriellen Revolution« in den Vereinigten Staaten, konzentrierte sich die nächste Generation auf den Aufbau dieser industriellen Zukunft. Wiley bot die notwendigen Fachinformationen für Techniker, Ingenieure und Wissenschaftler. Das ganze 20. Jahrhundert wurde durch die Internationalisierung vieler Beziehungen geprägt – auch Wiley verstärkte seine verlegerischen Aktivitäten und schuf ein internationales Netzwerk, um den Austausch von Ideen, Informationen und Wissen rund um den Globus zu unterstützen.

Wiley begleitete während der vergangenen 200 Jahre jede Generation auf ihrer Reise und fördert heute den weltweit vernetzten Informationsfluss, damit auch die Ansprüche unserer global wirkenden Generation erfüllt werden und sie ihr Ziel erreicht. Immer rascher verändert sich unsere Welt, und es entstehen neue Technologien, die unser Leben und Lernen zum Teil tiefgreifend verändern. Beständig nimmt Wiley diese Herausforderungen an und stellt für Sie das notwendige Wissen bereit, das Sie neue Welten, neue Möglichkeiten und neue Gelegenheiten erschließen lässt.

Generationen kommen und gehen: Aber Sie können sich darauf verlassen, dass Wiley Sie als beständiger und zuverlässiger Partner mit dem notwendigen Wissen versorgt.

William J. Pesce
President and Chief Executive Officer

Peter Booth Wiley
Chairman of the Board

Mathias Schüz, Stephen Wirth und Aiko Bode

Lügen in der Chefetage

Gesammelte Unwahrheiten aus dem Management

WILEY-VCH Verlag GmbH & Co. KGaA

1. Auflage 2007

Bibliografische Information der Deutschen Nationalbibliothek
Die Deutsche Nationalbibliothek verzeichnet diese Publikation in der Deutschen Nationalbibliografie; detaillierte bibliografische Daten sind im Internet über http://dnb.d-nb.de abrufbar.

Printed in the Federal Republic of Germany

Gedruckt auf säurefreiem Papier.

ISBN: 978-3-527-50213-4

Satz: TypoDesign Hecker GmbH
Druck und Bindung: Ebner & Spiegel GmbH, Ulm
Umschlag: init GmbH, Bielefeld

Inhalt

Lügen in der Chefetage. Mathias Schüz, Stephen Wirth und Aiko Bode

ISBN 978-3-527-50213-4

Danksagung

Wie kommt man dazu, ein Buch über *Lügen in der Chefetage* zu schreiben? Wir verdanken die Idee Dr. Daniel Heine, der vor mehr als einem Jahr einen der Autoren mit einem Anruf überraschte und fragte, ob er Lust hätte, mit ihm ein Buch über Toplügen im Management zu verfassen. Bedauerlicherweise konnte Daniel Heine aus zeitlichen Gründen die Rolle als Koautor nicht wahrnehmen, was kurzfristig die Suche nach neuen Koautoren notwendig machte. Für die Initialzündung zu diesem Buch danken wir ihm sehr herzlich.

Rudolf Gültner, Dr. Gottfried Schüz, Petra Wirth, Dr. Dr. Georg Wolz und die Verlagslektorin Jutta Hörnlein haben das Manuskript kritisch durchgesehen und uns wertvolle Hinweise gegeben. Ihnen allen danken wir sehr herzlich. Dr. Regine Wieder, die uns nicht nur den Titel dieses Buches geschenkt, sondern auch mit ihren kritischen Anregungen und Einwendungen einen wichtigen Beitrag geleistet hat, gilt unser besonderer Dank.

Verbunden sind wir auch jenen Zeitgenossen, welche uns in vielen Jahren des Berufslebens beständige Quelle der Inspiration waren: Ohne sie gäbe es diese Publikation nicht. Sie haben entscheidend dazu beigetragen, dass uns eine grundlegende philosophische Fähigkeit nicht abhanden gekommen ist – das Staunen ...

Lügen in der Chefetage. Mathias Schüz, Stephen Wirth und Aiko Bode

ISBN 978-3-527-50213-4

Prolog
›Lügen und nichts als Lügen‹

Als das letzte Kapitel des vorliegenden Buchs geschrieben war, saßen die Autoren zu später Stunde gemütlich bei einem Glas Wein beieinander und überlegten, welche Worte sie ihrer Sammlung vorausschicken sollten.

Just in diesem Moment klingelte es an der Tür. Draußen stand im Dunkeln ein hochgewachsener Herr mit schwarzem modischen Trenchcoat und Aktentasche. Auf unsere verwunderten Mienen hin zückte er eine Visitenkarte und entschuldigte sich für sein unerwartetes Erscheinen. Er wolle auch gar nicht lange stören. Ihm sei nur zur Kenntnis gelangt, dass wir an einem Buch mit dem Thema *Lügen in der Chefetage* säßen. Dieses Phänomen zähle so recht zu seiner eigenen Profession. Er dürfe sich in aller Bescheidenheit als einen der diesbezüglich weltweit führenden Experten bezeichnen. Wenn er recht sähe, habe er uns als »spiritus rector« gewissermaßen bis in die Feinheiten hinein die Feder geführt. Er fühle sich daher von Herzen als Pate unseres Unternehmens.

Aus diesen Gründen würde es ihm zur Ehre gereichen, dem Büchlein ein freundliches Geleitwort mit auf den Weg zu geben. Da er selbst über die engeren Fachkreise hinaus wohl bekannt und gelitten sei, könne ein solches Empfehlungsschreiben von ihm persönlich auch dem Büchlein von Nutzen sein. Mit einer gemessenen und korrekten Verbeugung überreichte er uns einige Seiten, wünschte dem Projekt nochmals gutes Gelingen, und ging seiner Wege, noch bevor wir uns recht zu fassen wussten.

Zunächst waren wir unsicher wegen solch unverhoffter Unterstützung. Doch nach sorgfältiger Durchsicht seiner Zeilen wurde uns bewusst, dass der Fremde mit seinem Grußwort unsere Absichten eigentlich in ihr Gegenteil verkehrt hätte. Auch wenn es heute in Mode gekommen ist, ernsthaft gemeinte Ratgeber zum Thema Lügen, Be-

Lügen in der Chefetage. Mathias Schüz, Stephen Wirth und Aiko Bode

ISBN 978-3-527-50213-4

trügen und Mobben zu verfassen; und auch wenn solche Bücher sogar Erfolg haben: Dies war unsere Absicht eben nicht. Wir wollten weder eine Anleitung zum Lügen in der Chefetage geben noch das Lügen moralisch an den Pranger stellen. Das Lügen ist ein zu komplexes, vielschichtiges Phänomen, um ihm mit solch einfachen Mitteln gerecht werden zu können.

Da aber die Zeilen des werten Herrn durchaus erhellend waren, wollen wir sie Ihnen, liebe Leser, nicht vorenthalten. Lesen Sie also selbst:

Sehr verehrte Leserinnen und Leser,

wir freuen uns, dass dieses kleine Kompendium Ihr Interesse gefunden hat. Es ist zweifellos von Gewinn, wenn Sie sich ein wenig mit der schönen Kulturtechnik des Lügens auseinander setzen.

Die Lügen stammen aus den Chefetagen der Wirtschaft, Politik und sonstigen öffentlichen Institutionen. Es ist nämlich unschicklich, das Privatleben von Menschen auszuforschen. Außerdem haben diese öffentlichen Bereiche jede Menge glänzender Vorbilder an Blendern, Tricksern und Täuschern hervorgebracht. An diesen lässt sich die hohe Kunst des Lügens eindrucksvoll veranschaulichen.

Aus Gründen der Wahrhaftigkeit haben wir uns für Fallbeispiele entschieden, die wirklich passiert sind. In Fällen, die abgeschlossen oder öffentlich gut dokumentiert sind, werden Ross und Reiter genannt. Allerdings beschäftigen wir uns aus Gründen der Aktualität auch mit Lügenakrobaten, die noch in Amt und Würden sind. In solchen Fällen wäre es unsensibel, ja nachgerade rücksichtslos, den handelnden Personen mit offenen Worten in die Parade zu fahren. Schließlich erfordert das Weben Erfolg versprechender Lügengespinste sehr viel mehr Aufwand als biedermännische Aufrichtigkeit: Aufwand an Arbeit und Wissen, Zeit und Geld, Risikobereitschaft und Mut, Vorstellungs- und Entschlusskraft, Einfühlsamkeit und Geduld. Dies erheischt unser aller Respekt! Denn überall umlagern uns Neider, die sich darin gefallen, unsere geheimnisumwitterten Künste ins grelle Licht der Öffentlichkeit zu zerren. Neider, die hartnäckig leugnen, dass der Mensch gar nicht wirklich aufgeklärt werden will. Dabei wünscht er doch nichts sehnlicher, als in Geschichten verwoben, von Magie bezaubert, von Visionen geblendet, in Mythen versetzt und in Schattenwelten und Phantasiereiche entführt zu werden. Haben Sie einmal darüber nachgedacht, warum die Vergnügungsmittelindustrie so erfolgreich ist? Eben darum, weil Sie unsere gelehrige Schülerin ist.

Sie, werte Leserinnen und Leser, werden daher verstehen, dass wir in diesen aktuellen Fällen zur Schonung der handelnden Personen zu anderen Formen der Darstellung greifen mussten.

Wir haben uns dabei der Stilmittel bedient, die auch der klassischen Literatur zu Gebote stehen: etwa der Anonymisierung von Namen; des Auslassens verwirrender Details; der Verfremdung von Situationen; des Wechsels von Perspektiven; der Übertragung auf andere Branchen; sanfter Zuspitzungen; kleiner Übertreibungen – und was dergleichen Mittel mehr sein mögen. Soviel Autorenfreiheit darf sein – zumal in einem Lügenkompendium. Uns treiben schließlich pädagogische Ziele. Und da kommt es auf die Botschaft an und nicht auf die Verpackung!

Doch seien Sie unseres reinen Gewissens versichert: Wir kennen für jede Lüge einen prominenten Paten! Und wir sind überzeugt, dass er sich auch in solcher Verfremdung freuen würde, Sie, werte Leserinnen und Leser, unter seine Fittiche zu nehmen.

Wir haben unsere kleinen Lektionen in kurze, überschaubare Kapitel gepackt. Sie eignen sich prima als Besinnungspausen für zwischendurch. Wir jedenfalls möchten Ihnen Ihre wertvolle Zeit nicht stehlen. Dafür gibt es ja schließlich schon eine mehr als ausreichende Anzahl dickleibiger, staubiger und schwer verständlicher ethischer Folianten. Wenn wir richtig sehen, hat deren Lektüre aber noch nie etwas anderes bewirkt als moralinsauer erhobene Zeigefinger, Besserwisserei und sauertöpfische Mienen. Dies kann nun wirklich nicht Sache einer modernen Pädagogik sein.

Doch genug der ernsten Vorbemerkungen. Nun lassen wir's lügen, dass sich die sprichwörtlichen Balken biegen! Schließlich halten Sie ein Lügenkompendium in den Händen. Und wer wollte sich schon von einer so honorigen Leserschar den Vorwurf gefallen lassen, er sei ein Etikettenschwindler!?

Klopfen Sie also an! Treten Sie ein! Wir wollen dafür sorgen, dass Ihnen aufgetan wird! Glück auf – und viel Vergnügen und Gewinn!

Ergebenst und freudig zu Diensten

Ihr M. Pheles,
21. September 2006, Sonnenwendfeier

Zugegeben: Der alte Schelm hat Stil. Man kann ihm leicht auf den Leim gehen. Merken Sie, wie beredt er seine wahren Absichten verschleiert? Er verbindet mit unserem Projekt etwas anderes als wir. Er will uns zu Handlangern machen, uns für seine Zwecke einspannen und uns eine Pädagogik des Lügens unterschieben.

Nun haben wir uns gedacht: Wenn der Mann unbedingt in das Büchlein will, dann soll ihm auch geholfen werden. Zwar kommt ja oft vor, dass sich der Dunkle ins Licht drängt, aber meistens bleibt er dabei unbemerkt. Wir drehen also den Spieß einfach um: Wir schauen dem werten Herrn bei seinen Machenschaften über die Schulter und machen seine Schatten sichtbar. Hören wir zu, was er empfiehlt. Lassen wir uns versuchsweise auf seine Einflüsterungen auf allen Ebenen des Geschäftslebens ein, und schildern wir die Lügen-Beispiele aus seiner Perspektive.

Für ihn sind Lügen ja etwas ausschließlich Positives, gilt er doch schon in der Bibel als »Vater der Lüge« (Joh. 8,44). Sie sind legitime Mittel zur Zielerreichung. Insofern erscheint ihm die Wahrheit auch als ein Risiko, das ihn bei der Durchführung seiner Listen bedroht. Die in den Lügen erwähnten Wahrheiten werden also aus seiner Sicht nicht um ihrer selbst willen mit bedacht oder gar um des Guten willen geschätzt. Vielmehr werden sie einzig und allein als Gefahr einkalkuliert, die man im Auge behalten muss, wenn die Lügen Erfolg haben sollen.

Und Sie werden sehen, liebe Leser: Viele der angeführten Lügen haben Erfolg – wenigstens eine Zeit lang. Sie sind enorm wandlungsfähig und lassen sich vielen Situationen anpassen. Selbst wenn die »Textur« einer Lüge die gleiche ist, scheint sie in anderer Lage vollkommen neu zu sein und kann ihre Wirkung entfalten.

Es ist überhaupt nicht ganz leicht, zwischen Wahrheit und Lüge zu unterscheiden – und von dieser Schwierigkeit profitiert das Lügen erheblich. Mitunter haben die Dinge nicht nur ein oder zwei, sondern mehrere plausible Seiten und einleuchtende Rechtfertigungen. Doch wir möchten mit dieser Feststellung weder einem lähmenden Relativismus noch ignoranter Gleichgültigkeit Vorschub leisten. Fragen wir daher, ob es denn überhaupt ein sicheres Kennzeichen für eine Lüge gibt.

Der berühmte Kirchenvater Augustinus (354–530) gibt hierauf folgende Antwort: Es »lügt derjenige, der etwas anderes, als was er im Herzen trägt, durch Worte oder sonstige Zeichen zum Ausdruck bringt« (De Mendacio 3,3). Eine Lüge täuscht also über die eigentliche Gesinnung und Absicht des Lügners hinweg, um ein bestimmtes Ziel zu erreichen. Dabei kann das Ziel allerdings nützlich oder schädlich sein.

Spätere Denker – wie etwa Christian Wolff (1679–1754) im 18. Jahrhundert – haben deshalb die Lüge als eine besondere Form der unwahren Aussage definiert. Eine unwahre Aussage ist aber nur dann eine Lüge, wenn sie bewusst vorgenommen wird und zudem einem anderen Schaden zufügt.

In Ergänzung dazu sieht Friedrich Chr. Baumeister (1709–1785), ein Anhänger Wolffs, durchaus noch Unwahrheiten, die »außerordentlich viel ... zur Besserung unserer oder anderer Lebensverhältnisse« beitragen können. So kann jemand mit Hilfe einer Unwahrheit das Leben eines Verfolgten retten, wenn er dessen Verfolger durch Falschaussage in eine andere Richtung weist. Oder die Höflichkeitsformeln, wie sie täglich etwa bei Begrüßungen oder bei Erkundigungen nach dem Befinden ausgetauscht werden, erhalten so den sozialen Frieden. Im Englischen bezeichnet man solche Lügen, die unser komplexes Beziehungsleben in der Gesellschaft überhaupt erst erträglich machen, als »social lies«, und solche, die von großem Nutzen sind als »white lies«.

So gesehen ist das Lügen – mit den Worten von Gregor Müller – zunächst ein »sittlich indifferenter Akt«. Wir können also nicht generell sagen, wann und ob eine Lüge »gut« oder »böse« ist. Erst die Folgen beziehungsweise die Intentionen einer Lüge lassen eine Wertung hierüber zu. Der Lügner, der mit seiner Lüge einem anderen zum eigenen Vorteil schaden will oder auch effektiv schadet, ist sicherlich moralisch zu verurteilen. Hingegen ist der Arzt, der seinem Patienten die Diagnose einer tödlichen Krankheit verheimlicht, damit er seinen Lebenswillen nicht aufgibt, in ethischer Hinsicht vermutlich lobenswert. Doch selbst dies ist nicht sicher, da es auch von der Situation des Belogenen abhängt, ob eine Lüge moralisch gerechtfertigt ist oder nicht. Denn der Patient, der von seiner tödlichen Krankheit erfährt, könnte ja gerade mit dieser Information seine ihm verbliebene Lebenszeit besonders sinnvoll nutzen. Oder der Verfolgte, der durch eine Lüge seinen Verfolgern entrinnt, könnte ein Mörder sein.

Ähnlich kompliziert verhält es sich mit den wahren Aussagen. Der Wahrheitsfanatiker, der das Intimleben eines anderen an die Öffentlichkeit zerrt oder diesen mit vermeintlich nackten Tatsachen über sein wenig ansprechendes Äußeres konfrontiert, ist sicherlich ebenso moralisch zu verurteilen wie der bösartige Lügner.

So ist es kaum verwunderlich, dass man auch in den Chefetagen Wahrheit und Lüge kaum unterscheiden kann. Häufig sehen sich Führungskräfte gezwungen, eine Unwahrheit auszusprechen, um einen vermeintlich größeren Schaden zu verhindern. Dass sie die schädlichen beziehungsweise nützlichen Folgen ihrer Aussagen allerdings meist gar nicht überschauen können, macht das »ethisch akzeptable« Kommunizieren in Unternehmen alles andere als einfach.

Jedenfalls reicht das Spektrum der Unwahrheiten von der »vagen Behauptung« über »Höflichkeitslüge«, »Ausrede«, »Klatsch«, »Ironie«, »Notlüge«, »Angeberei«, »Prahlerei«, »üble Nachrede« und »Heuchelei« bis hin zu »Rufmord« und »faustdicker Lüge«. Wenn nun die meisten heutigen Lügenforscher, die so genannten Pseudologen, all diese Formen der Unwahrheit als Lüge bezeichnen, dann verwundert es nicht, wenn sie die Allgegenwart des Lügens feststellen. 150- bis 200-mal soll jeder Mensch täglich davon Gebrauch machen.

Es ist demnach sinnvoll, sehr genau hinzuschauen, wann wir es mit schädlichen oder nützlichen Unwahrheiten zu tun haben, was sie verursacht hat, von welcher Art sie sind und welche Folgen sie für uns selbst und andere haben. Eine Güterabwägung zwischen dem Gebot der Wahrheit und Unwahrheit gehört jedenfalls zur Kernaufgabe jeder Ethik. Wir möchten diese Grundproblematik an dieser Stelle nicht weiter vertiefen. Sie bedürfte einer systematischen Untersuchung, die hier nicht beabsichtigt ist.

Uns kommt es darauf an, über das ständige Durcheinanderwerfen von Lüge und Wahrheit aufzuklären. Dieses Vorgehen ist ja schließlich das eigentliche Element des »Diabolus« (dessen Name vom griechischen »dia-ballomai« stammt, also denjenigen meint, der »durcheinander wirft«): Er stiftet Verwirrung darüber, was das Gute sei, wie es verwirklicht werden kann, und er zieht seinen eigenen Vorteil daraus.

Goethes *Faust* hat uns ja ein unsterbliches Zeugnis dieses Unwesens hinterlassen. Dort lässt er Mephistopheles sagen:

»Ich bin ein Teil von jener Kraft,
Die stets das Böse will, und stets das Gute schafft.«

Indem der Teufel hier behauptet, das Böse diene eigentlich dem Guten, gibt er letztlich Lüge als Wahrheit, Egoismus als Altruismus, Hass als Liebe, Selbstbereicherung als Fürsorge, Profitmaximierung als Steigerung der Wohlfahrt aus. Mit diesem diabolischen Trick verführt er noch mehr Menschen, seinem Orden des guten Gewissens beizutreten. Dort können sie bedenkenlos sündigen, lügen, betrügen und ihren lustvollen Leidenschaften frönen – denn am Ende kommt angeblich doch nur Gutes dabei heraus. Seine geniale Dialektik von gut und böse lässt aber nun seine Anhänger darüber im Unklaren, was er unter dem Guten überhaupt versteht. Gut ist für ihn nämlich nur die totale Negation:

»Ich bin der Geist der stets verneint!
Und das mit Recht; denn alles, was entsteht,
Ist wert, dass es zugrunde geht;
Drum besser wär's, dass nichts entstünde.
So ist denn alles, was ihr Sünde,
Zerstörung, kurz das Böse nennt,
Mein eigentliches Element.«

Wie gesagt: Schauen wir diesem Herrn bei seinem Treiben ein wenig über die Schulter. Je mehr seiner Listen und Taten das Licht der Öffentlichkeit erblicken, desto kleiner werden ihre Vorbildwirkung und ihr Aktionsradius.

Da der Teufel ein höchst systematisches Wesen ist, arbeitet er sich durch alle Kreise und Personen hindurch, die in der Wirtschaftswelt miteinander verbunden sind. Diese – gemeinhin als Stakeholder bezeichneten – Gruppen sind: Mitarbeiter auf allen Ebenen von Unternehmen, Betriebsräte und Gewerkschaften; Kunden, Lieferanten und Konkurrenten; Aktionäre, Aufsichtsräte und Analysten; die breite Öffentlichkeit, Behörden, Verbände, Medien sowie nichtstaatliche Organisationen.

Für den Widersacher sind die Beziehungen eines Unternehmens zu seinen Stakeholdern das ideale Betätigungsfeld, um anstelle einer fairen Kommunikation Zwietracht, Streit und Konflikte zu entfachen. Denn die Stakeholder stehen mit dem Unternehmen in einer permanenten Austauschbeziehung, in der die Parteien leicht dazu verführt werden können, sich auf Kosten der anderen zu bereichern. Und weil in einem Rechtsstaat die Aneignung eines fremden Guts mit roher

Gewalt kaum noch geduldet wird, ist das Lügen ein effizientes Mittel, seine Ziele dennoch zu erreichen.

Dazu mobilisiert der – in der Bezeichnung von René Girard – diabolische »Stifter des Begehrens und des Ärgernisses« zunächst die »inneren Schweinehunde« aller Beteiligten. Er entfacht bei seinen Opfern Angst, Neid oder Gier – mit der Konsequenz, dass jeder im Kampf um die knappen Ressourcen möglichst viel für sich herausholen will. Mit Lügen werden die Stakeholder dazu überredet, ihre Ressourcen kostengünstig zur Verfügung zu stellen: Die Kunden sollen Produkte zu teuer kaufen, die Mitarbeiter möglichst lange und viel für Billiglohn arbeiten, der Lieferant zu Niedrigstpreisen werthaltige Ausgangsmaterialien liefern, die Anwohner die Emissionen einer Produktionsstätte klaglos hinnehmen oder der Staat Subventionen und Infrastrukturen am besten steuerfrei zur Verfügung stellen. Die Lügen laufen also immer darauf hinaus, möglichst viele Leistungen der Stakeholder für möglichst wenig Gegenleistung sicher zu stellen.

Wenn die Unternehmen jedoch die Ansprüche der Stakeholder zu sehr in Abrede stellen, dann nehmen die Stakeholder die ihnen vorgesetzten Lügen nicht länger hin, sondern holen sich mit den gleichen Mitteln, was man ihnen verweigert. Die vielen Bürgerinitiativen, Non-Profit-Organisationen wie Umwelt- oder Konsumentenschutzorganisationen, Produktboykotts und Streiks, sind beredte Beispiele für die Machtmittel, mit denen Stakeholder ihre eigenen Interessen wahren.

Wenn Sie nun der Auffasssung sind, dass dem Teufel hierdurch die Felle davon zu schwimmen scheinen, so irren Sie. Jetzt ist er überhaupt erst richtig in seinem Element! Denn im Kampf »Jeder gegen jeden« kann er seine Lügen besonders effizient platzieren. Auch die betrogenen Stakeholder wissen ihre mehr oder weniger berechtigten Ansprüche mit Lügen durchzusetzen. Solche Lügen der Stakeholder ins Licht der Öffentlichkeit zu ziehen, bleibt allerdings einer anderen Publikation vorbehalten.

Im Großen wie im Kleinen findet der Versucher also immer wieder willfährige Jünger, die ihm ihre Seele verkaufen und sich seiner Künste nur allzu gern zu ihrem eigenen Vorteil bedienen – und dabei die Bewältigung der negativen Folgen ihres Tuns großmütig anderen überlassen.

Wir selbst, liebe Leser, sind daher in die Rolle gewissenhafter Chronisten geschlüpft und überlassen es Herrn »M. Pheles« sich mit seinen klugen Ratschlägen zu empfehlen. Denn »den Deibel mit dem Beelzebub auszutreiben« ist unsere Sache nicht. Geben wir ihm hiermit die Gelegenheit, sich selbst die Maske vom Gesicht zu ziehen. Wir hoffen, dass seine Lügen zumindest in dieser Form nach der Lektüre unseres Büchleins verbrannt sind.

Bilden Sie sich also in aller Ruhe Ihr eigenes Urteil und vergnügen Sie sich an seinen Kapriolen – wenigstens, soweit sie überhaupt vergnüglich sind, und dies gilt, weiß Gott, nicht für alle hier vorgestellten Lügen. Sein Geleitwort gibt ja Auskunft, welcher Mittel er sich bedient.

Wie unsere Beispiele zeigen, kommen seine Ratschläge nicht immer explizit daher. So manches Mal schiebt er sie implizit herüber oder weiß sie so geschickt in Geschichten zu verpacken, dass sich die in seinem Sinn zu ziehenden Schlüsse ganz von selbst aufdrängen.

Ein wichtiges Anliegen in eigener Sache aber bleibt uns noch zu betonen: Die vorliegende Lügen-Parade in den höheren und niederen Chefetagen dieser Welt gegenüber ihren verschiedenen Stakeholdern sollte uns nicht veranlassen anzunehmen, dass es überhaupt keine ehrbaren und zuverlässigen Zeitgenossen im Wirtschaftsleben gibt. Wir dürfen vielmehr getrost vom Gegenteil ausgehen. Erstens wäre ohne solche charakterlichen Attribute keine nachhaltige Wertschöpfung mit gesellschaftlichem Wohlstand für so viele Menschen möglich. Eine Gesellschaft, in der jeder jeden belügt, untergräbt ihre eigenen Lebensgrundlagen. Zweitens könnten Lügen kaum soviel Verbreitung finden, wenn sie nicht einer Mehrheit von Aufrichtigen aufgebürdet werden. Denn diese garantieren mit ihrem Vertrauen in die Integrität ihrer Mitmenschen überhaupt erst eine funktionierende Gesellschaft.

Diesen Aufrechten sei unser Büchlein von Herzen gewidmet. Vielleicht kann es auf heiter-ironische Weise ein wenig dazu beitragen, ihnen die Zecken vom Leibe zu halten.

September 2006

Wenn auch Sie, liebe Leser, einmal auf eine besonders dreiste, außergewöhnliche, phantasievolle, lustige, pfiffige oder auch bösartige Lüge getroffen sind, dann würden wir uns freuen, wenn Sie unser Lügen-Archiv durch Ihre Erfahrungen bereichern. Vielleicht kann es als Material für weitere Publikationen dienen. Mailen Sie uns einfach an luegen@manager-luegen.com. Einzige Bedingung: Die Lüge muss echt sein. Ausgedachte Lügen überlassen wir lieber versierten Romanautoren. Aktuelle Informationen und weitere Lügen finden Sie auch unter www.luegen-in-der-chefetage.com.

Lügen gegenüber Mitarbeitern, Betriebsräten und Gewerkschaften

Lügen in der Chefetage. Mathias Schüz, Stephen Wirth und Aiko Bode

ISBN 978-3-527-50213-4

1
›Wir sitzen alle in einem Boot!‹

Haupteinsatzbereich: Mitarbeiter
Nebeneinsatzbereich: Gewerkschaften, Betriebsräte

Wir empfehlen diesen Satz immer dann anzuwenden, wenn Sie Ihre Solidarität mit den Mitarbeitern zum Ausdruck bringen möchten. Sie könnten damit die klare Botschaft vermitteln, dass letztlich alle in der gleichen Situation sind. Jeder ist vom anderen abhängig, deshalb geht es Ihnen ausschließlich um das Wohl des Ganzen. Denn welcher Bootsführer wird freiwillig dafür sorgen, dass er mit der Mannschaft untergeht? Er wird daher alles unternehmen, um alle Insassen zu retten.

Als Manager sollten Sie allerdings im Rahmen Ihres persönlichen Risikomanagements nicht vergessen, dass Ihr Boot nur eine endliche Kapazität hat. Nur wenige können in einem Boot sitzen. Sollte es Ihnen daher in dem Boot zu eng werden – etwa weil gewisse Insassen zu fett geworden sind – so müssen Sie schon im Interesse aller anderen dafür sorgen, dass einige wieder aussteigen beziehungsweise erst gar nicht hinein kommen. Dieses schwere Opfer müssen Sie allerdings mit Fingerspitzengefühl vornehmen, damit die Bootsmetapher nicht plötzlich von den einfachen Insassen über Bord geworfen wird.

Ganz besonders sollten Sie die Bootsmetapher auf Betriebsversammlungen zur Anwendung bringen. Wenn Sie zum Beispiel als Eigentümer oder CEO die Schließung eines Betriebsteils verkünden müssen, so macht es sich besonders in schlechten Zeiten gut, den Mitarbeitern mitzuteilen, dass auch Sie im gleichen Boot sitzen und schon aus Eigeninteresse heraus alles tun werden, um die Belegschaft zu retten. Das rührt die Mitarbeiter und sichert Ihnen deren Solidarität. Ihre Emotionen werden noch dadurch verstärkt, wenn Sie Ihre eigene existentiell bedrohliche Lage in allen Einzelheiten schildern. Das weckt das Mitgefühl aller Anwesenden. In dieser depressiven Stimmung kommt der Moment, in dem Sie das Steuer herumreißen und den Mitarbeitern Mut machen sollten, den Kopf nicht hängen zu

Lügen in der Chefetage. Mathias Schüz, Stephen Wirth und Aiko Bode

ISBN 978-3-527-50213-4

lassen. Geben Sie ihnen die Hoffnung auf Besserung zurück, schildern Sie die schönen Seiten des Lebens: Wie schön wäre es doch jetzt, Ihren Lebenspartner, Hund oder Katze in den Arm zu nehmen oder durch sonnendurchflutete Frühlingswiesen zu wandeln.

An dieser Stelle empfehlen wir den Einsatz der Lüge Nr. 51: »Wir schaffen eine echte Win-Win-Situation«. Hüten Sie sich allerdings davor diese Kombination zu überspannen, denn hier lauert die Gefahr, dass vor allem die tüchtigen Ruderer Ihre Absicht durchschauen und Ihr sorgfältig vorgetragenes Lügengebilde der Lächerlichkeit preisgeben. Sollte dieser Fall eintreten, retten Sie die Situation sofort und gekonnt, indem Sie eine Folge-Lüge aus dem Ärmel ziehen: »Den meisten gekündigten Mitarbeitern werden intern neue Stellenangebote unterbreitet.« Selbstverständlich verschweigen Sie dabei, dass diese verheißungsvollen neuen Arbeitsplätze mehrere hundert Kilometer von der bisherigen Arbeitsstätte entfernt liegen oder nur zu völlig neuen, das heißt für Sie günstigeren Konditionen vergeben werden.

Eine erfolgreiche Anwendung der Bootsmetapher soll unerwünschte Passagiere auch davon überzeugen, sich durch einen (fast) freiwilligen Sprung ins kalte Nass zu flüchten – frei nach dem Motto: Rette sich, wer kann! Zugleich soll sie die übrig gebliebenen Ruderer dazu motivieren, mit Freude und ein wenig Angst die Arbeitsleistung der Bootsflüchtigen aus eigener vermehrter Anstrengung wieder zu kompensieren. Bei normalem Verlauf und korrekter Anwendung sollte Ihr Lügengebäude beziehungsweise Ihre Argumentationskette damit unanfechtbar sein.

Bei den zurückgebliebenen Ruderern mögen sich dennoch Motivationslücken oder Ermüdungserscheinungen beim Rudern einstellen. Dann weisen Sie freundlich darauf hin, dass das Verbleiben im Boot, wie alles im Leben, gemäß Lüge 2 eine Sache der natürlichen Selektion sei. Wer könnte sich diesem überzeugenden Argument noch verschließen? Schließlich haben die Priester der Wissenschaftszunft bewiesen, dass die Evolution der Natur ihre schwächsten Glieder zum Wohle aller immer ausselektieren muss.

Sollte dieser Verweis nicht ausreichen, Ihre Ruderer zu beruhigen, so können Sie immer noch Ihren Betriebsseelsorger einsetzen, dessen tröstende Worte vor allem in Vieraugengesprächen sehr hilfreich sind.

Des Weiteren darf bei Anwendung der Bootsmetapher keinesfalls deutlich werden, dass es in Ihrem Boot eine Hierarchie gibt, in der die Abhängigkeiten klar geregelt sind. Dies könnte das Misstrauen der Insassen wecken und eine Meuterei auslösen.

Sollte dennoch einmal Kritik auftauchen, so müssen Sie deutlich machen, dass nur wenige die Fähigkeit haben, das Boot auf gefährlicher See zu manövrieren und zielsicher zu steuern. Diejenigen, die das Boot steuern und befehligen, tragen mehr Verantwortung, haben also auch mehr Rechte beziehungsweise Einkommen. Ganz subtil sollten Sie dann die Botschaft richtig betonen: »Wir sitzen alle nur in *einem* Boot«. Es ist eng, es gibt keine Ausweichmöglichkeit. Wir können nicht in ein anderes Boot überwechseln. Und machen Sie mit einer anderen Betonung klar: »Wir *sitzen* in einem Boot«. So gibt es für den einzelnen wenig Bewegungsfreiheit. Jeder hat an seinem Platz zu bleiben und seine Aufgabe zu erfüllen, sonst droht das Boot unterzugehen. Wer jetzt aufsteht, kann das Boot leicht zum Kentern bringen.

Seien Sie sich also bewusst, dass die Aussage nicht nur eine Solidaritätsbekundung, sondern vielmehr auch eine deutliche Warnung darstellt, sich nicht zu weit hinauszulehnen.

Sie können die Bootsmetapher auch erfolgreich bei Tarifverhandlungen einsetzen – etwa als eine Warnung, den Bogen nicht zu überspannen. Wenn die Arbeitnehmer ihre Forderungen zu hoch schrauben, könnte es sein, dass sie damit ein irreparables Leck in das Boot schlagen, das dann unweigerlich untergehen muss. Wer die Kosten künstlich nach oben treibt, ist selbst schuld am Untergang. Diese Botschaft müssen Sie klar und deutlich zum Ausdruck bringen.

Seien Sie aber bereit, auch selbst – wenigstens symbolische – Opfer zu bringen. Denn dies erhöht die Opferbereitschaft Ihrer Mitarbeiter erheblich. Auch das Management muss beweisen, dass es Kompromisse eingehen kann. Verzichten Sie beispielsweise freiwillig auf zehn Prozent Ihrer Bonuszahlung. Ihre Mitarbeiter werden Ihnen das danken und dann ebenfalls auf zehn Prozent ihres Einkommens verzichten. Das reduziert die Personalkosten erheblich und stabilisiert das Boot, in dem alle sitzen.

Wie Sie sehen, ist die Bootslüge vielseitig verwendbar. Sie dient aber immer nur einem Zweck, nämlich die anderen auszubooten.

2
›Letztlich basiert alles auf biologischer Selektion!‹

Einsatzbereich: Mitarbeiter, Kollegen, Vorgesetzte

Wirft man Ihnen, lieber Manager, vor, Ihre Zunft gleiche einem Heuschreckenschwarm, der nichts anderes im Sinn habe, als alles kahl zu fressen, was sich ihm in den Weg stellt? Bezeichnet man Sie als profitgierigen Ausbeuter, der keine Mittel scheut, um seine Zwecke zu erreichen? Dann berufen Sie sich mit dieser Lüge auf Erkenntnisse der biologischen Wissenschaft, die Folgendes empfiehlt: Nur wer sich seine lebensnotwendigen Ressourcen sichern kann, überlebt den Kampf ums Dasein. Da die Ressourcen knapp sind, werden nur die Einfallsreichsten einen Zugang zu ihnen haben. Die Fähigkeit zur Lüge gehört dabei zu den wichtigsten Erfolgsmerkmalen. Sie ist sogar unbestritten ein Zeichen für soziale Intelligenz und kommt bereits im Tierreich vor.

Manche Evolutionspsychologen sind sogar der Auffassung, dass die Erfindung des Lügens die Entwicklung der Großhirnrinde maßgeblich beeinflusst hat. Wer überleben will, muss in der Lage sein, immer raffinierter zu lügen. Wer nicht lügt, benötigt weniger Gehirnkapazität, schließlich bedarf es für die Wahrheit weniger kognitiver Intelligenz als für ein konsequent durchdachtes Lügengebäude. Dieses verlangt vor allem ein hervorragendes Gedächtnis, um sich nicht permanent in Widersprüche zu verwickeln. Eine »ehrliche Haut« droht schneller ausselektiert zu werden als ihre gewiefteren Artgenossen.

Schon Tiere täuschen ihre Artgenossen, um sich Nahrung und andere Ressourcen zu sichern. Mit immer raffinierteren Finten und Bluffs erringen die »höher« entwickelten Arten einen Selektionsvorteil.

- Da gibt es Affen, die geben sich homosexuell, um den Haremsboss in Sicherheit zu wiegen. Fällt er darauf herein, werden die Weibchen von den vermeintlich Schwulen in einem unbeobachteten Moment begattet.

Lügen in der Chefetage. Mathias Schüz, Stephen Wirth und Aiko Bode

ISBN 978-3-527-50213-4

- Ein Schimpanse versteckt seine Bananen vor seinen Mitschimpansen und verzehrt sie erst dann, wenn er sich unbeobachtet wähnt. Nähert sich ein Kollege, dann verlässt er schleunigst sein Versteck und schaut in eine andere Richtung, um ihn davon abzulenken.
- Der zweite Schimpanse misstraut diesem Spiel jedoch, tut aber so, als hätte er nichts bemerkt, und versteckt sich. Von seinem Versteck aus beobachtet er den ersten Schimpansen. Sobald dieser sich wieder unbeobachtet wähnt und zu seinen Bananen zurückkehrt, springt der zweite herbei und verleibt sich blitzschnell die Bananen des ersten ein.
- Die Männchen einer bestimmten Schwalbenart locken ihre Weibchen mit schrillen Warnrufen zurück, wenn ein Nebenbuhler naht, obwohl gar keine Gefahr droht.
- Murmeltiere treiben ihre Artgenossen mit falschen Alarmrufen in die Höhle, wenn sie Leckerbissen für sich allein haben wollen.
- Auch Hunde setzen die Täuschung strategisch ein, wie folgende Begebenheit beweist. Ein Mann saß eines Abends in seinem Sessel, auf der normalerweise seine Hündin schlafen durfte. Die Hündin sah sich um ihre bequeme Bettstatt gebracht und lag winselnd zu seinen Füßen. Als dies nichts fruchtete, trottete sie zur Tür, kratzte daran, als ob sie hinaus wolle. In dem Augenblick, als ihr Herrchen aufstand, um mit ihr nach draußen zu gehen, hechtete sie in den leeren Sessel, um es sich dort bequem zu machen.

List und Tücke beschränken sich aber keineswegs nur auf das höhere Tierreich. Auch Insekten und gewisse Pflanzen sind in der Kunst der Mimikry, also des Tarnens und Täuschens zwecks Vorteilsbeschaffung, hervorragend.

- So nehmen harmlose Schwebefliegen die Färbung von Wespen ein, um ihre Ruhe vor Fressfeinden zu haben.
- Oder haben Sie einmal einer lauernden Gottesanbeterin im Geäst zugeschaut? Sofern Sie sie denn erblickt haben, denn sie ist kaum von ihrer Umgebung zu unterscheiden. Kommt ihr allerdings ein Opfer zu nahe, dann schnellen ihre Greifklauen blitzartig vor und es ist um die fette Beute geschehen.
- Orchideen locken Rollwespenmännchen mit Duftstoffen an, die den Sexuallockstoffen der Wespenweibchen gleichen. Die Männ-

chen folgen dem verführerischen Geruch, versuchen mit der Orchideenblüte zu kopulieren und tragen anschließend deren Blütenpollen zur nächsten Blüte.

Diese wenigen Beispiele zeigen schon, dass nur die Täuschung das Überleben langfristig nicht bedroht, sondern es im Gegenteil sogar befördert. Um wie viel mehr sorgt die Lüge für den komfortablen Fortbestand eines Menschen, wenn er sie mit Intelligenz einsetzt. Er kann mit Hilfe der Sprache seine Mitmenschen zum eigenen Vorteil bewusst manipulieren und deren Vertrauen ausnutzen. Wenn der andere ihm blind vertraut und sich in Sicherheit wiegt, dann kann er seine Lüge selbstbewusst und voller Überzeugungskraft erfolgreich platzieren.

Auf diese Weise können Sie sich beispielsweise im Kampf um knappe Beförderungen oder Gehaltserhöhungen unerwünschter Konkurrenten entledigen. Schmeicheln Sie sich bei Ihrem Chef ein, und machen Sie sich auf Dauer bei ihm unentbehrlich. Er wird es Ihnen danken und Ihnen zunehmend mehr Vertrauen schenken. Auf dieser Grundlage wird er Ihnen dann jede Lügengeschichte abnehmen, die Sie ihm über Ihren Kollegen einflüstern. Hatte Ihr Konkurrent neulich nicht schlecht über Ihren Chef geredet? Konnte er gewisse Arbeiten nur mit Ihrer Hilfe erledigen? Hatte er nicht wieder eine selbstverschuldete Auseinandersetzung mit der Sekretärin? Sind Sie nicht der einzige, der den Laden noch am Laufen hält?

Seien Sie gewiss: Je regelmäßiger Sie Ihre Lügen vorbringen, die die anderen in ein schlechtes Licht rücken, sie zu Totengräbern für das ökonomische Überleben Ihrer Firma erklären und Sie als einzigen Retter und Aufrechten darstellen, desto rascher wird der Chef Ihnen vorbehaltlos glauben. Jetzt müssen Sie noch die Mitarbeiter mit gezielten Unwahrheiten gegenseitig aufhetzen, damit sie sich nicht heimlich gegen Sie verbünden und gar einen Aufstand planen können. Wer sich misstrauisch beäugt, tauscht keine Informationen aus.

Wenn Sie schließlich behaupten, Ihr Konkurrent habe sich mit vertraulichen Informationen des Chefs vor Dritten gebrüstet, dann bedeutet dies sein Aus. Der Chef wird sich Ihren Zorn auf den Konkurrenten selbst zu Eigen machen und gar nicht mehr auf die Idee kommen, die wahre Situation zu überprüfen. Wenn Sie soweit gekommen sind, dann haben Sie gewonnen und werden als letzter Vertrauter hinzugezogen, während die anderen ohne jede Chance bleiben, ihre eigene Version zum Besten zu geben. Schüren Sie in kleinen Dosen das Misstrauen Ihres Chefs auf alle anderen, dann fehlt nicht mehr viel, dass er sich aller vermeintlichen »Nieten« abfindungsfrei entledigt. Schließlich, so haben Sie ihm erfolgreich eingeimpft, haben ihm die Schmarotzer – im Unterschied zu Ihnen – lange genug auf der Tasche gelegen, ohne angemessene Leistungen zu erbringen. Das nimmt ihm dann mit Gewissheit die letzten Skrupel. Zur Krönung munitionieren Sie seine Entscheidung auch noch moralisch, und zwar mit Hilfe unserer Lüge: Letztlich basiert alles auf biologischer Selektion. Überall in der Natur sorgen Spitzenregulatoren dafür, dass die Schwachen den Lebensraum der Starken nicht überbevölkern.

Gegen ein kleines Restrisiko Ihrer Lügenstrategie sollten Sie sich jedoch wappnen. Ihr Chef könnte sich doch noch einer alten, immer mehr außer Mode kommenden Führungsregel erinnern, der zufolge man bei einer Anschuldigung zwar nicht mehr den Angeklagten persönlich befragt, aber sich doch wenigstens einen Beweis vorlegen lässt. »Welchen Umsatz hat denn der Kollege im letzten Jahr nun wirklich gemacht?«, so könnte seine Frage lauten. Für Sie als geübter Lügenprofi ist dies allerdings nur eine kleine Herausforderung. Verlassen Sie das Zimmer, um nach geraumer Zeit mit einem Zettel in der Hand zurückzukommen. Auf dem haben Sie zwei Zahlen notiert – am besten noch zwei Stellen genau hinter dem Komma. Erläutern Sie dem Chef, dass dies die exakten Umsatzzahlen jeweils von Ihnen und Ihrem Kollegen seien. Sie hätten Sie gerade der aktuellen Verkaufsstatistik entnommen. Selbstverständlich verschweigen Sie, dass diese Zahlen fiktiv sind. Jedenfalls rücken sie Ihre Leistung in ein weit besseres Licht als die Ihres Kollegen. Sollte der Kollege in einem späteren Meeting einmal seine wirklichen Zahlen präsentieren, dann wird Ihr Chef Ihnen einen zweifelnden Blick angesichts der offensichtlichen Schönfärberei Ihres Kollegen zuwerfen.

Mit dieser Lügenmethode des fingierten Beweises hat Ihr Opfer kaum noch eine Chance, seine Sicht der Dinge glaubwürdig zu vertreten, da es mit Hilfe einer Lüge nun selbst zum Lügner abgestempelt und ihm dadurch jede Glaubwürdigkeit genommen wird.

Glauben Sie uns: Mit solchen Lügen demontieren Sie jeden Ehrlichen, weil er Ihren Waffen nichts entgegenzusetzen hat. Er ist unfähig, sich im Kampf ums Dasein durchzusetzen. Er glaubt ja noch an die Wahrheit. Er ist der naiven Überzeugung, dass sie sich irgendwann von selbst Bahn brechen wird und verkennt völlig die Realität. In dieser setzt sich nämlich nur der beste Lügner, größte Intrigant und skrupelloseste Ränkeschmied gegen seine aufrichtigen Konkurrenten durch.

Wenn Sie in der Kunst der intriganten Lüge noch nicht bewandert genug sind, dann gehen Sie bei einschlägigen Experten in die Schule. Wir »m-phelen« Ihnen Personen unseres besonderen Vertrauens, also solche Zeitgenossen, die bei uns eine Lizenz für Lügen- und Mobbingtechniken erworben haben und darüber hinaus die Kunst der skrupellosen Manipulation beherrschen. Sie werden Ihrem Ego wieder zu seinem biologisch verankerten Recht verhelfen, sich gegen Ihre Konkurrenten mit allen Mitteln durchzusetzen, um Macht, Geld und Prestige zu erlangen.

Lernen Sie dort, wie Sie Ihre Position innerhalb einer Gruppe stärken, jemanden dazu bringen, gegen seine Interessen zu handeln, jemanden an sich binden und kontrollieren, ohne dass er es merkt, jemanden schaden oder täuschen. Nutzen Sie dabei die Ohnmacht, Arglosigkeit und Angst Ihrer Kontrahenten aus, täuschen Sie Zuneigung für sie vor, damit sie Ihnen alles, was sie bewegt, anvertrauen, genießen Sie ihr Leid, gebrauchen Sie sie als willenlose Werkzeuge. Nur ein Risiko sollten Sie nicht eingehen: Vermeiden Sie strafbare Handlungen! Rechtsvergehen sind nur etwas für uninspirierte Langeweiler.

Wenn Sie all diese hier erwähnten Fertigkeiten trainieren, haben Sie die besten Chancen, im Kampf ums Dasein bis ins hohe Alter fit, reich und glücklich zu werden. Denn gemäß der alten englischen Volksweisheit »One evil action a day keeps the psychiatrist away!« erhält wenigstens eine verlogene Tat am Tag Ihre körperliche, seelische und geistige Gesundheit. Sie sorgt dafür, dass alle anderen sich vorzeitig aus dem Evolutionsprozess ausklinken müssen. Schließlich benötigen Sie Platz, um sich selbst zur vollen Entfaltung, Blüte, Reife und reicher Nachkommenschaft bringen zu können.

3
›Mobbing ist ein Straftatbestand!‹

Einsatzbereich: Mitarbeiter, Vorgesetzte

Sie Cleverle! Da haben Sie als Bereichsleiter doch gleich gemerkt, dass die besten Lügen mitunter einfach aus der Wahrheit bestehen. Wer wird sich von der Wucht dieses Satzes unbeeindruckt zeigen: Mobbing ist ein Straftatbestand!

Wenn Sie diesen Satz äußern, dann gehen bei Ihren Leuten die Warnlampen an. Die einen halten Sie für ihren Schutzengel. Die anderen für einen harten Hund, mit dem nicht gut Kirschen zu essen ist, wenn sie sich ein loses Mundwerk gegenüber Kollegen erlauben.

Schon das alltägliche Bürogerede gibt Ihnen zahlreiche Anlässe, die Mobbing-Keule aus dem Sack zu holen. Wir empfehlen natürlich, sie nicht zu oft zu schwingen. Eine solch starke Waffe sollten Sie nicht durch Abnutzung entwerten und sich selbst und Ihre von Ihnen verantwortete Abteilung schon gar nicht dem schädlichen Verdacht aussetzen, Mobbing sei hier gängige Praxis. Der einzige, der bei Ihnen mobben darf, sind Sie selbst. Aber das darf niemand merken. Denn schließlich sind Sie für das Gegenteil verantwortlich.

Also müssen Sie zunächst ein Klima in Ihrer Abteilung schaffen, das offen und unverkrampft ist. Nur dann öffnen sich auch die Kollegen, und sie können nach und nach deren schwache Punkte in Erfahrung bringen. In einer verkrampften Atmosphäre geht niemand aus sich heraus, was es schwerer macht, einen geeigneten Hebel gegen jemanden zu finden. Sorgen Sie daher besser über geraume Zeit für gute Stimmung. Eine etwas lange Leine lockt die Kollegen schließlich aus der Reserve. Sie werden unvorsichtiger. Kritik wie Scherze werden unverblümter, mit etwas Glück für Sie auch scharf oder anzüglich. Jedenfalls entstehen auf Dauer offene Flanken, die Sie nutzen können.

Doch nun stellt sich die Frage, an wem Sie Ihr Exempel statuieren. Ihre Sekretärin oder der Praktikant kommen dafür nicht in Frage –

Lügen in der Chefetage. Mathias Schüz, Stephen Wirth und Aiko Bode

ISBN 978-3-527-50213-4

auch wenn Sekretärinnen angeblich selbst gerne mobben, weil sie ja grundsätzlich sowieso alles besser wüssten als die Sachbearbeiter, die dafür aber besser verdienen. Nein, beide Kategorien sind eine deutliche Nummer zu klein für Sie.

Wir raten: Knöpfen Sie sich diesen ehrgeizigen jungen Neuen mit den guten Ideen vor. Solange er noch frisch von der Uni gekommen und Berufsanfänger ist, stellt er kein Problem für Sie dar. Im Gegenteil: Er trägt Ihnen bereitwillig alles Wissen zu, das seit Ihrem eigenen Unibesuch relevant für Ihr Fachgebiet geworden ist. Ihm fehlt ja die Berufserfahrung, und er weiß noch nicht, was seine Leistungen wirklich wert sind. Also: Loben Sie ihn nur äußerst zurückhaltend. Nehmen Sie selbst bei Kleinigkeiten immer Korrekturen an seinen Ausarbeitungen vor. Begleiten Sie diese mit duldsamer Miene, doch mit einem unbeugsamen Sinn für sachliche Korrektheit. Bemerkungen wie: »Hier kommt es gerade auch auf Details an«, »Im Großen und Ganzen, o.k. – aber ...« unterstreichen Ihren großen Vorsprung selbst im Kleinen. Kurz: Zapfen Sie diesem Nachwuchstalent alle guten Ideen systematisch ab.

Irgendwann aber wird er unweigerlich merken, dass die vom Vorstand viel gelobten Entwürfe Ihrer Abteilung nicht aus Ihrer eigenen, sondern aus seiner Feder stammen. Sie merken dies an seiner unruhigen Nachdenklichkeit, an leichter Impulsivität und einer gewissen Verweigerungshaltung. Hat er sich beim letzten Betriebsfest nicht Ihrem Vorgesetzten vorgestellt und eine Zeitlang mit ihm geplaudert? Oder ihn spätabends am Ausgang abgepasst? Sehen Sie! Seine Fehler und Auslassungen in den vorgelegten Entwürfen nehmen zu, denn er will Sie jetzt zwingen, den Kram selbst zu erledigen. Er verweigert Ihnen den Gehorsam. Ihnen! Dieser anmaßende Zwerg! Mitarbeiter sind nun einmal zum Arbeiten da. Sie selbst haben zu führen.

Wenn er ein ausgeprägtes Selbstbewusstsein hat, dann fordert er Sie sogar ganz offen heraus. Vielleicht verlangt er eine Besserstellung. Geht dies mit der Gewährung einer moderaten Gehaltserhöhung ab, dann lassen Sie sich darauf ein – es ist ja nicht Ihr eigenes Geld, sondern das der Firma. Auch wenn dies Ihre Abteilungskosten ein wenig aufbläht, so ist doch der Nutzen für Sie höher als dieser monetäre Negativeffekt: Es zeigt Ihrem Vorstand, wie Sie sich für Ihre Leute einsetzen. Welch ein Gutmenschgefühl! Und Sie haben eine weitere Zeitlang Ruhe vor diesem Würstchen und können ihn wie gewohnt ausnutzen – aber auf etwas höherem Niveau, denn schließlich bekommt er auch mehr Gehalt. Und Ihnen hat er es zu verdanken.

Ist es damit aber nicht getan, dann können Sie sicher sein, er möchte an Ihnen vorbeiziehen. Dann ist es Zeit für Sie, etwas zu unternehmen. Jetzt holen Sie die Keule heraus. Sie haben die freie Auswahl: Ihnen stehen vom scharfen Luftzug durch bloßes Schwingen bis zum K.O.-Treffer alle Varianten zur Verfügung.

Fordern Sie zum Beispiel von Ihrem Schützling mehr Leistung. Stehen Sie oft hinter ihm, während er etwas schreibt. Physische Präsenz ist ein probates Mittel der Einschüchterung. Beschäftigen Sie ihn eine Zeitlang unter Niveau. Beauftragen Sie einen Kollegen mit spannenderen Dingen, gewähren Sie ihm den besseren Ersatz-PC, den Bonus für hervorragende Arbeit. Fordern Sie ihren Herausforderer kurz vor Feierabend oder am Wochenende mit einer langweiligen Zusatzschicht. Lassen Sie einige launige Bemerkungen bei Ihrem Vorstand fallen, wie viel Mühe Ihnen dieser Mensch trotz guter Ansätze bereitet, und dass er ohne Sie nicht brauchbar wäre. Gehen Sie nicht auf seine Urlaubswünsche ein – Kollegen mit Familie haben immer Vorrang. Natürlich erst nach Ihnen. Immerhin sind Sie der Vorgesetzte – auch wenn Sie Single sind. Stacheln Sie Ihre Mitarbeiter indirekt dazu an, dem ehrgeizigen Kollegen »liebende Fürsorge« angedeihen zu lassen.

Aber übertreiben Sie Ihre erzieherischen Maßnahmen nicht. Denn, wie kürzlich das Mobbing-Urteil gegen die Deutsche Bank in London gezeigt hat, kann Sie solch pädagogischer Übereifer teuer zu stehen kommen. In diesem Fall: 1,2 Millionen Euro, die die Bank einer gemobbten Mitarbeiterin zahlen musste. Diese hatte sich vor Gericht erfolgreich wegen permanenter verbaler Herabsetzung und Nichtachtung gewehrt.

Wenn Sie es aber richtig anfangen, dann seien Sie gewiss, dass die lieben Kollegen den Neuen schon zur Strecke bringen werden. Er geht ja nicht nur Ihnen auf die Nerven – auch die anderen haben seinen Karrieredrang nicht übersehen. Es werden sich schon welche finden, die ihn ebenfalls als Bedrohung ihrer eigenen Privilegien empfinden. Dann werden sie etwas gegen ihn unternehmen. Sie selbst brauchen nur noch im richtigen Moment wegzuschauen. Schließlich ist Mobbing nicht Ihr Ding, sondern ein Straftatbestand!

Mobbing ist ein Straftatbestand, deshalb beteilige ich mich nicht.
(Karikatur von Reiner Schwalme aus: *Alles Lüge – 92 Cartoonisten auf der Suche nach Wahrheit*, Oldenburg 1998, S. 10)

4
›Bei mir gibt es keine Denkverbote!‹

Haupteinsatzbereich: Mitarbeiter
Nebeneinsatzbereich: Eigentümer, Shareholder

Es gibt Situationen in Unternehmen, die merkwürdig sind. Obgleich Innovationen mit Blick auf neue, bevorstehende Entwicklungen angebracht wären, ist die Marktstellung noch immer so gut, dass die Angst vor durchgreifenden Änderungen groß ist. Im Vorstand wie im Aufsichtsrat sitzen Menschen, die über viele Jahre hinweg einen vorsichtigen und konservativen Stil geprägt haben. In solchen Unternehmen kommt es daher rasch zu Zerreißproben, wenn etwa ein neuer Vorstandsvorsitzender mit diesem Stil bricht, neue Wege gehen und bestehende Denkverbote aufheben möchte.

Betrachten wir ein Beispiel: Thomas Middelhoff wurde 1998 CEO beim Kommunikationsbranchenriesen Bertelsmann. Er setzte voll auf die Karte »Multimedia« und übernahm große Teile des damals noch günstigen Aktienpakets von AOL/Time-Warner – also der hoffnungsvollen Allianz neuer Internet-Onlinedienste mit der Filmindustrie. Als Bertelsmann das Paket später verkaufte, strich der Konzern einen Riesengewinn ein. Dennoch überwarf sich der erfolgreiche Stratege Middelhoff mit der Eigentümerfamilie Mohn, weil er auf einen Börsengang des »Familienunternehmens« sowie eine konsequente Ausrichtung auf Multimedia drängte, damit aber die Eigentümerschaft der Familie in Frage stellte. Die Eigentümer waren allerdings mit ihrer personellen Besetzung und mit ihren Entscheidungsstrukturen noch nicht in »Middelhoffs Welt« angekommen. Daher beharrten Sie auf einem langsamen, stetigen Wachstum mit überschaubaren Schritten – und der CEO durfte trotz seiner überragenden Leistungsbilanz gehen.

Es soll hier nicht entschieden werden, welche der beiden Strategien besser ist – zumal Szenarien denkbar sind, in welchen beide von Wert sind. Fest aber steht, dass das zweite Szenario, also das langsame und behutsame, einen bestimmten Managertypus prägt, von dem die fol-

Lügen in der Chefetage. Mathias Schüz, Stephen Wirth und Aiko Bode

ISBN 978-3-527-50213-4

gende Episode handelt. Dieser Typus hat anders als Middelhoff begriffen, dass Innovation weniger geschätzt wird als das Bewahren der Tradition. Und deshalb »bewahrt« er nun und ist konservativ – schließlich will er im Konzern vorwärts kommen.

Zugleich aber hat er begriffen, dass ihm ein moderner Anstrich nicht schlecht steht. Schließlich wird von einer aufstrebenden Führungskraft auch noch erwartet, dass sie das Haus vorwärts bringt. Also muss unsere Führungskraft elastisch sein. Ihr wird ein überzeugender Spagat abverlangt. Sie soll einerseits zukunftsweisend erscheinen, schon um Impulse bei den Mitarbeitern auszulösen. Sie darf aber andererseits den älteren Herrschaften der Eigentümerfamilie und des Aufsichtsrats keine Angst vor einem Umbruch der Unternehmenswerte einflößen. Sehen wir, was dabei herauskommt:

Wenn schon ein Thomas Middelhof es nicht geschafft hat, sich über die latenten Denkverbote der Eigentümer hinwegzusetzen, dann werden Sie im mittleren Management schon gar nicht so unklug sein, es auch nur zu versuchen. Streben Sie daher eine verantwortungsvollere Position an, die Sie auf keinen Fall in Interessenkonflikte mit Ihren Vorgesetzten bringt. Um in der Hierarchie aufzusteigen, gehen Sie dabei wie folgt vor.

Endlich: Ihr Vorgesetzter, ein alter Hauptabteilungsleiter, hat nach seinem zweiten Herzinfarkt eingesehen, dass es doch ein Leben nach der Firma gibt. Das Argument, dass er laut altem Versorgungstarifvertrag sogar insgesamt 103 Prozent seiner letzten Netto-Bezüge erhält, hat ihn zwar nicht restlos überzeugt, seinen Posten aufzugeben. Doch als Sie ihn auf die geniale Idee brachten, er könne vielleicht zusätzlich einen kleinen Beratervertrag für die nächsten fünf Jahre mit der Unternehmensleitung aushandeln, war das Eis gebrochen. Nun ist er weg. Mit 58 Jahren. Und Sie sind der Glückliche unter den drei oder vier geeigneten Bewerbern in Ihrer Hauptabteilung, der nachrückt. Die anderen verstehen zwar immer noch nicht, warum die Wahl gerade auf Sie fiel. Zumal auch noch hochkarätige externe Bewerber aus dem Feld geschlagen werden mussten. Aber die haben eben im Gegensatz zu Ihnen nicht verstanden, dass es hier um kein objektives Verfahren, sondern um die Wahrung des Betriebsfriedens ging – um Ruhe und Kontinuität im altehrwürdigen Unternehmen.

Sie konnten sich über Ihren Vorgesetzten bei der Unternehmensleitung als derjenige positionieren, der keine Scherereien durch neumodischen Quatsch macht. Es wäre doch gelacht, wenn Sie dies nicht noch besser als Ihr ehemaliger Vorgesetzter hinbekämen – natürlich auch mit einem goldenen Handschlag. Und dafür werden Sie tun, was man von Ihnen erwartet: Sie werden funktionieren, möglichst wenig eigene Ideen entwickeln und die Anweisungen »von oben« sorgfältig exekutieren. Wer weiß? So manch einer hat es damit bis zum Verwaltungsdirektor gebracht. Vielleicht hält Ihre Karriereleiter noch eine weitere Sprosse bereit. Doch gemach: Nun gilt es erst einmal, Ihre befristete übertarifliche Vergütung in eine unbefristete umzuwandeln und die Probezeit auf der neuen Position gut zu überstehen.

Allerdings sehen Sie sich mit unterschiedlichen Erwartungen seitens der Unternehmensleitung und seitens Ihrer Mitarbeiter konfrontiert. Ihr Bereichsvorstand hat Sie vor der Einführung in Ihre neue Funktion ausführlich über die Erwartungen der Geschäftsleitung instruiert: Alles soll beim Alten bleiben.

Allerdings müsste auch den Erwartungen der Mitarbeiter Rechnung getragen werden. Es sei ja natürlich, dass diese mit einem Wechsel der Führung nun auch ihrerseits Verbesserungen erwarten würden. Daher sei es notwendig, der alten Gewohnheit einen etwas moderneren Anstrich zu verpassen. Hierfür böten sich ja einige Mittel an, die Ihr Vorgänger geflissentlich ignoriert habe. Allerdings sollten diese nur kosmetischer Natur sein. Sie wüssten ja: Mitarbeitergespräche, Zielvereinbarungen, Teamwork, die Frauenquote etwas anheben, vielleicht eine gefällige, aber keinesfalls hyperaktive Abteilungsleiterin einstellen, ab und an After-Work-Partys, um die soziale Bindung zu verstärken, vielleicht den Betriebsausflug und die Weihnachtsfeier reanimieren. Nichts Steifes. Locker soll es sein, damit die Leute aus sich heraus gehen; wie sonst sollten Sie erfahren, was die Kollegen so nach dem dritten Bier wirklich denken?

Sie, der Sie wissen, worauf der durchschnittliche Mitarbeiter anspricht, sehen hierin kein Problem. Schließlich muss Ihre Abteilung nicht merken, dass nach wie vor Denkverbote herrschen. Sie werden schon dafür sorgen, dass Ihre Mitarbeiter den Eindruck haben, es wehe ein neuer, frischer Wind durch die Hauptabteilung. Jene warten darauf, dass sich wirklich etwas ändert. Rasche und umfassende Information, Eigenverantwortlichkeit, Partizipation an Entscheidungen, keine Anwesenheits-, sondern Ergebnisorientierung – diese und ähnliche Schlagworte geistern schon länger durch die Hauptabteilung. Aber Sie können diesen innovativen Reden noch keine Personen zuordnen. Gegenüber Ihnen, dem Adlatus des »Alten«, haben die Mitarbeiter immer vorsichtige Zurückhaltung gewahrt.

Wie lösen Sie diesen Konflikt? Womit locken Sie Ihre Mitarbeiter aus der Reserve? Ganz einfach – Sie geben sich weltmännisch und tun, was jede echte Führungskraft tut: Sie besuchen jede Abteilung und fragen jeden Einzelnen vor versammelter Mannschaft – und gegebenenfalls noch einmal unter vier Augen – wie der gute Onkel Doktor: Wie läuft es denn so? Wo drückt der Schuh? Welche Vorstellungen haben die Ihnen unterstellten Kollegen von ihren eigenen Aufgaben? Worin sehen Sie die Ziele der ganzen Hauptabteilung?

Wie? Es will keiner so recht? Herumdrucksen und Schweigen im Walde? Jeder will höflich sein und den anderen den Vortritt lassen? Dann ist es Zeit für eine vertrauensbildende Maßnahme. Sie beginnt etwa mit dem Satz: »Liebe Kollegen – ich war ja nun lange genug einer der Ihren, daher weiß ich ...« Und er endet mit dem Satz, den wir Ihnen hier als Schlüssel zu den Herzen und Hirnen Ihrer Mitarbeiter empfehlen: »Bei mir gibt es keine Denkverbote!«

Gibt es auch nicht. Denken kann man sowieso nicht untersagen. Ihre Mitarbeiter werden sich durch diesen Satz aber ermuntert fühlen und offen aussprechen, was sie bewegt, was sie von Ihnen und der Firma erwarten. Sie werden sehen: Wenn der Erste sich aufgrund Ihrer warmen Worte aus der Deckung traut, dann ist das Eis gebrochen. Es wird sprudeln.

Mit der Lüge von der Nichtexistenz von Denkverboten finden Sie leicht heraus, welchen Mitarbeitern Sie nun ein wenig in deren Freigeist hinein regieren müssen. Was Sie an Informationen erhalten, müssen Sie nur noch durch zwei Filter jagen, um größtmöglichen Nutzen daraus zu ziehen. Dies ist zum einen Ihr eigener Filter, in dem alle Ideen und Personen ausgesiebt werden, die Ihnen von Nutzen beziehungsweise von Schaden sind. Dieses Ergebnis gleichen Sie dann mit dem zweiten Filterdurchlauf ab: dem Filter der Geschäftsleitung. Nur die Ideen oder Personen, die beide Filter erfolgreich durchlaufen haben, erfreuen sich künftig Ihrer wärmenden Fürsorge. Die anderen sind Ihnen gleichfalls dienlich. Diese können sie auf die Liste überflüssiger Kosten setzen, die Sie Ihrem Vorstand demnächst präsentieren werden. Und zwar zusammen mit den guten Ideen, die

Ihre kleine Lüge von den nicht vorhandenen Denkverboten ihren Mitarbeitern entlockt hat.

Mit dieser Agenda zum Wohle des Unternehmens und zur Wahrung der Kontinuität in Ihrer Hauptabteilung sollte Ihnen die Akzeptanz Ihrer Oberen sicher sein. Eine prima Basis für höhere Weihen! Sie sind doch noch jung. Warum sollten Sie sich Denkverbote auferlegen?

5
›Ich verabscheue die Maßlosigkeit mancher Kollegen!‹

Einsatzbereich: Mitarbeiter, Betriebsrat und Kandidaten

Sie sind Manager auf der mittleren Ebene. Finden Sie nicht, es sei an der Zeit, Ihr Einkommen leistungsgemäß angepasst zu bekommen? Auch ein Dienstwagen würde Ihnen zusagen? Sie haben schon lange das Gefühl, dass alle Ihre Kollegen im Haus und auch die Mitarbeiter Ihres Konkurrenzumfeldes besser entlohnt und behandelt werden? Sie fahren noch immer den mittelgroßen Luxusklassewagen, der diesen leicht morbiden Geruch von Vertreterdasein verströmt, während sich die anderen in S-Klassen, Cayennes oder Phaetons tummeln. Sie waren eben zu bescheiden. Aber damit muss jetzt Schluss sein. Sie wollen Gerechtigkeit und gleichgestellt werden. Das wird Ihnen Ihr Vorstand aber kaum genehmigen. Was hätte er auch davon? Sie müssen sich also eine Strategie zur Verwirklichung Ihrer Pläne ausdenken. Wir erläutern Ihnen, wie Sie dabei unsere Maßlosigkeitslüge erfolgreich einsetzen können.

Zunächst suchen Sie sich unter Ihren Mitarbeitern und Kollegen Verbündete. Machen Sie sich bei ihnen beliebt. Verfolgen Sie dabei das Ziel, von ihnen als Underdog des Topmanagements verstanden und sodann angemessen bemitleidet zu werden. Werden Sie Sympathieträger, indem Sie sich den unterprivilegierten Massen ein wenig andienen und auf diese Weise vom übrigen Management abgrenzen. Dies empfiehlt sich natürlich nur, wenn die lieben Topmanager nicht anwesend sind. Solch kleine, bescheidene Lagebeurteilungen aus höherer Warte kommen bei Betriebsräten und Mitarbeiten gleichermaßen gut an. Distanzieren Sie sich bei diesen Gelegenheiten leise aber merklich von dem aufwendigen und unzeitgemäßen Lebensstil Ihrer Bereichsvorstände. Streuen Sie dabei Bemerkungen ein wie: »Wenn ich einen solchen Wagen fahren müsste, dann würde ich mich schämen!« oder »Wer weiß, wozu er diesen Wagen braucht. Bestimmt nicht dafür, seine Frau vom Friseur abzuholen ...!« oder »Na ja, wer

Lügen in der Chefetage. Mathias Schüz, Stephen Wirth und Aiko Bode

ISBN 978-3-527-50213-4

eine Luxusvilla hat, der braucht halt auch entsprechende Statussymbole für seine überdimensionierte Garage.« Oder auch: »Dass der einen solchen Prunk für nötig hält ...«. Dabei machen sich wohlgesetzte bedeutungsvolle Sprechpausen mit einem leisen, aber vernehmbaren ratlosen Seufzen hervorragend.

Vergessen Sie gegenüber Ihren Gesprächspartnern an anderer Stelle aber niemals den Hinweis, dass im Falle Ihres eigenen Karrieresprungs zuerst einmal etwas für die anderen dabei herausspringt. So viel Anstand müsse sein – schließlich verstünden Sie sich als Teamplayer!

Sie werden sehen: Diese Verbrüderung mit Mitarbeitern, Betriebsräten und anderen, deutlich schlechter entlohnten Personenkreisen führt zu einem ungeahnten Sympathieschub. Man wird Sie als einen der ihren betrachten, mit Ihnen abends einen trinken gehen, sich vielleicht sogar gemeinsam mit Ihnen in Nachtclubs vergnügen. Dann und wann erfahren Sie sogar all jene Gerüchte und werden in alle Geheimnisse eingeweiht, von denen Vorgesetzte üblicherweise ausgeschlossen bleiben – wenigstens auf dem Dienstweg.

Diese neue enge Beziehung zu Ihren Mitarbeitern und Betriebsräten führt dazu, dass Sie auch die Schwächen Ihrer Konkurrenten, Vorgesetzten und Aufsichtsräte rechtzeitig kennen lernen und in Ihrem Sinne nutzen können. Wir raten zwar von direkter Erpressung wegen der nicht absehbaren juristischen Folgen dringend ab. Aber ein wenig plaudern am Rande der Hauptversammlung oder dem »Global Management Meeting« wird ja wohl noch erlaubt sein und ist schon der Höflichkeit geschuldet. Bitte beachten Sie aber die Dosis und den Zeitpunkt. Weniger ist hierbei mehr. Man wird Sie dann auch in diesen erlauchten Kreisen als Zuträger über die derzeitige Stimmung an der Basis immer mehr zu schätzen wissen.

Der zweite Effekt Ihrer neuen Stammtischfreundschaften besteht darin, dass Ihre Mitarbeiter hoch motiviert Mehrleistungen erbringen. Schließlich arbeiten sie als einzige mit einem Menschen, ja sogar Kumpel zusammen und nicht mit einem Diktator. Da reißt man sich gerne ein Bein aus. Und damit werden auch die Geschäftszahlen besser. Diesem objektiven Argument wird sich auch Ihr Vorstand nicht länger verschließen können und in der Folge für Ihren wohlverdienten Aufstieg in der Firmenhierarchie sorgen.

Da Sie dann Ihre Stammtischfreundschaften zwangsläufig wieder einschränken, letztlich sogar ganz beenden müssen, wäre es gut, wenn Sie vorher nicht allzu viel Nähe zugelassen haben. In einer stillen Stunde sagen Sie daher jedem einzelnen Mitarbeiter, dass Sie persönlich von der grassierenden »Duz«-Epidemie nichts halten. Schließlich können man auch über ein freundliches »Sie« enorm viel menschliche Nähe und Vertrauen aufbauen. Dabei sollten Sie lächeln und je nach Ort und Zeit eine Runde Bier oder Kaffee ausgeben. Eine Investition, die sich lohnen wird.

Sobald Sie es dann geschafft haben und sich Ihr Status verbessert hat, werden Sie ein wenig vergesslich. Das kommt unter dem Druck neuer Anforderungen und gestiegener Verantwortung schon einmal vor. Erinnern Sie sich einfach nicht an gegebene Zusagen. Im Extremfall bieten Sie Placebo-Wohltaten an. So freut sich der einfache Mitarbeiter schon über eine neue Topfpflanze im Büro, eine regelmäßige Abteilungssitzung mit dem kurzweiligen Austausch privater Wochenenderlebnisse, über einen funktionstüchtigen Bildschirm oder eine gereinigte Kaffeemaschine.

Bei soviel Einfühlungsvermögen und Blick auch für die Kleinigkeiten im Alltag beweisen Sie allen noch einmal: Sie sind der Menschenfreund des Unternehmens – derjenige, für den es sich lohnt, durchs Feuer zu gehen.

Maßlosigkeit ist nun einmal nicht Ihre Sache.

6
›Das soll Ihr Schaden nicht sein!‹

Einsatzbereich: Mitarbeiter

Manchmal ist es zum Mäusemelken. Da haben Sie alles prima organisiert, der Laden läuft. Sie können endlich einmal durchatmen und in einer ruhigen Minute die Früchte Ihres Erfolges genießen. Und dann passiert es. Ihre beiden wichtigsten Mitarbeiter lassen sich auf das Abenteuer Firmen-Feierabendsport ein und spielen auf dem firmeneigenen Bolzplatz abends mit anderen Kollegen Fußball. Zum letzten Mal fit vor zwanzig Jahren, kommt es, wie es kommen muss. Der eine macht die berühmte Blutgrätsche, denn er ist ja auch heute noch ein Abwehrrecke, vor dem sich jeder Angreifer hüten muss. Was im Büro klappt, geht auf dem Bolzplatz allemal. Aber das hat er seinen etwas in die Jahre gekommenen Bandscheiben nicht genügend erklärt – und eine im unteren Wirbelsäulen-Segment kündigt ob dieser unzumutbaren Beanspruchung beleidigt ihren Dienst auf. Bandscheibenvorfall: OP-Termin sofort, Ausfall 10 Wochen, danach REHA, 12 Wochen. Der andere nicht faul, springt mit einem hämischen Lächeln über die Grätsche, hat aber übersehen, dass ihm die Schwerkraft heute deutlich mehr zusetzt als vor 30 Jahren – sein Knie fliegt ihm bei der etwas schiefen Landung um die Ohren: Meniskus-Riss, Operationstermin erst in 25 Tagen. Da liegen nun die Hoffnungen Ihrer nächsten ruhigen Wochen gemeinsam im Sand und krümmen sich. Was nun?

Zunächst Bestandsaufnahme: Der Mann mit der verletzten Bandscheibe muss sofort unters Messer und kann sich ganz bestimmt in den nächsten Wochen nicht richtig bewegen. Der Meniskus-Mitarbeiter hingegen ist ja auf Krücken und gut gekühlt bedingt einsatzfähig. Natürlich ist er krankgeschrieben. Aber müssen Sie deswegen schon die ganze Arbeit selbst machen? Mitnichten! Ein kleiner Krankenbesuch, ein Sträußlein Blumen und ein Genesungskärtchen mit der Maus von Uli Stein. Jeder Büroeinfaltspinsel steht auf solche Car-

Lügen in der Chefetage. Mathias Schüz, Stephen Wirth und Aiko Bode

ISBN 978-3-527-50213-4

toons. Dann – beim zweiten Besuch – kommen Sie mit einem Laptop mittlerer Kategorie und einer firmeneigenen Netzwerkkarte – und schon haben sich Ihre Chancen um 100 Prozent verbessert.

Nun müssen Sie die Sache nur noch geschickt anpacken – denn Krankschreibung ist Krankschreibung, das heißt Sie können die Arbeit nicht anordnen. Sie können sie dem Meniskus aber schmackhaft machen: So ein Fall ist ja heute keine schwere Sache mehr. Schließlich denkt man ja mit dem Kopf und nicht mit dem Knie. Und man schreibt mit den Fingern und nicht mit den Fußzehen. Wer wird denn schon jammern, wenn man ihm die Qualen seines Sportsgenossen, des Kollegen Bandscheibe, eindringlich vor Augen führt: Ans Streckbett gefesselt, bewegungslos, Toilette nur in Flasche und Pfanne, unerträgliche Schmerzen, aber tapfer und geduldig, keinerlei Wehklagen. Erklären Sie dem Meniskus, dass die Bandscheibe sich sofort nach der OP erkundigt habe, wie es denn nun mit der Arbeit weitergeht. Es sei doch keiner da, der sie übernehmen und in der gewohnten Qualität liefern könne, und so weiter.

Wenn nun kein Zucken durch den Kniegeschädigten geht, dann haben Sie etwas falsch gemacht. Aber setzen Sie nicht sofort nach, sondern wechseln Sie das Thema. Wenn er Wind davon bekommt, was Sie vorhaben, dann müssen Sie Ihre Arbeit doch noch selbst erledigen. Wenn er aber nur einen Funken Arbeitsehre im Leibe hat, wird er aus der Deckung kommen und Ihnen anbieten, wenigstens die beiden dringendsten Aufgaben zu übernehmen, die in dieser Woche fällig sind. Hat der Meniskus keine Ehre im Leibe, dann wandert er bei nächster Gelegenheit auf Ihren »Freisetzungs-Index« und wird von Ihnen höchstpersönlich postoperativ aus der Firma entfernt.

Die meisten Mitarbeiter haben aber Arbeitsehre. Man kann deshalb auf sie zählen. Hat er seine Bereitschaft bekundet, die beiden dringendsten Aufgaben zu übernehmen, dann geben Sie sich freudig überrascht: »Das ist aber anständig von Ihnen.« Und dann sagen Sie Ihr Sprüchlein auf: »Das soll Ihr Schaden nicht sein!«

Hat er nämlich erst einmal angefangen, seine eigene Arbeit und die seines an der Wirbelsäule geschädigten Kollegen zu übernehmen, dann müssen Sie dieses Feuer der Selbstbestätigung, des Arbeitseifers und Eindruckschindens nur noch am Lodern halten. Mit unserem Sprüchlein haben Sie eine – wie auch immer geartete – Entlohnung in Aussicht gestellt, die er sich nach eigenem Gutdünken ausmalen wird. Mit Ihrer vermeintlichen Wertschätzung halten Sie ihn solange bei Laune, wie Sie ihn benötigen. Er wird Sie nicht sitzen lassen. Denn er stellt sich ja vor, dass der Lohn seiner Mühen mit der Länge und Intensität seiner doppelten Arbeit auch wenigstens quadratisch wächst. Ganz der berühmte Esel in Äsops Fabel, den man mit einer Möhre vor der Nase einen Karren bis zum Umfallen ziehen lassen kann. Oder war es Horaz? – Nun, egal.

Dennoch halten Sie Wort: »Es soll sein Schaden nicht sein!«. Es schadet ihm ja auch nicht wirklich. Dass er für zwei buckelt, während er krank geschrieben ist, war ja schließlich seine eigene Entscheidung. Sie haben nur einen Krankenbesuch gemacht. Für die Hirngespinste des Meniskus von Gehaltsaufbesserung und Aufstieg sind ja nicht Sie verantwortlich zu machen. Ihr alter Laptop hat sowieso nur unnütz im Büro herumgestanden. Den werden Sie diesem Starfußballer großmütig überlassen. Er wird ihn bestimmt wieder einmal für Sie benötigen.

7
›Mitarbeiterführung ist ohne emotionale Intelligenz undenkbar.‹

Einsatzbereich: Mitarbeiter

Eine Schlüsselqualifikation auf Ihrem Weg an die Spitze jedweder Chefetage besteht in der souveränen Verwendung gerade umlaufender Management-Modebegriffe. Wir raten Ihnen nun aber nicht dazu, sich mit einem möglichst großen Arsenal solcher Wortungetüme auszustaffieren. Ganz im Gegenteil. Das machen bereits Ihre drei oder vier Kollegen, die gleichfalls auf die nächst höhere Stufe der Karriereleiter schielen. Diese Zeitgenossen ergehen sich den lieben langen Tag möglichst lautstark in Fachkauderwelsch. Dies soll sie als Eingeweihte einer McKinsey-Studie zum Führungsstil des 21. Jahrhunderts ausweisen, die in Ihrer Firma kürzlich im kleinen Führungskreis vorgestellt worden ist.

Auch sonst haben diese Typen nervtötende Gewohnheiten. Je später zum Beispiel das Licht im Büro des Vorstandsvorsitzenden ausgeht, umso breiter wird ihr selbstzufriedenes Grinsen: Gleich werden sie wieder ihren Arbeitseifer und rückhaltlosen Einsatz für die Firma dokumentieren und den Chef am Lift abpassen, um ihn die paar Meter bis zu seinem Parkplatz zu geleiten. Eine wirklich unangenehme Konkurrenz. Unverheiratet, jung, dreist und sportlich – und leider auch nicht dumm. Nun gilt's. Der nächste Auftrag in Projektteams wird die Vorentscheidung bringen, wer auf der Karriereleiter klettern darf.

Jetzt setzen Sie auf die Macht der Psychologie. Ebenso wie Ihnen selbst sind jene Kollegen allen Mitarbeitern zuwider. Mit ein paar harmlosen Witzchen verstärken Sie dieses Gefühl. Spekulieren Sie vor versammelter Mannschaft darüber, welcher Management-Stil mit einem solchen Typus Vorgesetzter Einzug halten könnte. Ihnen steht ja die ganze mehr oder weniger bekannte Palette altbewährter Management-Methoden zur Verfügung wie zum Beispiel:

Lügen in der Chefetage. Mathias Schüz, Stephen Wirth und Aiko Bode

ISBN 978-3-527-50213-4

- *Management by Crocodile*: das Maul aufreißen, obwohl einem das Wasser bis zum Halse steht;
- *Management by Ping Pong*: jeden Vorgang solange hin- und herleiten, bis er sich von selbst erledigt hat;
- *Management by Robinson*: warten bis der Freitag kommt;
- *Management by Helicopter*: über allem schweben, gelegentlich auf den Boden kommen, Staub aufwirbeln und wieder ab in die Wolken;
- *Management by Herodes*: intensiv nach dem geeignetsten Nachfolger suchen und dann feuern;
- *Management by Partisan*: selbst die engsten Mitarbeiter falsch informieren, damit die eigenen Ziele nicht erkennbar werden;
- *Management by Radfahren*: nach oben buckeln, nach unten treten;
- *Management by Champignon*: Mitarbeiter im Dunkeln lassen, mit Mist bestreuen und den ersten, der den Kopf rausstreckt, abrasieren.

Mit diesen kleinen Schreckensszenarien gewinnen Sie das gemeine Fußvolk, verstärken dessen Sozialneid auf die Macht und höheren Gehälter des Managements und haben die Lacher auf Ihre Seite. In dem Maße, wie Sie an Sympathie gewinnen, wächst die Antipathie gegen Ihre werte Konkurrenz.

Nun zünden Sie Stufe zwei: Erkundigen Sie sich nach dem persönlichen Befinden Ihrer Mitarbeiter. Zeigen Sie sich interessiert an deren Familie. Unternehmen Sie alles, um ihnen das Gefühl zu vermitteln, als Mensch wahrgenommen zu werden. Darüber wird zwar Arbeit liegen bleiben. Doch das ist nicht Ihr Problem. Je mehr sich die Kollegen an Ihren warmen Kachelofen schmiegen, umso mehr persönliche Details erfahren Sie, für die Sie in der Folgezeit breite Verwendung finden werden. Und umso eher werden sich die Mitarbeiter bereit erklären, einen erhöhten Arbeitseinsatz zu leisten. Wenigstens in Ihrer Arbeitsgruppe. Denn einen solchen prächtigen Menschen will man nicht enttäuschen. Während Ihre Mitarbeiter schuften, moderieren Sie ein wenig, sorgen für Kaffeenachschub, ein paar Schnittchen oder ein Sträußchen rasch gepflückter Gänseblümchen auf dem Tisch. Solche Gesten werden das Gefühl bestärken, einem Menschen zur Seite zu stehen, der sich auch für kleine Dienste nicht zu schade ist. Wenngleich es sehr viel weniger Mühe bereitet,

Kaffee zu kochen als zu arbeiten – aber hierauf wird niemand kommen.

Selbstverständlich bleibt diese gute Stimmung Ihren Vorgesetzten nicht verborgen. Ihre Arbeitsergebnisse stimmen gleichfalls, denn Ihre Mitarbeiter haben sich sehr eingesetzt. Die drei anderen, straff geführten Gruppen Ihrer Konkurrenten hatten hingegen mit einer gewissen Verweigerungshaltung zu kämpfen. Deren Mitarbeiter fühlen sich benutzt und lehnen sich zurück. Sie sagen sich: Wer von vornherein schon alles besser weiß und kann, der soll – bitte schön – auch alles machen. Um ein respektables Ergebnis zu erzielen, haben sich Ihre drei Konkurrenten daher ziemlich ins Zeug legen müssen. Eine gewisse Anspannung und Übermüdung ist ihnen deutlich anzumerken. Gereiztheit verbreitet sich um ihre Arbeitsgruppen, es zischelt, knistert und rumort – unangenehme Spannung, unausgesprochene Schuldzuweisungen liegen dort in der Luft.

Sie aber sind freundlich und gelassen. Vom Moderieren, Kaffeekochen und Schnittchenbringen bekommt man eben keinen Hexenschuss. Auch ist die Stimmung in Ihrer Gruppe wesentlich gelöster. Sie haben Ihren Mitarbeitern erfolgreich Wertschätzung vorgegaukelt und sie so auf Trab gebracht. Auf diese Weise haben Sie aus Ihren Mitarbeitern mit Hilfe der emotionalen Intelligenz das Beste für sich herausgeholt.

Wer nun die besseren Karten für den Karrieresprung hat, dürfte klar sein. Nach dem Geheimnis Ihres Erfolgs befragt, erläutern Sie Ihren Vorgesetzten die Vorzüge emotionaler Intelligenz bei der Mitarbeiterführung:

- Sie erweckt den Anschein, den ganzen Menschen wertzuschätzen, reduziert ihn also nicht auf einen bloßen Funktionsträger und Weisungsempfänger.
- Sie spiegelt dem Menschen Seele, Sinn und Urteilsfähigkeit vor.
- Sie kalkuliert mit den Hoffnungen, Erwartungen, Werten und Affekten eines Menschen.
- Sie ist eine Intelligenz, die nicht – wie die analytische – trennt, sondern eine, die verbindet.
- Sie ist eine Intelligenz, die den anderen zur Menschlichkeit verpflichtet.
- Sie greift tiefer, als es ein bloß beruflicher Kontrakt vermag.

Ein wahres Ei des Kolumbus für Führungskräfte! Mitarbeiterführung ist ohne emotionale Intelligenz geradezu undenkbar. Ein Hoch auf die Psychologie!

Bevor Sie allerdings zu sehr ins Schwärmen von solch prächtigen Werkzeugen zur Manipulation von Mitarbeitern geraten, sollten Sie die Möglichkeiten in Betracht ziehen, auch Ihrerseits emotional intelligent bearbeitet zu werden. Ja, die Welt ist schlecht und ungerecht. Jedes Ding hat wenigstens zwei Seiten und damit Risiken und Nebenwirkungen.

8
›Zusammenarbeit beruht auf gegenseitiger Wertschätzung.‹

Haupteinsatzbereich: Mitarbeiter, Betriebsräte
Nebeneinsatzbereich: Öffentlichkeit,

Noch vor wenigen Monaten tobten Sie mit einem Blutdruck von über 180 cholerisch durch Ihre Firma und stifteten Angst und Schrecken, wo immer Sie sich blicken ließen. Es war daher kein Wunder, dass die Motivation Ihrer Angestellten gegen Null tendierte. Dieses Verhalten schlug rasch auf die Qualität der Produkte sowie die Pünktlichkeit der Auslieferungen durch. In der Folge ging Ihr Umsatz spürbar zurück, und die Kundenbeschwerden häuften sich. Da war guter Rat teuer. Als Sie sich Hilfe suchend an uns wandten, war es zunächst nicht leicht, Sie zu einem Perspektivenwechsel zu bewegen. Sie sahen sich in der Position des knallharten Unternehmers, dessen Kosmos aus Anordnungen und Befehlen sowie deren bedingungsloser Befolgung bestand. Ihre Mitarbeiter fühlten sich wie machtlose Rädchen in Ihrem Getriebe – auf das bloße Funktionieren zurechtgestutzt, austauschbar im Versagensfall. Mit der zunehmenden Angst der zurückgehenden Auftragslage wuchs deren Hilflosigkeit und Untätigkeit noch. Beides wiederum verursachte Ihnen noch mehr Arbeit und Sorgen – eine teuflische Abwärtsspirale setzte ein. Sie zweifelten sogar daran, ein richtiger Unternehmer zu sein.

Wir erinnern uns noch gerne an den Moment, als Ihnen durch unsere Lüge von der gegenseitigen Wertschätzung ein Licht aufging. Dieses kleine Lichtlein haben Sie inzwischen virtuos zu einer leuchtenden Fackel werden lassen. Wir haben Ihnen den Pfad unternehmerischer Tugend wieder gewiesen. Denn wenn man sich schon mit dem Teufel einlässt, dann muss man es auch richtig machen. Also erklärten wir Ihnen, was es für eine wunderbare Bewandtnis mit der »gegenseitigen Wertschätzung« auf sich hat.

Sie als Unternehmenslenker wissen nun: Nicht nur Entlohnung, sondern vor allem Lob ist der Treibstoff der arbeitenden Klasse. Sie haben rasch gemerkt, dass es erheblich günstiger ist, wenn Ihre Mit-

Lügen in der Chefetage. Mathias Schüz, Stephen Wirth und Aiko Bode

ISBN 978-3-527-50213-4

arbeiter von der Währung »Wertschätzung des Chefs« profitieren als von wirklichen Gehaltszulagen. Anders als die finanziellen Mittel Ihres Unternehmens steht Ihnen nämlich diese Ressource in unbegrenzter Menge zur Verfügung. Es ist Ihnen daher zur lieben Gewohnheit geworden, Ihr Büro morgens mit einem Lächeln zu betreten. Auf dem Weg dorthin haben Sie alle freundlich mit Namen gegrüßt. Sie haben hier ein Kompliment für die neue Frisur einer Sachbearbeiterin gemacht, dort einen anerkennenden Blick auf das schicke Kleid der jungen Empfangsdame geworfen. Sie haben sich kurz nach den lieben Kleinen Ihrer Reinigungskraft erkundigt. Und auch dem Rapport Ihres lang gedienten Obermeisters über die ruhig verlaufene Wochenendschicht haben Sie mit wohlwollender Miene zugehört.

Wertschätzung – so meint der naive Menschenverstand – bedeutet die Anerkennung einer Person. Wertschätzung bezeugt Achtung. Sie vermittelt Respekt vor dem Wesen eines anderen, vor seiner Leistung oder auch seiner sozialen Stellung. Jedenfalls ist sie mit Empathie verbunden, mit Einfühlsamkeit, Verständnis und menschlicher Nähe. Wertschätzung ist also ein richtiges Kuschelgefühl für Leute, die wegen vermeintlicher sozialer Kälte frösteln. Sie steigert deren Selbstwertgefühl und bestärkt sie. Sie gibt ihnen Zuversicht und Tatkraft. Wertschätzung war mithin das geeignete Mittel, um Ihren kenternden Kahn wieder flott zu bekommen.

Es war aber nicht unsere Absicht, aus Ihnen einen Franz von Assisi zu machen. Ein Unternehmer zeichnet sich ja nicht dadurch aus, dass er Haus und Hof verschleudert, weil er seinen Anfällen von Nächstenliebe nicht mehr gewachsen ist. Nein: Er muss vielmehr seine unternehmerischen Ziele verfolgen.

Es hat Ihnen daher eingeleuchtet, dass »Wertschätzung« aus der Sicht des Unternehmers anders verstanden und pragmatischer gehandhabt werden muss, als es das allgemeine Verständnis des Begriffs erwarten lässt. »Wertschätzung« aus Sicht des Unternehmers bedeutet einzig und allein, möglichst genau einzuschätzen, was ein Mitarbeiter für das Unternehmen wert ist. Diese grundlegende Betrachtung kommt Lohnempfängern in Zeiten sozialer Errungenschaften wie einer Mindestlohngarantie, einer betrieblichen Altersversorgung oder des Kündigungsschutzes nicht so rasch in den Sinn. Doch gleichgültig, welch menschenfreundlichen Zuckerguss weltfremde Sozialtheoretiker über die Arbeiterschaft ausgießen: Für Sie als Unternehmer muss nun einmal unumstößlich feststehen, dass Menschen in Betrieben bloße Arbeitsfaktoren sind. Deren Output wird quantitativ gemessen. Arbeitnehmer müssen in einer Kosten-Nutzen-Kalkulation auf der Habenseite verbucht werden können, indem sie einen Mehrwert schaffen. Ansonsten sind sie nutzlos. Wenigstens für das Unternehmen. Humanistischer Ballast muss bei dieser Betrachtung über Bord gehen. Der Philosoph Immanuel Kant mag zwar theoretisch Recht mit seinem berühmten kategorischen Imperativ haben, dass jeder Mensch »nicht bloß als Mittel, sondern jederzeit als Zweck an sich selbst« anzusehen sei. Sie können diese Sollensforderung durchaus im Sinne unserer Lüge interpretieren. Dann bedeutet sie nichts anderes, als dass Sie die Menschen als Mittel verwenden können, wenn Sie sie zugleich als ihren Wert an sich und für das Unternehmen ansehen, sprich: in unserem Sinne wert schätzen. Solange der Mitarbeiter für das Unternehmen wertvolle Leistungen erbringt, können Sie es sich leisten, ihn auch in seinem Wert an sich anzuerkennen. Und wie machen Sie das? Eben, indem Sie ihn loben, befördern und gut bezahlen, damit er noch mehr Leistungen bringt.

Auf unseren Rat hin haben Sie also eine hübsche Liste angefertigt und alle Mitarbeiter nach dem Grad ihrer Wichtigkeit für bestimmte Funktionen eingeschätzt. Sodann haben Sie durch Gespräche, Erkundigungen und Beobachtungen zusammengetragen, worauf Ihre Leute im Allgemeinen wie im Besonderen abfahren. Jeder hat ja seine kleinen Vorlieben, Marotten, Schwächen und Eitelkeiten. Nach ein paar Monaten hatten Sie eine hübsche Liste beisammen. Diese besonderen Wünsche und Merkmale konnten Sie nun in Ihrer Namensliste vermerken und mussten Sie nur noch auswendig lernen – eine fürwahr schlagkräftige Batterie für Ihre Empathieoffensive. In kürzester Zeit fühlte sich jeder verstanden und als Person angenommen und respektiert. Seitdem flutscht die Firma. Ihr Blutdruck ist wieder dort, wo er für ein langes und glückliches Unternehmerleben hingehört. Und Ihre Leute bringen Ihnen Sympathie und Respekt entgegen.

Es ist nun einmal wahr: Erfolgreiche Zusammenarbeit beruht auf gegenseitiger Wertschätzung. Mit der Doppelbödigkeit abstrakter Begriffe muss man sein Personal ja nicht noch zusätzlich belasten.

9
›Ich stehe voll und ganz hinter Ihnen!‹

Haupteinsatzbereich: Mitarbeiter

Welch erhebendes Gefühl für Sie als Topmanager, Ihren Mitarbeitern den Schutz Ihrer Fürsorge angedeihen zu lassen. Seien Sie großzügig! Seien Sie großmütig! Wenigstens im Kleinen. Aber dies oft und bei vielen verschiedenen Gelegenheiten. Und zwar solange, bis man beides für Ihre Grundgesinnung hält, auf die man sich auch in größeren Wechselfällen des beruflichen Alltags verlassen kann. Die Herzen fliegen Ihnen zu, die Hirne stehen Ihnen offen. Sie sind für Ihre Leute da und stehen hinter ihnen. Zugegeben, diese Fassade aufrecht zu erhalten, kostet Mühe. Sie müssen Ihre Sekretärin ertragen, die gerade mal wieder einen Termin mit Ihrem Aufsichtsrat verschlampt hat. Sie müssen Ihren Azubi ertragen, der Ihnen Löcher in den Bauch fragt und morgens ständig ungeduscht zu spät kommt. Sie müssen Ihre Mitarbeiter darin bestärken, mit Engagement und Eigenverantwortung an ihre Aufgaben heranzugehen. Denn wenn sie ohne Vorgaben arbeiten, produzieren sie an Ihren Vorstellungen vorbei und machen Fehler, die Sie ihnen dann später anlasten können. Deshalb: Dieser ganze Aufwand lohnt.

Sie bewegen sich nämlich in der Wirtschaftwelt. Und wer glaubt, dass dort etwas umsonst sei, der glaubt vermutlich auch an die Vergebung der Sünden im Jenseits. Nein: Sie sind ein wenig diesseitiger aufgestellt. Sie vergeben nicht. Und Sie vergessen auch nicht. Sie sind nur geduldig und warten auf den richtigen Zeitpunkt, Ihr Wissen um Fehltritte der Kollegen zu Ihrem Vorteil einzusetzen. Ihr pragmatischer und biologistisch geschulter Verstand sagt Ihnen, dass der naturgegebene Egoismus von Ihnen verlangt, das Meiste für sich herauszuholen. Entweder Sie gehören zu den Gewinnern, oder Sie gehören zu den Verlierern. Man lebt schließlich nur einmal.

Was der berühmte Blaise Pascal, mit seiner Wette behauptet hat, ist eigentlich eine Lüge. Warnte er doch glatt: Wenn du dein Leben mit

Lügen in der Chefetage. Mathias Schüz, Stephen Wirth und Aiko Bode

ISBN 978-3-527-50213-4

Wein, Weib und Gesang vergeudest, dann ist das Risiko sehr hoch, dass ein strafender Gott permanent hinter dir steht, dein Treiben observiert und dich im Jenseits zur Rechenschaft zieht. Also sei es doch besser, ein gottgefälliges, moralinsaures Leben zu leben – sehr zum Wohlgefallen deiner Mitmenschen. In Wahrheit ist doch das Risiko genau umgekehrt: Was, wenn es keinen Gott im Himmel, keine Gerechtigkeit und kein ewiges Leben nach dem Tode gibt? Dann wären Sie doch ein Opfer von Pascals Lüge geworden. Dann hätten Sie im Glauben an diese Lüge, Ihre Chancen zur Daseinsoptimierung im schillernden Diesseits nicht ergriffen. Sie hätten die Gelegenheit ungenützt verstreichen lassen, sich selbst hinter Ihre Mitmenschen zu stellen und auf diese Weise Ihre Möglichkeiten im Diesseits zu optimieren.

Und wie setzen Sie das in Ihrem beruflichen Alltag nun um? Machen Sie sich als junger Leiter Ihrer Abteilung zunächst unangreifbar. Zeigen Sie Präsenz, praktizieren Sie das Prinzip »offene Tür«. Durch Ihr »Management by walking around« werden Sie unter der Hand nicht nur in offiziellen Dingen zum unangreifbaren Leiter Ihrer Abteilung. Gleichzeitig werden Sie durch Ihr Wissen um die verdeckten Tagesordnungen, Fehler und Schwächen Ihrer Kollegen zum Paten – zu einem Paten, wie ihn einst Marlon Brando so eindrucksvoll verkörperte.

Darüber hinaus haben Sie sich wirklich auf Networking verstanden, allerdings anders als es die vielen Management-Lügner behaupten. Gleich einer Spinne, die ruhig in der Mitte ihres vielmaschigen Netzes sitzt und der Beute harrt, die unweigerlich in ihrem Netz hängen bleiben wird, haben Sie ein Netz aus scheinbarem Vertrauen, Furcht, falschen Hoffnungen und Illusionen geknüpft. An jedem Kreuzungspunkt sitzt ein von Ihnen abhängiger Informant, der Ihnen irgendetwas schuldet. Sie haben also ein Netz aufgebaut, bei dem selbst die kleinste periphere Erschütterung Sie über deren Ursache sofort ins Bild setzt. Sie, nur Sie, haben jetzt die Fäden in der Hand. Und das ist die einzige Networking-Methode die funktioniert – alle anderen sind notworking.

Ab diesem Zeitpunkt dürfen Ihre Mitarbeiter auch spüren, *wie* Sie voll und ganz hinter ihnen stehen: als Big-Brother – einer, dem nichts entgeht. Einer, der seine Exekutivgewalt rasch und wirksam einzusetzen versteht. Einer, mit dem man sich besser gut stellt. Weil er nicht nur *hinter* den anderen, sondern vor allem *über* ihnen steht.

10
›Ich verlasse mich voll und ganz auf Sie!‹

Haupteinsatzbereich: Mitarbeiter

Da haben Sie als neuer Leiter Ihrer Abteilung nun Monate erfolgreich darauf verwendet, den angetroffenen Schlendrian abzustellen:

1. Nachdem Ihre alte Sekretärin nicht besonders viel her gemacht hatte, stellten Sie eine deutlich dekorativere ein.
2. Informations- und Kommunikationswege wurden effizienter organisiert. Seitdem laufen alle wichtigen Vorgänge über Ihren Schreibtisch.
3. An- und Abwesenheiten werden nun mit der Stechuhr geregelt, und Passfotos der Mitglieder Ihrer Abteilung wurden an der Pforte hinterlegt, um Stechuhrbetrügern endgültig das Handwerk zu legen. Seitdem sind Sie immer im Bilde, ob und wann die Kollegen die Firma betreten und wieder verlassen haben.
4. Sonderwünsche wegen allerlei persönlichem Pillepalle – angefangen von »Auto muss zur Werkstatt«, über »Kind muss vom Hort abgeholt werden« bis hin zu »Ehepartner liegt im Sterben« – haben Sie untersagt, womit sie nun der Vergangenheit angehören.
5. Die wichtigsten internen und externen Kundenkontakte laufen nun ausschließlich über Sie selbst. Nun weiß jeder, wer in Ihrem Hause für den Erfolg Ihres Geschäfts verantwortlich ist.
6. Sie haben die Vertriebswege neu definiert und dabei auch die kostspielige Zuliefererkette gestrafft – Ihre Lieferanten wissen nun, dass sie es mit Ihnen zu tun bekommen, wenn sie nicht spuren.

Kurz: Sie haben eine Menge Arbeit für das erste Halbjahr erledigt.

Und nun das: Ihr (Noch-)Vorgesetzter schaut in seinen Urlaubsplan und fordert Sie auf, endlich Ihren Urlaub anzutreten. Natürlich hat dieser Heuchler gesehen, dass »die Neue« im Sekretariat während dieser Zeit da sein wird. Für ein Blumensträußchen geschehen mit-

Lügen in der Chefetage. Mathias Schüz, Stephen Wirth und Aiko Bode

ISBN 978-3-527-50213-4

unter seltsame Dinge. Auch Ihre disziplinierenden Maßnahmen sind den Kollegen noch keineswegs nachhaltig genug ins Verhaltensrepertoire übergegangen. Für Sie steht fest: Kaum sind Sie diese drei Wochen außer Haus, tanzen die Mäuse auf den Tischen und sägen an Ihrem Stuhl. Was tun?

Nun: Ziehen Sie einfach die Vertrauenskarte! Nichts verpflichtet Menschen mehr, als wenn man ihnen vertraut – wenn auch nur scheinbar. Realisten wie Sie selbst halten eisern an der Tatsache fest: Wer sich auf andere verlässt, der ist verlassen! Die übrigen 98 Prozent Sozialromantiker mögen glauben, was sie wollen. Wenn schon der Führer eines kommunistischen Landes, wie vormals Lenin verkündet hat: »Vertrauen ist gut, Kontrolle ist besser!«, warum sollte sich dann unter den heutigen freizügigen demokratischen Verhältnissen etwas an dieser Maxime ändern? Sie laden doch geradezu zum Missbrauch ein. Nein: Sie halten es mit dem englischen Sozialphilosophen Thomas Hobbes, der die Sache scharfsinnig auf den Punkt gebracht hat: »Homo homini lupus est« – der Mensch ist des Menschen Wolf. Sie sind ja das beste Beispiel dafür, dass Erfolg im Berufsleben nicht durch Anstand und Moral begründet wird, sondern einem wohlverstandenen Sozialdarwinismus entspringt, in dem es nur den wenigsten vergönnt ist, bis an die Spitze der Nahrungskette vorzudringen.

Sie berufen also eine Abteilungssitzung ein und verkünden, dass Sie Ihren Jahresurlaub antreten müssen. Da Sie von Ihren Mitarbeitern nicht verlangen wollen, dass einer alleine in die Bresche springt, haben Sie sich entschlossen, die Last auf mehrere Schultern zu verteilen. Dieser Kniff hat einen doppelten Vorteil: Zum einen kann sich niemand alleine an Ihnen vorbei profilieren; zum anderen können Sie die Kollegen gut gegen einander ausspielen. Worauf müssen Sie dabei besonders achten? Teilen Sie Ihren Mitarbeitern Aufgaben zu, deren Sinn und Zweck nur Sie alleine vollständig überschauen können. Wenn Sie darüber hinaus noch Überschneidungen der Teilaufgaben einbauen, dann sind Streitereien und Gerangel um Kompetenzen vorprogrammiert. Jeder wird sofort einsehen, dass ohne Sie nichts geht. Ein solch gestaffeltes Informationsmanagement ist eine moderne Variante des alten Imperativs »Divide et impera! – teile und herrsche ...«

Sind die Aufgaben verteilt und besprochen, dann geben Sie den Kollegen mit ernstem Blick noch ein paar warme Worte mit auf den

Weg. Bitte keine langen Elogen. Aber versäumen Sie nicht, sich in der Tür noch einmal umzudrehen und unser Sprüchlein »Ich verlasse mich voll und ganz auf Sie« aufzusagen. Legen Sie eine Mixtur aus Aufmunterung und Besorgnis in ihre Stimme. Sie haben doch geübt, oder? Dann marschieren Sie hinaus. Drehen Sie sich nicht mehr um, auch wenn Sie in den Wagen steigen, und fahren Sie zügig vom Hof. Aktivieren Sie nun zuerst das kleine, sendergesteuerte Richtmikrofon, das Ihnen Ihr Kumpel vom BND besorgt hat. Das macht sich jetzt prima im Auge eines hoch im Regal stehenden Leitzordners im Sekretariat. Das ideale Instrument zur Sozialdifferenzierung: Wenn es einwandfrei arbeitet, haben Sie die weißen von den schwarzen Schafen unter Ihren Kollegen rasch separiert und sind zudem noch um wertvolle »Flurinformationen« reicher.

Auch Ihre Administratorenrechte für die Abteilungs-PC nutzen Ihnen jetzt, denn Sie bekommen automatisch Blindcopys aller Abteilungs-E-Mails auf Ihr UMTS-Handy. Nun setzen Sie zusätzlich vorbereitete To-Do-Listen via Outlook an den betreffenden Kollegenkreis ab. Aber natürlich ein wenig zeitversetzt und zudem in Einzelfragen im Widerspruch zu den mündlich vereinbarten Aufträgen. Dies schafft Hektik und Verunsicherung. Ihre frei erfundene, nicht unterzeichnete Aktennotiz über eine drohende feindliche Übernahme Ihrer Firma mit geplanten Stellenstreichungen dürfte inzwischen auch unter Ihrer Schreibtischablage gefunden worden sein. Menschen sind nun einmal neugierig, wenn ein Papierzipfel unter etwas hervorlugt.

Rufen Sie darüber hinaus ruhig in den nächsten paar Tagen immer kurz nach Dienstschluss in der Abteilung an. Erkundigen Sie sich besorgt nach dem Rechten, streuen Sie noch ein paar verwirrende Zusatzinformationen, erzählen Sie von neuen Marktentwicklungen, auf die Sie in der Wirtschaftspresse gestoßen sind. Wetten, dass Ihre Kollegen in kürzester Zeit ein nettes Chaos angerichtet haben?

Ihrem nächsten Urlaub sieht Ihr Vorgesetzter jedenfalls mit Grausen entgegen. Wo doch nur mit Ihnen alles reibungslos läuft. Er wird froh sein, wenn Sie ihm wieder zur Seite stehen und er sich auf Sie »verlassen« kann.

Gefährlich ist diese Taktik nur dann, wenn Ihre Mitarbeiter wider Erwarten konfliktfrei und effizient zusammenarbeiten. Dann könnte sich Ihre Position im Unternehmen als überflüssig erweisen. Dieser

Gefahr können Sie auf zweierlei Weise begegnen: Ein vorausschauendes Personalmanagement wählt nämlich nur schwächere Mitarbeiter aus. Oder Sie nutzen das positive Ergebnis unter Hinweis auf Ihre geniale Menschenführung und empfehlen sich so für höhere Aufgaben.

Na dann – gute Erholung!

11
›Wir halten zusammen!‹

Haupteinsatzbereich: Mitarbeiter
Nebeneinsatzbereich: Kollegenkreis in der Teambildung

Der Sport ist die Schule des Lebens. So sind etwa die Regeln und Gepflogenheiten auf den Fußballplätzen dieser Welt vorbildlich für die hoffnungsfrohe Jugend aller Erdteile. Darum verdienen selbst mittelmäßige Protagonisten der Kunst des runden Leders Gehälter, von denen Sie nicht einmal zu träumen wagen. Dieser schöne Sport ist heute sogar selbst ein blühender Wirtschafts- und Industriezweig, in dem weltweit Milliarden umgesetzt werden und der Milliarden von Menschen erreicht und fasziniert. Welche Lehre ziehen Sie aber aus dieser Tatsache? Ganz einfach: Ein Kollektiv erreicht immer mehr im Leben als ein Einzelner. Natürlich gibt es auch erfolgreiche Individualsportler. Aber nennen Sie mir außer Tiger Woods oder Michael Schumacher nur einen weiteren, der alleine mehr Reibach macht als im Kollektiv. Selbst Boxweltmeister sind auf Gegner angewiesen, die sich verhauen lassen. Nun – wir wollen den Vergleich nicht ad absurdum treiben. Aber eines sollten Sie verstanden haben: Aufs Team kommt es an, wenn Sie gewinnen wollen.

Dabei sollten Sie im Team eine tragende Rolle spielen. Bloße Verteidiger werden vom Publikum zwar ernst genommen, aber nicht wirklich geliebt. Zuviel Geholze. Haben Sie in einem Unternehmen schon einmal gehört, dass Controller beliebt seien? Oder die Kollegen von der Revision? Sehen Sie, wir auch nicht. Der schnelle, elegante Flügelsturm erregt Aufmerksamkeit – im Unternehmen wäre er vielleicht mit den Kollegen der Kommunikationsabteilung gleichzusetzen. Aber der Flügelsturm ist zu sehr von guten Flanken der Kollegen abhängig, also guten Produkten oder Dienstleistungen. Kommen keine Flanken, gibt's auch nichts zu stürmen und die Aufmerksamkeit gehört anderen.

Vielleicht sind Sie in der Lage, Ihre Gegner mit Fachvokabular auf der vielzitierten Postkarte auszudribbeln. Dann sind Sie zwar ein

Lügen in der Chefetage. Mathias Schüz, Stephen Wirth und Aiko Bode

ISBN 978-3-527-50213-4

Könner, neigen aber dazu, zu viele Aktionen auf kleinstem Raum zu vollführen. Und wer wird schon gerne für selbstverliebt gehalten? Die meisten Leute, die durch allzu viel Detailkenntnis nerven, erklimmen die Karriereleiter erheblich langsamer als andere.

Also Hand aufs Herz: Wer wird wirklich geliebt auf dem Fußballplatz wie im Unternehmen? Der Torwart, der ungeachtet seiner eigenen Gesundheit in die härtesten Paraden seiner Gegner fährt? Der wendige Mittelstürmer, der die Tore – ohne Tore gewinnt man nun mal keine Spiele – rein ergebnisorientiert auch mal durch weniger schönes Abstauben schießt? Oder schließlich der geniale Libero, der sich frei auf dem Platz bewegt, überall und nirgends ist und alle Mitspieler wie verlängerte Organe seiner selbst über den Platz düsen lässt? Klar: Das Publikum liebt gute Torwarte und Mittelstürmer. Beide haben Schneid. Aber es wird nur einen anbeten: den Libero, die Seele der Mannschaft, den genialen Strategen. Und nun dürfte klar sein, wessen Rolle Ihnen für Ihr Berufsumfeld am zuträglichsten ist. Dabei ist die Rolle des Liberos auch am gefahrlosesten, denn getreten werden zumeist die anderen, weil sie eine klare Stellung beziehen müssen. Wird es brenzlig, ziehen Sie sich auf eine weniger heiße Position zurück. Die Rolle des Liberos ist auch am einträglichsten, weil Sie sich Anteile am gesamten Spiel der Mannschaft sichern und nicht nur auf einer Position.

Allerdings sehen Sie ohne die bedingungslose Einsatzbereitschaft und das Vertrauen Ihrer Kollegen ziemlich alt aus. Erinnern Sie sich daher der alten Fußball-Weisheit: Elf Freunde müsst ihr sein! Wir legen Ihnen deshalb unsere obige Beschwörung nachhaltig ans Herz: »Wir halten zusammen!«

Modulieren Sie diese drei Worte solange durch, bis sie höchstmögliche Eindringlichkeit, Lauterkeit und Solidarität ausdrücken. Ihre Einsatz- und Aufopferungsbereitschaft muss förmlich an jedem Wort aufblitzen. Seitens Ihrer Kollegen sollte nicht der Schatten eines Zweifels bestehen, dass Sie sich wirklich alle Gehirnwindungen für das Wohl des gesamten Teams ausrenken. Sie sollen, auch wenn sie des Lateinischen nicht mächtig sind, in schöner alter Mannschaftstradition spüren, was es heißt »pars pro toto« zu sein – ein Teil, der für das Ganze steht. Sie hingegen, der die Weihen höherer Schulbildung genossen hat, arbeiten sanft auf ein »primus inter pares« hin, wollen Erster unter Gleichen sein.

Um die Unterschiede zwischen sich und den anderen weiter auszubauen, lassen Sie ein paar kluge Statements gegenüber der Presse los. Die ist doch dankbar, wenn sie mehr als ein paar blöde Allgemeinplätze zu hören bekommt. Geben Sie in der Vorweihnachtszeit eine kostenlose Autogrammstunde in einem Kindergarten, Kaufhaus oder Altenheim. Die Leute lieben handsignierte Exemplare von Erfolgsgeschichten wie der Ihren. Sorgen Sie dafür, dass Sie im Radio, besser noch im Fernsehen erscheinen. Das Thema und der Anlass sind egal. Hauptsache, Sie sind präsent. Alleine durch Ihr Erscheinen ordnet man Ihnen Bedeutsamkeit, also einen gesellschaftlichen Rang zu. Haben Sie einmal hingehört, was die Lichtgestalt des deutschen Fußballs, deren Namen wir Ihnen mit Sicherheit hier nicht nennen müssen, in den Medien wirklich wörtlich sagt? Sehen Sie! Mit so wenig, geht so viel. Lächeln Sie, bleiben Sie locker und entspannt. Jeder Moderator wird Ihnen bei Bedarf schon eine kluge Antwort in seiner Frage unterschieben. Er will Sie doch wieder sehen. Schon gar jetzt, wo Ihr letzter Auftritt bei der medialen Konkurrenz so gut beim jungen und vor allem auch weiblichen Publikum angekommen ist. Seien Sie sicher: Die nächst größere Mannschaft oder Liga wartet auf Sie. Eventuell auch im Ausland. Liberos Ihres Formats werden auch in Unternehmen immer gesucht.

Ein Risiko dieser Taktik sind höchstens jene Kollegen, die Sie schon immer für einen Blender gehalten haben, der andere für sich arbeiten lässt. Gleich, was Sie sagen: Diese Typen werden Ihnen die Teamgeist-Beschwörungsformel nicht abkaufen. Halten diese Zweifler still, dann treten Sie nicht nach. Schlafende Hunde soll man nicht wecken. Vielleicht wollen sie bloß ihre Ruhe haben. Gefährden sie aber durch aktive Verweigerung Ihren Kurs und nehmen die ihnen zugewiesene Position auf dem Platz nicht ein, dann hält wiederum »König Fußball« ein probates Mittel für alle Lebenslagen dieser Art zur Verfügung: Stellen Sie ihnen eine Abseitsfalle! Oder lassen Sie sie vorpreschen, ohne dass ihnen jemand folgt. Das ist zwar in Bezug auf die eigene Mannschaft ungebräuchlich. Aber deswegen ist es auch erfolgreich. Drängen Sie Ihren Trainer, sprich Vorgesetzten, bei nächster Gelegenheit zur Auswechslung. Wie sollen Sie denn mit solchen Knallchargen das nächste Spiel gewinnen? Es kommt doch nicht auf den Einzelnen, sondern auf ein funktionierendes Team an. Und da muss man eben zusammenhalten.

12
›Lügen haben kurze Beine!‹

Einsatzbereich: Mitarbeiter

Seien wir mal ehrlich. Dieser viel zitierte Spruch ist eigentlich eine Frechheit. Eine Lüge über das Lügen. Er bringt Sie vom Pfad der Tugend ab: Nämlich der Wahrheit furchtlos ins Gesicht zu schauen. Und was sehen Sie da? Natürlich: Es wird allerorten gelogen, dass sich die Balken biegen. Wie sollten wir denn ein Büchlein über das Lügen-Repertoire alleine in den Chefetagen schreiben, wenn an diesem Spruch auch nur das Geringste dran wäre? Und wie gesagt: Wir beschränken uns dabei auf die Chefs! Alle anderen Menschen lügen ebenfalls und sind deutlich in der Überzahl.

Vor allem in den Chefetagen haben Lügen häufig sehr lange Beine. Mitunter auch sehr schöne. Jedenfalls lange genug, um der sorgenden Gattin daheim abends wieder einmal ein fruchtloses Warten zu bescheren. Wegen dringender Verpflichtungen natürlich.

Die Geschichte wimmelt ja geradezu von Belegen, dass Lügen im Gegenteil sehr »langbeinig«, also langlebig sein können. Wie es scheint, hängt die Zeitspanne ihrer Langlebigkeit vom Maß ihrer Dreistigkeit und Unwahrscheinlichkeit ab. Als Faustregel kann gelten: je dreister, desto langlebiger. Natürlich nur, wenn die Lüge auch mit entsprechender Überzeugungskraft serviert wird. Steht der beziehungsweise stehen die Lügner öffentlich in Ansehen, erleichtert dies sein beziehungsweise ihr Geschäft erheblich.

Die Politik bietet hier zahlreiche gute Beispiele, wie man mit Lügen, Verfälschungen, Auslassungen oder so genannten Halbwahrheiten Wahlen gewinnt und seine Interessen durchsetzt. Die PR-Branche mit ihren so genannten Spin-Doctors bearbeitet die Öffentlichkeit in großen Teilen nach diesem »Prinzip der Halbwahrheit« – ein schöner Begriff übrigens, der erfolgreich suggeriert, dass die Wahrheit teilbar sei.

Lügen in der Chefetage. Mathias Schüz, Stephen Wirth und Aiko Bode

ISBN 978-3-527-50213-4

Betrachten wir zum Beispiel einmal die deutsche Rentenlüge: »Die Renten sind sicher.« Bereits die Adenauerregierung der Nachkriegszeit vermochte die Renten lediglich über eine stark steigende Verschuldung zu finanzieren. Dieser Schachzug war geschickt. Da es noch genügend jüngere Menschen gab, hatte die Sache den Anschein von Plausibilität und Refinanzierbarkeit. Die Folgen konnten getrost intelligenteren Nachfolgegenerationen überlassen werden.

Die Folgeregierungen – gleich welcher parteipolitischen Konstellation – versuchten sich diesen blinden Fleck im Rentenbewusstsein der Bevölkerung gleichfalls zu Nutze zu machen. Allerdings verloren sie dabei zwei Effekte aus dem Auge, die sich gegenseitig verstärkten: Die Zinsen der Schuldenaufnahme und die entgangenen Gewinne einer vergleichbaren Kapitalanlage trieben die Verschuldung immer rascher in die Höhe, und zugleich ging der Anteil jüngerer Menschen in der Bevölkerung zurück. Mit dem Ergebnis, dass die frohe Botschaft, die Renten seien alles andere als sicher, die Bevölkerung inzwischen weitgehend erreicht hat. Dennoch hat die Rentenlüge fast 50 Jahre lang gehalten: eine beachtliche Leistung für eine politische Lüge! Steht doch die Politik als solche nicht gerade im Ruf besonderer Wahrheitsliebe.

Es ist daher wenig verwunderlich, dass ein wahrheitsliebendes Image der Langlebigkeit von Lügen sehr viel förderlicher ist. Die Kirche bietet hierfür eine ganze Reihe schöner Beispiele. Erinnern wir zum Beleg nur kurz an eines: die berühmte »Konstantinische Schenkung«. Kaiser Konstantin der Große (um 280 bis 337) vermachte in dieser angeblichen Schenkungsurkunde dem damaligen Papst Silvester I die weltliche Herrschaft über Rom und das gesamte Abendland. Auch wenn die Urkunde merkwürdigerweise erst im 9. Jahrhundert aufgetaucht ist, stützten sich die territorialen Ansprüche des Vatikans die nächsten 1000 Jahre auf dieses Dokument. Erst im 19. Jahrhundert bekannte der Vatikan die Fälschung. Eine Lügenbestandszeit von 1000 Jahren ist nun aber wirklich eine beachtliche Leistung. Sie zeigt, dass die in unserer Lügenüberschrift genannte Volksweisheit nun wirklich nicht stimmt. Wenn Sie, als versierter Lügner, vom Gegenteil, also von der Langlebigkeit der Lüge ausgehen, liegen Sie also richtig.

Dass Ihre lieben Mitbürger den Spruch dennoch für korrekt halten, hat daher handfeste Vorteile für Sie. Und zwar dann, wenn Sie diese Lüge gegen Ihre Mitmenschen verwenden und sie damit unter Druck setzen. Mit der richtigen Betonung – schön von »oben herab« – gesprochen und in einem unerwarteten Moment eingesetzt, entfaltet diese Lüge eine geradezu terrorisierende Wirkung. Sie spiegelt in jedem Fall eine geistige Überlegenheit vor.

Tun Sie daher etwas für den Abstand zwischen sich und Ihren Mitarbeitern! Diese Lüge zwingt Ihre Leute in Erwägung zu ziehen, dass Sie bereits im Bilde sind. Worüber auch immer. Der lässlichen Sünden oder Sündlein sind viele. Also halten Sie das Beil des Herrn ruhig einmal drohend über Ihre Herde. Um sich Ihrer Nachsicht zu versichern, werden sich die Schäflein – Schafe wie sie einmal sind – schon ganz von selbst und nur auf Ihren bloßen Verdacht hin outen. Sie fügen sich der Opferrolle. Sie werden sich Sünden zu eigen machen und bekennen, die sie gar nicht begangen haben – nur damit die unselige Inquisition des Chefs aufhört. Ihre Inquisition.

Die Kurze-Beine-Lüge ist im Kern also eine Macht-Lüge. Sie ist nicht nur eine Erfindung der Mächtigen, das gemeine Volk vom Lügen abzuhalten, damit sie noch ungestörter ihre eigenen Lügengebäude aufbauen können. Sie verleiht auch demjenigen Macht, der andere damit verdächtigt. Weil er jenen Angst einjagt, die er verdächtigt. Und dies geht ja wiederum nur deshalb, weil Menschen Angst haben, bei irgendetwas ertappt zu werden. Was wiederum nur dann möglich ist, wenn sie sich etwas haben zu Schulden kommen lassen.

Wir wollen nun nicht behaupten, dass dies immer und überall der Fall ist. Das wäre übertrieben. Auf der anderen Seite lehrt die Erfahrung, dass allzu große Ehrlichkeit im Leben einem harmonischen Zusammensein im Alltag abträglich ist. Stellen wir uns lieber nicht vor, wie die Welt wäre, wenn jeder jedem reinen Wein einschenken würde. Nein: Dies wäre nachgerade unmenschlich und mit dem christlichen Grundwert der Nächstenliebe unvereinbar. Hier haben Lügen Schutzfunktion.

Unsere kleine Macht-Lüge ist daher für Sie nur im Zusammenhang mit den Weisungsfunktionen wichtig, die Sie als Chef ausüben. Und seien Sie sicher: Je mehr Chef Sie sind, desto eher können Sie das drohende Beil dieser Lüge zur Seite legen und zu ihrem sanfteren Gebrauch übergehen. Dann nutzen Sie diese Lüge wie ein Patriarch, also väterlich-wohlmeinend oder – so Sie eine Dame sind – mütterlich-wohlmeinend. Sie geben sich dann den Anstrich, verirrte Kinder wieder auf den Pfad der Tugend zurückzuführen – also den Pfad, der Ihnen selbst am meisten einbringt. Wer von den lieben Kinderlein will schon Vater oder Mutter enttäuschen? Dies wäre nicht nur tadelnswert, sondern charakterlich geradezu verwerflich. Haben Sie Ihre Mitarbeiter erst einmal in dieses Gefühl solch warmer Anteilnahme eingewickelt, dann entsteht eine Abhängigkeit von Ihrem Wohlwollen, die Sie in vieler Hinsicht nutzen können.

Sehen Sie: Das kommt heraus, wenn man der Wahrheit furchtlos ins Antlitz schaut: Macht in vielerlei Gestalt! Die Wahrheit über die Kurze-Beine-Lüge ist, dass sie selbst sehr lange Beine hat.

13
›Diese Informationen sind streng vertraulich!‹

Haupteinsatzbereich: Mitarbeiter
Nebeneinsatzbereich: Medien, Konkurrenten

Eines haben Sie inzwischen mit Sicherheit gelernt: Vertraulichkeit ist im Geschäftsleben eine der meistbeschworenen Tugenden. Und wie es der Tugend so geht: Je hübscher und naiver sie ist, umso eher stolpert sie über einen gut aussehenden Tunichtgut, der sie zu Fall bringt, und der sich hinterher auch noch lautstark seiner Verwegenheit brüstet. Beruflich haben Sie daher der Vertraulichkeit, diesem Backfisch, längst abgeschworen. Sie wären sonst vermutlich kein solch erfolgreicher Firmeninhaber geworden.

Nun gibt es leider auch im Berufsleben die Notwendigkeit, andere in wichtige Entscheidungsfindungsprozesse einzubinden. Denn ansonsten müssten Sie die ganze Arbeit selbst erledigen. Zudem liefen Sie Gefahr, Opfer Ihrer eigenen verengten Sichtweise zu werden und sich wichtiger Handlungsalternativen zu berauben. Wie gehen Sie also vor, wenn wichtige Entscheidungen zu treffen sind, Sie den Kollegen aber nicht vertrauen?

Sie beraumen eine Sitzung an. Sie wissen, dass die Vertraulichkeit, auf die Sie Ihre Bereichsdirektoren einschwören, nun einmal dünnes Eis ist. Niemand ist eitler als Manager der Führungsebene, die mit Wissensvorsprung nach außen punkten und sich durch entsprechende Publicity interessant machen wollen. Verlässlich ist lediglich die Indiskretion von Journalisten, die von eben diesen Managern gebrieft werden. Ein prima Geschäft auf Gegenseitigkeit: Die Manager erhöhen durch Publicity ihren Marktpreis, die Journalisten wiederum den ihren, weil sie mit Sensationsstorys vor der Konkurrenz aufmachen können. Darüber hinaus wird das Aufwertungspotenzial exklusiver Informationen von Mitgliedern wichtiger Arbeitsgruppen auch gerne gegenüber Kollegen, der Familie, Zulieferern oder Kunden genutzt. Sie wissen um diese Schwachstellen. Aber Sie benötigen nun einmal Leute, sonst können Sie das nächste wichtige Projekt verges-

Lügen in der Chefetage. Mathias Schüz, Stephen Wirth und Aiko Bode

ISBN 978-3-527-50213-4

sen. Doch wem von ihnen können Sie trauen? Wie weit können Sie sich vorwagen?

Unser Rat: Trauen Sie niemandem, aber nutzen Sie alle für Ihre Zwecke. Wir empfehlen in dieser Situation eine Lügen-Strategie, die Sie mit unserer obigen Beschwörungsformel »streng vertraulicher Informationen« einleiten. Schildern Sie in drastischen Worten die Konsequenzen möglicher Indiskretionen. Nicht allein, dass Sie diesmal alle personellen Register ziehen werden; nicht allein, dass ein Geschäftsbereich des Unternehmens ins Schlingern geraten könnte; nein – diesmal steht zu befürchten, dass das ganze Unternehmen kippt. Beobachten Sie Ihre Leute bei dieser Gelegenheit gut. Pupillen, die sich jäh erweitern, plötzliche Unruhe, ein kurz aufflammendes, sodann verschämt niedergekämpftes Lächeln, entschlossene, zusammengekniffene Lippen und dergleichen mehr körperliche Signale können Anzeichen sein, auf welchen Ihrer Pappenheimer Sie demnächst besonders werden achten müssen.

Nach dieser Ansprache schreiten Sie zur Tat: Sie lassen einen schönen bunten Luftballon steigen – also nicht das zu besprechende Projekt, sondern ein Phantasieprojekt, ein Wunschprodukt. Allerdings muss es sich um ein halbwegs glaubwürdiges und potentiell mögliches Unterfangen handeln. Sie skizzieren die Sache und bitten dann um direkte Stellungnahmen der Arbeitsgruppenmitglieder. Sodann vereinbaren Sie Teilaufgaben, einen Zeit- und Budgetplan sowie den nächsten Sitzungstermin. In Ihrem Schlusswort betonen Sie nochmals die Relevanz der Sache sowie deren Vertraulichkeit und entlassen die Teilnehmer bis zum nächsten Treffen.

Dann setzen Sie sich ans Telefon und spielen bei einigen bekannten Journalisten – wie schon bei anderer Gelegenheit zuvor – »Deep Throat«. Sie erfreuen sich schließlich nicht umsonst der langjährigen Freundschaft einiger maßgeblicher Chefredakteure. Schließlich waren Sie bei Ihren kleinen Freundschaftsbeweisen nicht knauserig. Teure Weine zum Geburtstag und zu Weihnachten, Wochenendtrips auf Ihrer Yacht, gemeinsame Bergwanderungen mit Abschluss im Wellnesshotel stärken menschliche Beziehungen ungemein. Diesen treuen Freunden erzählen Sie nun haarklein von dem brisanten Auftrag. Nennen Sie ihnen die Namen der Arbeitsgruppenmitglieder, aber vereinbaren Sie eine Nachrichtensperre von – sagen wir einmal – drei Wochen. Vereinbaren Sie mit den Chefredakteuren die Weitergabe dieser Informationen an die Journalisten des Hauses – allerdings ohne Nennung Ihres Namens. Die Anonymität von Informanten muss schließlich gewahrt bleiben. Wo käme sonst der Pressekodex hin? Sie können aber sicher sein: In diesen drei Wochen werden sich die Journalisten ein Bein wegen näherer Informationen ausreißen. Schließlich möchte jeder dieser Nachrichtengeier nach Ablauf der Sperrfrist seinen Wirtschaftssensationsartikel fix und fertig haben und ihn als Erster vor der Konkurrenz veröffentlicht sehen.

Mit hoher Wahrscheinlichkeit werden Sie die Physiognomie Ihrer Mitarbeiter bei der nächsten Sitzung leicht verändert finden. Einige werden sich ein wenig in die Brust werfen – ein Zeichen, dass sie sich irgendwie aufgewertet fühlen. Vielleicht durch einen guten Gedanken zum Projekt. Vielleicht auch durch den Anruf eines oder mehrerer Journalisten. Vielleicht auch durch beides. Einige werden unruhig sein. Auch sie sind vermutlich angerufen worden, haben allerdings nichts verlauten lassen und fragen sich nun, wie sie reagieren sollen, ohne sich dem Verdacht auszusetzen, selbst tätig geworden zu sein. Nur naive Kollegen würden sofort, offen und ehrlich zur Sache kommen und sagen, sie seien auf das Projekt angesprochen worden, ohne überhaupt nur zu wissen, warum. Aber naive Kollegen gibt es in Ihrer Firma keine mehr, wenigstens nicht auf der Leitungsebene. Vermutlich wird diese Sitzung holperig und zurückhaltend verlaufen. Es herrscht Verunsicherung. Und dann vertagen Sie auf einen nächsten Termin.

Inzwischen ist die vereinbarte Sperrfrist vorüber. Erste Medienberichte erscheinen mit allen Einzelheiten Ihres Luftballon-Projekts. Sie setzen die nächste Sitzung an. Und in dieser haben Sie einen gewaltigen Vorteil: Sie können wie ein Inquisitor auftreten. Da jeder jeden – natürlich außer Ihnen selbst – verdächtigt, können Sie alle gegeneinander ausspielen. Ein lustiges Tänzchen beginnt zwischen Ihren Leuten. Es kommen gegenseitige Aversionen, Einschätzungen, gemeinsam vergrabene Leichen, das Wissen um solche Leichen bei anderen sowie allerlei andere pikante Details ans Licht. Diese werden Ihnen künftig sehr helfen, ihre Mitarbeiter auf Trab zu halten.

Ihnen unnützliche, wenn auch wenig wahrscheinliche Verbrüderungsversuche können Sie durch sofortige Interventionen im Keim ersticken. Wer es mit jemandem hält, der unter dem Verdacht einer solchen Indiskretion steht, gerät nämlich sofort selbst in ein falsches

Licht. Und davor werden sich die Leute hüten. Wer von Ihren Leuten besonders informativ gewesen ist, haben Ihnen bereits Ihre Chefredakteursfreunde gesteckt. Der journalistisch gebotene Informantenschutz ist eben deutlich weniger wert als eine gewachsene Männerfreundschaft. Diese besonders mitteilsamen Kollegen können Sie sich nun genüsslich zur Brust nehmen und Ihr Personalportfolio – ganz wie angekündigt, denn Sie sind ein Mann von Wort – bereinigen. Wenn möglich: fristlos und ohne Abfindung. Die anderen dürften hinreichend verschreckt sein, wie rasch man seinen Job loswerden kann. Da dieses Projekt nun öffentlich verbrannt ist, wird niemand in Ihrer Firma daran Anstoß nehmen, wenn Sie es aus diesem Grund fallen lassen.

Die Sache hat den zusätzlichen positiven Nebeneffekt, dass sie die Konkurrenz beschäftigt. Sie wird, wenn sie davon Wind bekommen hat, Arbeit, Zeit und Geld investieren, um herauszubekommen, ob hier ein wirtschaftliches Potential schlummert, das sie Ihnen abluchsen kann. Und diese Kräfte sind gebunden, wenn Sie nun das richtige Projekt in Ihrer Firma aufs Tapet bringen. Natürlich mit der Auflage strengster Vertraulichkeit. Wenigstens diesmal wird sie halten – nach Ihrer letzten Entlassungsaktion. Alte Sprichworte sind ab und an von tiefer Weisheit: »Trau', schau' wem ...«

14
›Wir prüfen ergebnisoffen und entscheiden aufgrund von Fakten.‹

Einsatzbereich: Mitarbeiter, Betriebsräte, Praktikanten

Sie wollen oder sollen eine Abteilung auflösen, Mitarbeiter entlassen oder Strukturen so verändern, dass Sie zumindest Gehälter ungeniert kürzen oder Aufgaben neu verteilen können, haben aber eigentlich keine stichhaltigen Argumente? Dann sollten Sie diese Lüge einsetzen.

Sie, der Urheber dieser Lüge, wissen ganz genau: Hier wird weder etwas ergebnisoffen geprüft, noch brauchen Sie Fakten, um entscheiden zu können. Das wäre ja noch schöner! Sie sind der Entscheider und nicht die Fakten – *das* ist das einzige Faktum, das Sie anerkennen.

Machen Sie den Mitarbeitern dennoch deutlich, dass es um eine nüchterne und ganz emotionslose Bestandsaufnahme geht. Sie wollen offiziell eigentlich nur wissen, welche Aufgaben in der Abteilung so anfallen und ob man mit ihnen Geld verdient. Ihr Bauchgefühl signalisiert eindeutig: Hier gibt es nichts zu holen. Die Abteilung taugt noch nicht einmal als Zäckchen in Ihrer eigenen Krone. Natürlich hatten Sie den Abteilungsleiter selbst in seine Funktion befördert und werden auch weiterhin Ihre schützende Hand über ihn halten, auch wenn er – ähnlich wie Sie selbst – ein notorischer Hedonist ist und alles im Sinn hatte, nur nicht die Abteilung. Aber das spielt jetzt keine Rolle mehr. Die Mitarbeiter sind ja das Problem, das es zu entsorgen gilt. Denn was die Damen und Herren da machen, ist weder relevant noch wirtschaftlich interessant. So genau haben Sie ohnehin nie verstanden, wozu Ihr Kumpel eine solch große Truppe brauchte. Also – weg mit möglichst vielen.

Wir empfehlen folgendermaßen vorzugehen: Sie wissen bereits, dass alle entlassen werden müssen oder eine Vielzahl von Aufgaben wegfällt. Also holen Sie gleich jemanden aus der Personalabteilung als Zeugen mit ins Boot. Der sollte entweder ein Bekannter oder ein

Lügen in der Chefetage. Mathias Schüz, Stephen Wirth und Aiko Bode

ISBN 978-3-527-50213-4

bekannter Einfaltspinsel sein. Ideal wäre natürlich beides. Dann plappert er Ihnen in jedem Fall nach dem Mund, denn er will Ihnen ja gefallen. Außerdem brauchen Sie noch einen Vertrauten mit rudimentären buchhalterischen Grundkenntnissen – jemanden, der immer das Gefühl hatte, nicht zum Zuge gekommen zu sein und dem Sie jetzt, wo er Anfang fünfzig ist, den Durchbruch in seiner Karriere in Aussicht stellen. Der wird mehr machen, als Sie von ihm fordern. Notfalls jonglieren Sie mit ein paar Zahlen, die zwangsläufig zur Abteilungsauflösung führen müssen.

Dann identifizieren Sie Ihre Lieblinge – also diejenigen, die den vorauseilenden Gehorsam am diensteifrigsten verkörpern und schon einen leicht entrückten Gesichtsausdruck von ihrem immer gefälligen Lächeln Ihnen gegenüber haben. Solche Mitarbeiter sind unverzichtbar: Kakerlakengleich loten sie alle seelischen Untiefen etwaig selbstständig denkender Kollegen aus, dienen Ihnen als Zuträger, Schnüffler und U-Boote. Jede hingehauchte Unmutsäußerung ungeliebter Mitarbeiter verstärken sie ins Grelle und versorgen Sie so mit genügend Argumenten für deren spätere Entlassung. Welch eine Wonne, wenn Ihnen mit Hilfe eines Ihrer Agenten zu Ohren kommt, dass Mitarbeiter A sich kritisch oder gar bösartig über einen Vorstand geäußert hat. Die Äußerung alleine ist schon Beweis genug, dass er seine wertvolle Arbeitszeit nicht zum Wohle des Unternehmens eingesetzt, sondern stattdessen eine Kampagne gegen echte Leistungs- und Verantwortungsträger gefahren hat. Nutzen Sie die wichtige Erkenntnis aller Diktatoren, dass Angst und Schrecken die besten Motivatoren für Loyalität und Arbeitseifer sind.

Gegenüber den Mitarbeitern sollten Sie sich nach außen hin als jovialer und einfühlsamer Manager geben. Nur keine Blößen! Lassen Sie die Mitarbeiter auch darüber im Dunkeln, dass Sie sich im Prinzip auf ganz andere Helfer und Informanten verlassen. Machen Sie klar, dass für Sie nur Fakten, Klarheit und Wahrheit gelten. Dass Sie sachlich, neutral und unparteiisch sind – eine leibhaftige »Justitia«, ergebnisoffen im besten Sinne des Wortes, nämlich zu ihrem eigenen Besten!

Aber wie nun vorgehen? Wichtige Maxime: Die Analysearbeit zum Stellenabbaupotential sollten Sie nicht selbst erledigen! Sie könnten sonst zu irritierenden Erkenntnissen kommen, und die stören Ihre Überzeugungskraft. Lassen Sie lieber die Mitarbeiter nach dem Motto »Hilfe zur Selbsthilfe« wirken: Fordern Sie zur aktiven Mitarbeit auf. Bitten Sie um Argumentationshilfen gegenüber Ihren Vorstandskollegen – schließlich seien die ja besonders kritisch.

Einige Mitarbeiter werden im Zuge ihres Phlegmas eher abwarten und nicht mitarbeiten wollen. Das ist gut so, denn von ihnen sind keine Störfeuer zu erwarten. Andere werden aktiv – das kann lästig sein, muss Sie aber nicht von Ihrem Ziel abhalten. Für jedes Argument gab und gibt es nämlich immer ein Gegenargument. Und die Zeit spielt für Sie. Im schlimmsten Falle, also einer sachlichen und fundierten Argumentation, die Ihre eigenen Pläne gefährdet, ziehen Sie die Zeitkarte und behaupten, die Inputs seien zu spät gekommen. Falls notwendig: Sorgen Sie schon *vor* dem Gespräch mit den Mitarbeitern für einen Vorstandsbeschluss, der Ihrem Plan weitgehend entspricht. Sollten Sie trotzdem den Eindruck haben, dass es Zweifler gibt, die hinter Ihren Worten einen Schatten sehen, räumen sie diesen aus. Im Notfall lullen Sie Ihre Schäflein etwa mit folgenden Worten ein:

»Ich bin zuversichtlich, dass wir für alles eine gute Lösung finden. Was Sie hier die letzten Jahre gemacht haben, ist ja von der Substanz her nicht schlecht, sonst hätte man Sie ja nicht wirken lassen. Ihre Wirksamkeit hat vielleicht nur nicht jeder gesehen. Wir sind ja alle nicht unfehlbar. Das werde ich meinen Kollegen schon deutlich machen. Teilen Sie mir bitte noch kurz schriftlich mit, wie Sie sich selbst in den Konzern einbringen können und wo Sie Entwicklungschancen sehen.«

Auf diese Weise lassen Sie kein Misstrauen aufkommen und signalisieren Verständnis. Sie sind sich ja sicher, dass es eine gute Lösung gibt – »für wen« oder »was« brauchen Sie schließlich nicht zu sagen.

Im Verlaufe der folgenden Treffen mit den Mitarbeitern – die Anzahl von drei Treffen braucht nicht überschritten zu werden, nämlich für den Auftakt, Höhepunkt und die Ergebnisverkündung – sollten Sie immer wieder versichern, dass Sie sich auf der Seite der Mitarbeiter befinden, für sie und mit ihnen die beste Lösung suchen. Sagen Sie auch mal so etwas wie: »Keiner wird vergessen« oder »Bisher haben wir noch immer etwas für jeden gefunden.« Das macht Mut, zeigt Solidarität und schafft Vertrauen.

Erst beim letzten Meeting können Sie dann mitteilen, dass weder die wirtschaftlichen Ergebnisse, noch die Mitarbeiterprofile so beschaffen sind, dass eine Weiterbeschäftigung möglich sei.

Vermeiden Sie in diesem Fall die Wahrheit, dass es Ihnen nämlich nicht gelungen ist, mit Hilfe neuer Strategien oder Investitionen, innovativen Produkten und Dienstleistungen mit den vorhandenen Mitarbeitern der Konkurrenz voranzuschreiten. Auf diesen Vorwurf kommen die Gewerkschaften später sowieso noch, da müssen Sie keinen Vorschub leisten.

Ihre Lüge greift natürlich umso besser, wenn Ihr Unternehmen wirtschaftlich sowieso gerade in schwierigem Fahrwasser ist. Dann ist die Begründung glaubhaft, man müsse sich wieder auf das Kerngeschäft besinnen.

Sollten Sie nach dem Stellenabbau dann doch noch für außergewöhnliche Aktivitäten Arbeitskräfte benötigen, dann finden Sie die auf dem Arbeitsmarkt ganz leicht in Form von billigen Praktikanten oder Werkstudenten. Diese sind noch unverbraucht, haben kein Besitzstandsdenken und lassen sich für einen »Apfel und ein Ei« ihre frischen Ideen abmelken. Kein Tarifvertrag funkt Ihnen dazwischen, wenn Sie auch hier für eine gewisse Fluktuation sorgen. Und Ihr eigenes Ansehen steigt mit dem Grade der Unsicherheit dieser »Wanderarbeiter«. Machen Sie sich keine Sorgen, wenn neue gesetzliche Regelungen durchkommen sollten, die den Einsatz von Praktikanten auf drei Monate Beschäftigungszeit begrenzen. Sie können den Praktikanten ja dann ersetzen oder kurze Zeit später wieder für die nächsten drei Monate mit leicht geänderter Funktionszuweisung einstellen.

Natürlich versuchen Ihnen die unkündbaren Betriebsräte in die Parade zu fahren. Sorgen Sie sich in diesem Falle nicht. Es gibt schließlich eigens – vor allem in der Automobilbranche – hervorragend ausgebildete Betriebsratsmanager, die den Verkehr mit den Arbeitnehmervertretern mit Hilfe von Lustreisen aufs Angenehmste zu gestalten verstehen. Vor allem Ausflüge in Nachtclubs der nahen Billiglohnländer bringen die Betriebsräte wieder standfest auf Linie und schonen darüber hinaus noch die schwarzen Kassen.

Die übrigen Mitarbeiter kann man einfacher beruhigen. Die Angst vor einem Jobverlust hält sie von unbequemer Agitation ab, schließlich haben die wenigsten von ihnen auf dem freien Arbeitsmarkt reale Weiterbeschäftigungschancen. Sie sind froh, wenn man sie unbehelligt lässt und sie weiterhin ergebnisoffen, also ohne Ergebnis, arbeiten dürfen.

Damit hätten Sie allen Ihre Sozialkompetenz bewiesen: den Betriebsräten, dass Sie zu einer befriedigenden Kooperation der Geschlechter beitragen können; den verbliebenen Mitarbeitern, dass Ihnen deren Auskommen am Herzen liegt; den scheidenden Mitarbeitern, dass sie nicht grundlos gehen mussten, ja sogar einen Beitrag zur Rettung des Unternehmens geleistet haben. Ihnen allen werden Sie als der treusorgende Übervater in Erinnerung bleiben.

15
»Bei uns gibt es keine Diskriminierung.«

Haupteinsatzbereich: Mitarbeiter, Betriebsräte
Nebeneinsatzbereich: Öffentlichkeit, Medien

Immer wieder wird in den linken Medien der Republik der Vorwurf erhoben, dass Frauen keine gleichberechtigten Einstellungs- und Aufstiegschancen in der Wirtschaft hätten. Die Quote der Frauen in Spitzenpositionen sei mit durchschnittlich rund drei Prozent viel zu gering. Gleiches gelte auch für Schwerbehinderte in verantwortungsvollen Funktionen – von anderen »Diversity«-Merkmalsträgern einmal ganz abgesehen. Und nun auch noch das elende Antidiskriminierungsgesetz der Bundesregierung, um diese angeblichen Missstände anzupacken.

Das ist der richtige Zeitpunkt, einmal etwas Positives über Ihr eigenes Unternehmen in die Öffentlichkeit zu tragen. Sie haben vielfältige Möglichkeiten hierfür. Am gängigsten ist dabei immer noch der Weg über die Stellenausschreibung. Lassen Sie andere Unternehmen doch ruhig Opfer der so genannten »political correctness« werden. Es ist doch deren Bier, wenn sie bei gleicher Eignung eine schwerbehinderte Frau bevorzugen. Sie selbst werden einen Teufel tun, mit politisch korrekten Anzeigen, die vor Gesundheit strotzenden jungen Männer, die so genannten »high potentials«, zu verschrecken.

Aber es ist auch unter dem Aspekt, sich von der Masse abzuheben, sicher ratsam, dass Sie die Offenheit, »diversity« und »gender awareness« Ihres Hauses auch über andere Informationspfade in die Öffentlichkeit tragen. Die Politik und die Angesprochenen werden es Ihnen danken. Also, begrüßen Sie öffentlich das Gleichstellungsgesetz. Sprechen Sie so, als seien Sie persönlich die Gleichstellungsbeauftragte Ihres Hauses und als setzten Sie sich vehement für die Verbesserung von Vereinbarkeit von Familie und Beruf ein. Betonen Sie, dass Sie gerne Frauen oder Schwerbehinderte fördern. Dass die präzisen Formulierungen Ihrer Stellenausschreibung die Kandidatur

Lügen in der Chefetage. Mathias Schüz, Stephen Wirth und Aiko Bode

ISBN 978-3-527-50213-4

solch minderbefähigter Bewerber wirksam verhindert haben, verschweigen Sie geflissentlich.

Um aber den Anschein zu wahren, setzen auch Sie im eigenen Haus eine Projektgruppe ein, die die Möglichkeit kostengünstiger Kinderbetreuungsplätze oder der Einrichtung von Telearbeitsplätzen überprüft. Geben Sie der Gruppe alle Zeit der Welt, um geeignete Lösungsvorschläge vorzuschlagen. Achten Sie auch darauf, was Ihre Konkurrenz in dieser Sache tut oder lässt. Es könnte riskant sein, wenn Sie sich zu schnell vorwagen: Sie könnten sonst ins Visier von Frauenrechtlern und anderen Behindertenverbänden geraten. Wer weiß, ob nicht die nächste Regierung das Gleichstellungsgesetz wieder kippt, nachdem der höchste Posten der Republik mit einer Frau besetzt war und der Papst nun einmal per se keine Frau sein kann.

Selbstverständlich haben Sie nichts gegen eine willige und attraktive Quotenfrau in einer Ihnen direkt untergeordneten Stellung. Damit könnte man einen möglichen Vorwurf des Mangels an »political correctness« empört zurückweisen. Denn schließlich: Was können Sie schon dafür, dass Sie männlich, weiß, gesund und erfolgreich sind? Wenn das Ihre weiblichen Kollegen mit ihrer Schwellenland-Halbbildung nicht packen, warum soll das Ihr Problem sein? Mal abgesehen davon, dass Ihnen schon daheim Frau und Tochter ständig in ihre Entscheidungen hineinregieren. Das können Sie am Arbeitsplatz überhaupt nicht gebrauchen: Zickenalarm? Nein, danke! Und was die anderen, die Schwerbehinderten, also physically challenged, oder sonstige Benachteiligte angeht: Es wird sich schon ein Grund finden, warum sie Ihrer generösen Stellenbeschreibung nicht entsprechen. Hatte nicht neulich so ein Lümmel mit weißem Kaftan versucht, Ihre Tochter anzumachen? Und so einen soll man einstellen? Wozu? Sind doch alles verkappte Bombenbastler. Na ja, die Schwerbehinderten vielleicht nicht. Aber was das kostet: Umbau der Eingangsbereiche, der Toiletten und Büros – nein, danke. Zu teuer und außerdem ist es unsicher, ob die dann auch wirklich arbeiten oder ob Sie nicht einen ständigen Pfleger benötigen, den man noch zusätzlich auf dem Hals hat? Da ist es schon besser, man bleibt korrekt und macht ein betroffenes Gesicht, belässt die Dinge aber, wie sie gottgegeben nun einmal sind. Die Evolution hat eben Unterschiede hervorgebracht. Wie schön, wenn man auf der richtigen Seite des Lebens steht.

Stellen Sie sich doch einmal eine matriarchalische Gesellschaft vor. Eine Welt, in der Karrierefrauen das Sagen haben – wohlabgepolsterte Damen mit sieben Kindern, Medizinstudium und Approbation, einem Ministerjob, einem irrsinnigen Verschleiß an Kinderfrauen und Au-pair-Mädchen, dem Familieneinkommen von zehn bis zwanzig bundesdeutschen Durchschnittsverdienern – ja verflixt: Wo soll denn da noch Platz für Sie als Mann sein? Das wäre wirklich diskriminierend.

16
›Wir bieten echte Entwicklungsperspektiven.‹

Einsatzbereich: neue Mitarbeiter, Stellenbewerber

Wenn Sie gut ausgebildete, hochmotivierte und idealistisch denkende Hochschulabsolventen für Ihr Unternehmen begeistern wollen, dann sollten Sie ihnen mit dieser Lüge »echte Entwicklungsperspektiven« anbieten und von der attraktiven Unternehmenskultur in Ihrem Hause schwärmen.

Mancher Leser mag sich an sein eigenes erstes Einstellungsgespräch erinnern. Ist Ihnen dabei nicht ein ähnlicher Spruch serviert worden? Hat Ihr späterer Chef nicht auch immer wieder gelächelt und während des Einstellungsgespräches mehrmals nachdrücklich die Begriffe »Entwicklung«, »Perspektive« und »Unternehmenskultur« betont? Auch Sie kommen nicht herum, neue Mitarbeiter mit solchen »added values« zu ködern. Denn wer will schon ohne Perspektiven seinen ersten Job, noch dazu in einem kulturlosen Unternehmen antreten? Wenn Sie also in einem unbedeutenden und unbekannten Unternehmen oder gar dessen Tochtergesellschaft arbeiten und neue hochqualifizierte Mitarbeiter suchen, bleibt Ihnen also nichts anderes übrig, als den tristen Alltag gegenüber dem Bewerber zu beschönigen. Vor allem dann, wenn Ihnen immer wieder Mitarbeiter weglaufen, haben Sie großen Bedarf an Nachwuchskräften.

Die Unternehmenskultur soll den Bewerbern vorgaukeln, dass die Mitarbeiter im Unternehmen einen hohen Stellenwert genießen – besonders, wenn sie noch jung, unerfahren und formbar sind. Ihren Illusionen können sie vielleicht noch in der Traineezeit nachhängen. Dann aber beginnt der Ernst des Arbeitslebens. Dort lautet die Devise »fordern und fördern«: Den Neulingen fordern Sie alles ab, um ihre eigene Karriere zu fördern.

Denn als Middlemanager müssen Sie dem Topmanagement regelmäßig das Geforderte liefern, und das geht nur, indem sie von Ihren Untergebenen die letzten Leistungsreserven zu Tage fördern.

Lügen in der Chefetage. Mathias Schüz, Stephen Wirth und Aiko Bode

ISBN 978-3-527-50213-4

Mit dieser Lüge kommen Sie einen guten Schritt weiter. Sie können die Zeitdauer der Mitarbeiterbindung damit mindestens verdoppeln. Dann haben Sie gewonnen und können endlich in der gut gepolsterten Hängematte der Konzerndirektoren Ihren wohlverdienten Ruheplatz einnehmen. Aber erst mal heißt es: Lügen Sie kräftig, um Mitarbeiter zu gewinnen!

Dazu brauchen Sie:

- einen Bogen weißes Papier mit buntem Firmenlogo;
- eine Folie mit einem unausgefüllten Organigramm;
- einen bunten Firmenprospekt des Gesamtunternehmens;
- eine Folie mit dem tatsächlichen Organigramm des Unternehmens;
- einen Computer mit Farbdrucker, der Ihnen farbige, professionell wirkende Ausdrucke ermöglicht;
- einen Internet-Anschluss;
- etwas Layout-Geschick;
- ein Budget für ein opulentes Mittagessen im Gästebereich Ihrer Kantine oder einem guten Restaurant in der Nähe.

Nun kann es losgehen. Schreiben Sie im freien Organigramm sich selbst in das oberste Kästchen. Schaffen Sie ein Kästchen für einen Assistenten oder Nachfolger. Lassen Sie mindestens so viele Kästchen darunter frei, wie Sie gerne Mitarbeiter mit Leitungsfunktion haben möchten, und setzen Sie mindestens jeweils die doppelte Anzahl an Kästchen jeweils eine Ebene darunter. Tragen Sie in eines der unteren Kästchen den Namen des potentiellen neuen Mitarbeiters ein. Damit haben Sie eigentlich alles, was Ihnen im Gespräch später den Gebrauch des Begriffes »Entwicklungsperspektive« erlaubt. Klar, wir und Sie wissen, dass es diese Perspektive nur in Ihrer Fantasie gibt, ebenso wie diese Struktur. Aber ein professionelles Layout trägt eben viel zur Glaubwürdigkeit bei. Wenn der Kandidat fragt, woher das Papier stammt, dann sagen Sie einfach, es sei das Ergebnis eines Strategie-Meetings für die kommenden fünf Jahre. Erwähnen sie kurz darauf die Begriffe »Aufsichtsrat« und »Vorstand« in völlig anderem Zusammenhang und die Verknüpfung wird durch den Kandidaten von selbst hergestellt. Klären Sie das Missverständnis nicht auf! Denn zum Lernen und Entwickeln ist es unabdinglich.

Gleichen Sie dann Ihre Position und die Ihrer Tochtergesellschaft mit der realen Organisationsstruktur des Unternehmens ab. Sind Sie noch nicht vorteilhaft genug positioniert, dann verweisen Sie auf Ihre guten informelle Beziehungen zum Vorstand. Das reicht. Zeichnen Sie eine direkte Linie vom Vorstand zu Ihnen und lassen sie gegebenenfalls einige Zwischenebenen weg. Das macht Eindruck, denn der Neuling hofft auf diese Weise, dem Himmel schon sehr nahe zu sein. Später können Sie ja immer noch erklären, dass der Bewerber prozessuale und organisatorische Strukturelemente wohl etwas durcheinander gebracht hat.

Damit die ganze Arbeit und Mühe, die Sie sich gemacht haben, nun auch angemessen wirkt, brauchen Sie ein passendes Ambiente. Gehen Sie deshalb nach den Facts und Figures auf den etwas gemütlicheren Teil des Vorstellungsgespräches über. Laden Sie Ihren Bewerber zu einem opulenten Mittagessen ein. Dort soll zuerst der Kandidat über sich erzählen, über seine beruflichen Ambitionen, Hobbys und familiären Verhältnisse. Durchleuchten Sie ihn nach Strich und Faden. Fragen Sie ihn nicht nur nach seinen Stärken, sondern auch nach seinen Schwächen. Jeder bessere Bewerber wird etwa solche zugeben wie »ich vernachlässige über meinen Job zu oft meine Familie.« oder »meine Ungeduld bei der Erledigung von Aufgaben« oder »meine Schwäche ist, dass ich keine habe«. Dann hat der Bewerber das Gefühl, Sie seien besonders kritisch.

Anschließend plaudern Sie locker über die Entwicklungsperspektive und die Kultur des Hauses. Bei einem Glas Wein kommt das besonders glaubwürdig rüber. Es ist dann höchst unwahrscheinlich, dass Ihnen dieser Kandidat wieder abspringt. Schließlich hofft er auf Perspektive und auf weitere solcher Gaumenfreuden.

Solange der neue Mitarbeiter Ihnen später tatsächlich von Nutzen ist, sollten Sie sich diesen Ambitionen nicht verweigern. Denn, wie man in Managerkreisen schon lange weiß: »Zuerst kommt das Fressen und dann der Profit.«

17
›Die Zufriedenheit unserer Mitarbeiter ist uns ein hohes Gut.‹

Einsatzbereiche: Mitarbeiter, Öffentlichkeit

Diese Lüge stimmt. Die Zufriedenheit Ihrer Mitarbeiter ist ein hohes Gut. Und zwar für Sie selbst. Also loben Sie ihren Stellenwert tüchtig und bei allen sich bietenden Gelegenheiten. Ergeben sich diese nicht, dann schaffen Sie sie. Mitarbeiterzufriedenheit ist die berühmte Möhre vor der Nase des Esels. In geschicktem Abstand, scheinbar zum Greifen nahe, vor dessen Nase platziert, merkt er nicht mehr, dass er daraufhin Lasten zieht. Vielmehr wähnt er sich auf dem Wege des Glücks. Ihre Aufgabe ist es daher, dafür zu sorgen, dass diese Möhre auch wirklich vor der Nase Ihrer Mitarbeiter hängt. Und dafür, dass sie die Möhre nicht wirklich erreichen. Denn ein satter Bauch zieht nicht gerne. Nur wer ein wenig hungert und leidet, bewegt sich freiwillig und macht sich auf die Socken, um diesen unwürdigen Zustand zu beenden.

Selbstverständlich müssen Sie kleine Zugeständnisse machen. Auch im Lotto gewinnen ein paar Glückspilze wider die mathematische Wahrscheinlichkeit von 1 zu 120 Millionen Möglichkeiten. Doch ohne diese Gewinner würden die vielen Millionen rechenschwacher Glückssucher nicht spielen. Ohne diese gäbe es keine Einnahmen, die die Säckel derer füllen, die die Lotterie veranstalten – und auch nicht derjenigen, die sie besteuern. Also muss hin und wieder eine Möhre im Maul eines Esels landen. Sonst hören die anderen auf, den schwer beladenen Karren zu ziehen. Sie, als der Eselstreiber oder gar als Unternehmer, der viele Eselstreiber beschäftigt, haben bei der Auswahl des glücklichen »Esels des Monats« oder des Jahres die freie Hand.

Natürlich schmälert eine solche wirklich verfütterte Möhre nicht Ihren Gewinn. Da Sie die Kosten für die Möhre eingerechnet haben und auch als Betriebsaufwendungen steuerlich geltend machen können, müssen Sie sich keine weiteren Gedanken um die Sache ma-

Lügen in der Chefetage. Mathias Schüz, Stephen Wirth und Aiko Bode

ISBN 978-3-527-50213-4

chen. Wichtig ist nur, dass dieser Einsatz die vielen anderen Esel zum Ziehen bringt und das Gesamtergebnis Ihre Möhren-Investition möglichst weit übertrifft. Dies wird mit an Sicherheit grenzender Wahrscheinlichkeit fast immer der Fall sein.

Das Ganze nennt man »Mitarbeiterprogramme zur Hebung betriebsinterner Ressourcen«, wie sie in der Industrie – etwa bei Opel, Siemens und anderen Großkonzernen – gang und gäbe sind.

Es gibt eine ganze Reihe solcher Anreiz- oder neudeutsch: Incentive-Programme, wie etwa Mitgliedschaften im Hundertprozentclub für Mitarbeiter, die ihre Ziele hundertprozentig erreicht oder gar übertroffen haben.

Wir veranschaulichen Ihnen den wirksamen Einsatz unserer obigen Lüge am Beispiel des innerbetrieblichen Vorschlagswesens, das nach einem Punkte- oder ähnlichem Verrechnungssystem Gratifikationen vorsieht. Sie fallen an, wenn der Vorschlag eines Mitarbeiters zu einer deutlichen Effizienzsteigerung eines betrieblichen Vorgangs führt. Oder wenn der Vorschlag zu einer spürbaren Kostensenkung beiträgt. In der Regel erhält der Mitarbeiter als Gratifikation einen bestimmten Prozentsatz der Profitsteigerung oder des Wertgewinns eines Produktionsjahres. Wohlgemerkt: nur *eines* Produktionsjahres! Denn letztlich handelt es sich nicht um eine echte Beteiligung mit zeitlicher Fortwirkung, sondern nur um eine Möhre. Also einen Anreiz, darüber nachzudenken, wie sich der Karren noch besser und schneller ziehen lässt. Aber gezogen werden muss er trotzdem. Daher sind diese Programme auch nicht daraufhin angelegt, Esel zu Eselstreibern zu machen. Höchstens in Fällen besonderer Eignung.

Die Möhre »Gratifikation« oder »Sonderzuwendung« hat demnach mehrere Funktionen. Sie soll zur Nachahmung anregen. Zudem soll sie den Grad der vermeintlichen Wertschätzung, in der sich ein Mitarbeiter wähnt, steigern. Sein Selbstwertgefühl wird auf diese Weise zum Produkt seiner eigenen Phantasie. Diese vermeintliche Wertschätzung schafft zudem eine gewisse Sozialdifferenzierung in Ihrem Unternehmen. Zu gut Deutsch: Es entsteht Wettbewerb unter Ihren Leuten. So können Sie diese gut gegeneinander ausspielen. Denn wie Sie ja in der Lüge »Das Gute ist der Feind des Besseren« erfahren, wird dadurch erst das Wachstum in der globalisierten Welt garantiert. Die Guten, Aufmerksamen, Hilfreichen, selbstständig Überlegenden, Innovativen gegen die anderen, die Mittelmäßigen, die in der grauen Routine Erstarrten, vielleicht gar Unterdurchschnittlichen und die Dummköpfe. Und wenn es solche in Ihrem Unternehmen nach der Lektüre unseres Büchleins noch gibt, müssen wir uns ernsthafte Sorgen um Sie machen!

Die Sozialdifferenzierung auf Eselsebene hat den großen Vorteil, dass beide Parteien sich gerade nicht als Esel empfinden. Jeder vermeint das Zugtierstadium für sich überwunden zu haben. Die einen, weil sie sich auch weiterhin in ihren Naturschutzgebieten konstant vor der vollen Zugleistung drücken und auf diese Weise diejenigen, die bei gleichem Lohn mehr ziehen, für dumm halten können. Die anderen, weil sie sich als Vorzugsesel empfinden dürfen, welchen aufgrund ihrer Leistung eine gesonderte Stellung im Unternehmen zukommt. Und dafür verlangen sie eben eine Möhre mehr, was ja angesichts aller Vorteile für Sie selbst schließlich auch recht und billig ist.

Wie machen Sie das nun? Zunächst setzen Sie einen Innovationsausschuss mit einigen Ihrer handverlesenen Mitarbeiter ein. Dieser tagt monatlich und diskutiert die Wirkung eingegangener Verbesserungsvorschläge. Am Ende eines Geschäftsjahres – also genau im Umfeld der Veröffentlichung Ihres Geschäftsberichts – veranstalten Sie eine Mitarbeiterpräsentation, in der die ausgewählten Vorschläge eingehend vorgestellt werden. Um der Sache die nötige öffentliche Aufmerksamkeit zu sichern, laden Sie die örtliche und überregionale Tages- und Wirtschaftspresse ein, die Sie entsprechend Ihren Zielen mit hübsch zurecht gemachten Berichten und Fotos briefen können. Welcher Journalist macht sich bei seinem geringen Zeilenhonorar noch Arbeit, wenn er mit fix und fertigen Texten und Bildern aufwarten kann?

Dann folgt mit großem Tamtam die Preisverleihung. Aufsteigend von kleineren Verbesserungsvorschlägen bis hin zu den größeren. Sie umreißen in schönen Worten den Leistungsbeitrag der Mitarbeiter. Sie lullen sie ein in Wichtigkeit und Bedeutsamkeit für das Unternehmen wie den Wettbewerb im Ganzen. Sie nehmen sich betont zurück, streifen mit ein paar Gedanken das hervorragende, innovative Klima, das in Ihrem Betrieb herrscht. Sie streichen die Leistung der Ausgezeichneten in ihrem Vorbildcharakter für die gesamte Belegschaft gesondert heraus. Das schafft Missgunst, Neid und Nachahmerschaft. Alles Affekte, die Ihnen noch sehr nützlich sein werden.

Und dann vergeben Sie die »Möhren des Jahres« an die Esel des Jahres. Ein schönes Gruppenfoto. Einige Berichte in der Mitarbeiterzeitung und im Intranet. Diverse Artikel in der Presse. Immer mit Ihnen selbst im Mittelpunkt, der großmütig auf seine hervorragenden Mitarbeiter verweist.

Damit die Sache nicht zu teuer für Sie wird, lassen Sie die Vorschläge nach einem zuvor besprochenen Punktesystem von der Belegschaft selbst bewerten. Es soll Ihnen ja keiner unterstellen, Sie seien voreingenommen oder gar geizig. Auf diese Weise können Sie relativ sicher sein, dass die Bewertungen der einzelnen Vorschläge nicht allzu sehr ins Kraut schießen: Der Neid der Kollegen verhindert dies zuverlässig. Und damit verringert sich auch der Wert der Prämienmöhren, die Sie anschließend zu vergeben haben.

Auf diese Weise spannen Sie andere gekonnt für Ihre Zwecke ein, behalten immer genügend Möhren im eigenen Futteral und überlassen das Ziehen denjenigen, die aufgrund ihrer schützenden Schwielen und Dienstbarkeit dafür weitaus besser geeignet sind als Sie selbst: nämlich den Eseln.

Mit Möhre wäre das nicht passiert.
Aus: http://heinz333.piranho.com/Lustiges/Esel-ueberladen.jpg

18
›Der Mensch ist bei uns Mittelpunkt‹

Haupteinsatzbereich: Mitarbeiter
Nebeneinsatzbereich: Betriebsräte, Bewerber, Medien

Es gibt eine Lüge im Einsatz gegenüber Mitarbeitern, die in gewisser Weise alle anderen dieses ersten Kapitels beinhaltet. Sie ist eine der ältesten und am meisten gebrauchten Lügen. Sie hat eine interessante Geschichte, mit der bereits die meisten Betriebswirtschaftsstudenten an den Hochschulen vertraut gemacht werden. Wir möchten Ihnen diese Lüge zum Schluss dieses Kapitels nicht vorenthalten. Sie als Unternehmer oder Topmanager sollten diese Lüge in schöner Kontinuität zu vielen Ihrer Vorgänger immer dann einsetzen, wenn Sie Ihre Mitarbeiter noch mehr motivieren und ihnen auch die letzten Leistungsreserven entlocken möchten. Lügen Sie ihnen und auch der Öffentlichkeit, also schön kräftig vor, dass in Ihrem Unternehmen der »Mensch Mittelpunkt« ist.

Um weitere Rückfragen direkt im Keim zu ersticken, geben Sie Gründe an, weshalb Menschen in Ihrer Firma Mittelpunkt sind. Der Mitarbeiter, so erläutern Sie, wird schon deshalb als Mensch respektiert, weil er für Sie eine der wichtigsten Ressourcen ist, nämlich die so genannte Humanressource. Der Mensch ist für Sie Quelle der Inspiration und Innovation, tatkräftiger Arbeiter und Sinnbild schöpferischer Leistungsfähigkeit. Deshalb genießt er Ihren vollkommenen Respekt.

Vermeiden Sie allerdings, Ihre Mitarbeiter als Human Capital, oder zu Deutsch: als Humankapital, zu bezeichnen. Man könnte Ihnen sonst vorwerfen, Menschen unter Sachressourcen zu verrechnen und ohne menschliche Anteilnahme dem obersten Ziel des Kapitalismus in aller Welt zu opfern: soviel Gewinn wie möglich zu erwirtschaften – und zwar ohne Rücksicht auf Verluste. Denn alle Ökonomen sind sich darin einig, dass es in ihrer Zunft einzig und allein darauf ankommt, mit den vorhandenen, meist knappen Ressourcen ein Maximum an Wertschöpfung, sprich: Gewinn, herauszuholen.

Lügen in der Chefetage. Mathias Schüz, Stephen Wirth und Aiko Bode

ISBN 978-3-527-50213-4

Vor allem in Zeiten einer boomenden Wirtschaft, sollten Sie Ihre Humanressourcen noch besser nutzen. Flüstern Sie auf Unternehmenskulturseminaren Ihren Mitarbeitern ein, dass sie bei Ihnen Mittelpunkt sind und sich damit Ihrer ganz besonderen Wertschätzung erfreuen. Ihre Leute werden sich dann ganz besonders ins Geschirr legen. Schließlich fürchten einfache Gemüter den Liebesentzug ihrer Oberen und schielen darüber hinaus auf einen Bonus für Sonderleistungen.

Sagen Sie ihnen, dass Sie Ihre Lektion aus der Geschichte gelernt hätten. Schon vor mehr als neunzig Jahren hätte der große Erneuerer der Arbeit, Frederick Winslow Taylor, 1916 in seinem Buch *The Principles of Scientific Management* eine wichtige Entdeckung zur Humanisierung der Arbeit gemacht. Aufgrund seiner Zeit- und Bewegungsstudien zu Arbeitsabläufen habe er herausgefunden, dass die Arbeitsmittel den Menschen nicht überfordern dürfen. Der Mensch, so folgerte er, dürfe nicht länger zum Mittel seiner Werkzeuge degradiert werden. Diese inhumane Praxis müsse endlich überwunden werden, indem nun umgekehrt die Arbeitsmittel an die Bedürfnisse des Menschen anzupassen seien. Ein Arbeiter solle endlich eine Schaufel an die Hand bekommen, deren Stillänge seiner Körpergröße und seinem Armhebel am besten entspreche und deren Schaufelfläche gerade so groß beschaffen sein solle, wie er gerade noch ohne übermäßige Anstrengung an Füllmenge zu bewegen vermöge. Auf diese Weise werde der Arbeiter zum Herren seiner Produktionsmittel und Karl Marx endlich überflüssig.

Taylor hatte in der Tat eine echte Win-Win-Situation entdeckt. Denn die Mitarbeiter konnten sich von da an auf ihren humanisierten Arbeitsplatz freuen, gleichzeitig aber zur Freude der Unternehmer wesentlich länger und effizienter die Schaufel bedienen.

Daher dürfen wir heute alle Taylors Humanisierung der Produktionsmittel in dankbarer Erinnerung halten. Allerdings sei ihm noch nicht bewusst gewesen, dass die Anpassung der Produktionsmittel an die körperlichen Bedürfnisse des Menschen zwar notwendig aber nicht hinreichend gewesen sei, um den Menschen wirklich zum Mittelpunkt des Unternehmens zu erheben.

So entdeckte sein Zeitgenosse Hugo Münsterberg, dass neben den körperlichen auch psychische Bedürfnisse des Arbeiters zu berücksichtigen seien, um ihn in den Mittelpunkt des Unternehmens zu stellen. Er empfahl daher eine allabendliche Zuteilung genügenden Alkohols an die Arbeiterschaft. Dies sei für die Gesamtarbeitsleistung förderlich. »Die Nachwirkungen der motorischen Erregung des Tages« werde durch eine »schwache Alkoholvergiftung am Abend« beseitigt und der Schlaf gesichert.

Doch neben solch unterstützenden Maßnahmen der Psychohygiene gehören noch organisatorische Vorkehrungen, die den Faktor Mensch zum Mittelpunkt eines Unternehmens erheben.

Hierin war der große französische Verwaltungswissenschaftler Henri Fayol der große Pionier. Dieser hatte sich mit seinem Buch *Administration Industrielle et Générale* im Jahre 1916 gleichfalls unsterbliche Verdienste um die Humanisierung der Arbeit in Unternehmen erworben. Seine Thesen lauteten: Jedes Unternehmen baue seinen Erfolg auf dem Humankapital auf, und zwar in Form einer Hierarchie von Menschen, bei der jedes Mitglied nur von einem Menschen geführt werde. Selbst an der Spitze stehe ein Mensch im Mittelpunkt des unternehmerischen Universums und trage die Verantwortung für die Aktivitäten aller anderen menschlichen Mitarbeiter um ihn herum. Auf diese Weise werde der einzelne in seiner Verantwortung entlastet und könne in Ruhe seiner genau vorgeschriebenen Tätigkeit nachgehen – ohne Angst, für die Fehler anderer zur Rechenschaft gezogen zu werden. Hierdurch herrsche im Unternehmen ein Wir-Gefühl, bei dem alle für keinen und keiner für alle verantwortlich seien, also gerechterweise einer für alle kassiere und alle für einen arbeiten.

Ein weiteres »missing link« zur totalen Humanisierung des Humankapitals entdeckte man bei den Arbeitsplatzstudien, die von 1924–1927 in den Hawthorne-Werken der Western Electric Company durchgeführt wurden. Dabei stellte sich heraus, dass die Telefonrelaisherstellerinnen dann die nachhaltig besten Leistungen erbrachten, wenn sie im Mittelpunkt der Fürsorge von Aufsichtspersonen standen. Solche Zuwendungen bestanden bei weitem nicht nur in monetärer, sondern auch in natural-personaler Form – besonders während der Pausen. Erst bei Liebesentzug ließen die Leistungen wieder sichtlich nach.

Sie können sich also ohne Weiteres auf dieses noch heute kaum umstrittene wissenschaftliche Ergebnis berufen. Es kommt ja nicht selten vor, dass eine missgünstige Aktivistengruppe zur Harassment-Bekämpfung Ihre Humanisierungsbemühungen, in denen Sie auf

»gepflegte Umgangsformen« sowie »Gleichbehandlung der Geschlechter« Wert legen und vor allem Mitarbeiterinnen in den Mittelpunkt Ihrer Aufmerksamkeit stellen, als verlogen oder gar sexistisch entlarven zu können glauben.

Dass selbst die ernsthaftesten Humanisierungsbemühungen solchen latenten Missverständnissen ausgesetzt sind, zeigt die jüngste Affäre bei VW: Die zartfühlende Argumentation der Betriebsräte und Human Ressource Manager brach nur dadurch zusammen, weil der unvorsichtige Organisator einer angenehm gewinnträchtigen Dienstreise der Managerin eines angemieteten Hotels ganz ehrlich seine Finanzquelle offenbarte. »Si tacuisses ...« – hättest Du nur geschwiegen, vertrauensseliges Kind! Dem leutseligen Betriebsratschef wäre der fürwahr übertriebene Vorwurf erspart geblieben, er habe seiner brasilianischen Freundin mit Zuwendungen im Wert von mehr als einer Millionen eine attraktive Stellung im Konzern vielleicht doch etwas zu teuer erkauft.

Wie wichtig die gute Behandlung von Mitarbeitern, insbesondere Betriebsräten, für die gesunde Entwicklung eines Unternehmens ist, zeigt auch die sensationelle Entdeckung des Kinderpsychiaters Bernard C.J. Lievegoed in den siebziger Jahre des vorigen Jahrhunderts. Die Analogie von Mitarbeitern zu dementen Kindern lag ja schon Jahrzehnte vor ihm nahe. Sie musste nur noch entdeckt werden. Lievegoed kam auf die Idee, den Zusammenhang von Mensch und Organisation genauer unter die Lupe zu nehmen. Seine These lautete: Der Mensch passe dann am besten in die Organisation, wenn diese jenem passe. Mensch und Organisation müssten in einer echten Einheit zusammenwachsen. Sie sollten also nicht getrennt ihren Sinn suchen, sondern nur brüderlich vereint wie das Zwillingsgestirn Castor und Pollux am Firmament glänzen. Die Organisation habe Bedürfnisse, denen man Rechnung tragen müsse. Geboren war nun die Idee der Organisationsentwicklung, abgekürzt: *OE,* oder: die Humanisierung der Organisation. Steht die Organisation im Mittelpunkt des Menschen, dann bleibt sie nicht länger äußerlich, sondern wird zum Zentrum seines Innenlebens. Erst mit diesem Akt liebender Identifikation setzt sich der Mensch ohne Ende (OE) für das Gedeihen dieser Organisation ein. Erst dann tritt sie – als die gesellschaftlich wertschöpfende Kraft – an die Stelle seines kleinen eigensüchtigen Egos.

Nur wenn der Mensch solchermaßen im Mittelpunkt der Organisation steht, hat er die Freiheit, die Kultur des Unternehmens zu leben. Man hat nämlich in den achtziger Jahren des vorigen Jahrhunderts entdeckt, dass die Unternehmenskultur das Potential der Humanressourcen erst richtig zu heben versteht. *Die Kultur eines Unternehmens ist das ABC der Effizienz*: A steht für Arbeit, B für Bewusstsein, C für Cashflow. Nur wer bewusst in seine Tasche arbeitet, erhöht den zukünftigen Cashflow.

Sehr erfolgreich hat man diese Einsicht bereits in vielen Großunternehmen umgesetzt. Mitarbeiter wie Kunden wurden von der Vision angezogen, dass sie Mittelpunkt aller unternehmerischen Aktivitäten seien. Die einen ziehen dann aus, um sich nachhaltig für die Gewinne des Unternehmens einzusetzen und beispielsweise Umweltschützern das Fürchten zu lehren. Andere ziehen es vor, sich die Mittel für ihr eigenes Auskommen zum Schwerpunkt ihrer Tätigkeit zu machen. Nur Letztere haben das Profil für höhere Aufgaben. Sie sind es, die gemäß Lüge Nr. 57 *mit unsichtbarer Hand nachhaltig zum Gemeinwohl* der Führungsspitze beitragen. Denn sie sind es, die immer im Mittelpunkt einer erfolgreichen Unternehmenskultur stehen. Sie – und nur sie allein! – haben realisiert, dass es auch und gerade beim Lügen auf die kleinen Unterschiede in der Zeichensetzung und Betonung ankommt. Für sie heißt es ewig und für alle Zeiten: *Bei uns ist der Mensch Mittel! Punkt.*

Lügen gegenüber Kunden, Lieferanten und Konkurrenten

Lügen in der Chefetage. Mathias Schüz, Stephen Wirth und Aiko Bode

ISBN 978-3-527-50213-4

19
›Es kommt doch auf Vertrauen an!‹

Einsatzbereich: Konkurrenten

Oh, welch eine wärmende Lüge an kalten Tagen! Mit diesem Heißluftballon sind schon die schönsten Hoffnungen auf Nimmerwiedersehen gen Himmel gestiegen. Seien Sie sicher, dass keiner Ihrer Mitmenschen die Wichtigkeit von Vertrauen in Beziehungen jeder Art leugnen wird. Umso interessanter, was Moral- oder Ethiklexika wie etwa das altbekannte von Karl Hörmann oder von Otfried Höffe, darüber schreiben. Was lesen wir da unter dem Stichwort »Vertrauen«? Na? Haben Sie's erraten? Nichts! Da steht nichts. Das Stichwort kommt gar nicht vor.

Spekulieren wir ein wenig über den Grund für diese erstaunliche Tatsache. Die Welt – so scheint es – ist im Widerspruch zu so mancher Soziallehre, die optimistisch von Wahrheit, Ehre, Freundschaft oder Vertrauen faselt, doch recht darwinistisch aufgebaut. Dies heißt kurz gesagt: Der Stärkere frisst den Schwächeren. Von der Mikrobe bis zum Menschen besteht eine lange Nahrungskette. Fressen und Gefressenwerden. Und selbst der Mensch an der Spitze dieser Nahrungskette begnügt sich nicht damit, sich lediglich die unter ihm stehenden Lebewesen einzuverleiben. Nein: Er probiert auch mal, wie er selbst schmeckt. Denn es gibt ja auch schwächere Menschen. Da wir heutzutage in halbwegs zivilisierten Verhältnissen leben, zerfleischen wir uns aber nicht mehr buchstäblich wie einst Südseeinsulaner oder Ureinwohner auf Borneo. Nein: Wir haben unseren Appetit auf Menschenfleisch ein wenig sublimiert. Wir entziehen der Nahrungskonkurrenz ihre Lebensgrundlagen. Wir lenken ihre Ressourcen auf uns selbst um. Und warten einfach, bis sie eingeht, während wir uns gütlich tun. So ungefähr läuft das mit dem Recht des Stärkeren.

Doch wie lockt der Mensch nun die anderen in die Falle? Richtig: Er pfeift das alte Rattenfängerlied »Vertrau mir nur«. Er lockt und kö-

Lügen in der Chefetage. Mathias Schüz, Stephen Wirth und Aiko Bode

ISBN 978-3-527-50213-4

dert, füttert an und macht's den anderen kommod. Er lullt ein, beruhigt, macht schläfrig. Oder auch umgekehrt: Er reizt an und stachelt ihre Gier. Dann verankert der Angler den Haken fest im Maul seines Opfers. Ein scharfer Ruck, der Haken sitzt, die Mahlzeit wird an Land gezogen, ausgenommen, zerteilt und landet zum Verzehr auf dem Tisch. Das nennt man in der Wirtschaft eine feindliche Übernahme. Von wegen Vertrauen ...

Wie Sie sehen, fußt das Verfahren auf einer Illusion. Betrachten wir, was sie ist und wie sie wirkt. Denn Sie wollen sie ja nutzen.

Menschen – dies haben wir gesehen – sind weniger ein fürsorglicher Sozialverband. Sie gleichen oft eher einer Jagdgemeinschaft. Solange sie größeren Vorteil aus dem Ergebnis der Gruppe ziehen als aus dem Erfolg eines Einzelnen, solange bleiben sie zusammen. Das Motiv ihres Zusammenbleibens ist somit blanker Opportunismus. Es droht daher jederzeit die Möglichkeit, von anderen ausgenutzt oder von jemandem ersetzt zu werden, der der Gruppe nützlicher ist. Es geht ums Funktionieren, nicht ums bloße Existieren und Erhaltenwerden. Der Wert einer Person im Gruppenbewusstsein wird somit funktional bestimmt und in Relation zu seinem Beitrag zum Gruppenergebnis bemessen.

Ein Beispiel: Der Beitrag eines Stürmers im Fußballspiel besteht in Toren, seine Verteidigungsleistung spricht dagegen nicht für ihn. Schießt er keine Tore, ist er nichts wert für die Mannschaft. Wupps – und weg mit ihm. Um große Beute zu erlegen, sind die Menschen auf einander angewiesen. Bereits zu Eiszeiten konnte kein Jäger allein, wohl aber eine Gruppe ein Mammut erlegen. Die besten Stücke – dies lehrt auch das Tierreich – erhielt schon immer der erfolgreichste Jäger.

Nun haben wir uns heute auf andere Beute spezialisiert: Rohstoffe, Land, Wasser, Technologien. Um diese Beute zu jagen, setzen wir auf die Macht der Illusionen: »Freiheit«, »Gleichheit«, »Brüderlichkeit«, »Wahrheit«, »Ehrlichkeit«, »Rechtschaffenheit«, »Demokratie« und dergleichen bunte Fähnlein mehr. Hängen Sie diese in den Wind, der für sie am günstigsten weht, und sie werden für Ihre Sache werben. Dies schafft Vertrauen – mit Glück sogar bei Ihren Gegnern. Auf diese Weise vermeiden Sie eine unter Umständen verlustreiche Auseinandersetzung. Sie wiegen Ihre Gegner in Sicherheit, indem Sie deren Vorsicht unterwandern. Damit höhlen Sie den Feind von innen aus, bis Sie den Zugriff auf das bekommen, was Sie von ihm haben wollen. Dann schlagen Sie zu. Wenn dies alles nicht klappt, bleibt Ihnen ja immer noch ein offener Krieg, sofern Sie dafür ausreichend gerüstet sind.

Sie halten das für übertrieben? So schlecht sei die Welt nicht? Dann fragen Sie sich doch einmal, warum es kilometerlange Gesetzestexte gibt, warum Anwälte aller Sparten so furchtbar reich werden und die Gerichte überlastet sind, warum es die Polizei, den Bundesgrenzschutz, Nachrichtendienste oder die Steuerfahndung gibt und warum weltweit die Waffenarsenale teurer sind als die Aufwendungen für Gesundheitsvorsorge. Bestimmt nicht auf Grund von Vertrauen!

Nein: Die Wahrheit sieht etwas anders aus, als uns gemeinhin weisgemacht wird. Sie sollten sie achten. Aber ersparen Sie sie Ihren Zeitgenossen. Zum einen geben Sie einen lukrativen Wettbewerbsvorteil aus der Hand. Zum anderen stellt sich die Frage, wer die Wahrheit denn überhaupt vertrüge. Was wurde denn aus jenen historischen Figuren, die im vermeintlichen Dienste an der Menschheit die Wahrheit sagten? Aus Giordano Bruno, Galileo Galilei, der Heiligen Johanna? Manche kamen auf den Scheiterhaufen, andere wurden am öffentlichen Pranger geächtet. Seien Sie daher immer eingedenk eines Verses von George Bernard Shaw: »Wer zuviel Wahrheit sagt, der ist des Henkers sicher«. Es bliebe zu ergänzen: Wer aber lügt, erfreut sich des Lebens. Darauf können Sie ruhig vertrauen!

20
›Bei uns sind Sie rundum versorgt!‹

Einsatzbereiche: Kunden

Das Leben ist Risiko. Und mit Risiken kennen Sie sich bestens aus. Risiko ist Ihr Geschäft. Gleichzeitig wissen Sie: Je gruseliger Sie die Folgen eines Risikos präsentieren, desto eher ist man geneigt, sich ein ruhiges Gewissen mit Hilfe einer Versicherungsdeckung einzukaufen. Das gilt für private ebenso wie für geschäftliche Kunden.

Als Vertreter der Versicherungsbranche reden Sie dem Kunden Ängste ein. Neben den wirklich vorhandenen Risiken besteht Ihre Kunst darin, ihn von der Realität imaginärer oder so genannter Phantom-Risiken zu überzeugen. Gelingt Ihnen dies, dann wirft sich Ihr Kunde schutzsuchend in Ihre rettenden Arme.

In diesem Geschäft haben Sie es mit drei Typen von Kunden zu tun, wie eine Studie der Hochschule St. Gallen gezeigt hat.

Dem Typus des Rechners können Sie nichts vormachen. Er lässt sich nur gegen nachweisliche und kalkulierbare Risiken absichern. Knickerig wie er ist, neigt er zum Versicherungsbetrug. Er möchte nämlich den Einsatz für seine Police am Jahresende mindestens wieder herausholen. Dennoch ist diese Klientel für die Erhaltung Ihres Brot-und-Butter-Geschäfts unverzichtbar, denn schließlich macht Kleinvieh auch Mist. Wurst und Käse holen Sie woanders: bei den Abergläubigen und Ängstlichen.

Ihr abergläubiger Kunde gründet noch immer fest in einer magischen Weltanschauung, in der übersinnliche Mächte durch übernatürliche Einflüsse in das Schicksal des Menschen hineinregieren. Durch Kaffeesatz- und Eingeweidelesen, Deutung des Flugs der Schwalben, Bleigießen, Knochen- und Runenorakel, Kartenlegen, Horoskope und das Befragen sybillinischer Weisheitsbücher will er wissen, was die himmlischen Vorstände ihm zugedacht haben. Die damit verbundenen Risiken versucht er nun mit Amuletten, Hufeisen, vierblättrigen Kleeblättern und dergleichen mitleiderregende

Lügen in der Chefetage. Mathias Schüz, Stephen Wirth und Aiko Bode

ISBN 978-3-527-50213-4

Hilfsmittel mehr in den Griff zu bekommen. Und nun kommen Sie. Erst Ihre Rundum-Police verschafft ihm den lang ersehnten Seelenfrieden. Sie ist der Regenschirm, den er als Garant des schönen Wetters immer mit sich führt.

Noch dankbarer empfängt der ängstliche Kunde Ihre Segnungen. Bei ihm rennen Sie offene Türen ein, wenn Sie ihm den ganzen Horror des Alltags vor Augen führen. Wir empfehlen Ihnen als Gedächtnisstütze unseren Merkspruch:

Einbruch, Diebstahl, Raub und Mord,
Auto, Büro, Heim und Sport,
Alter, Krankheit, Siechtum, Tod,
Feuer-, Hagel-, Wasser-Not,
Streit, Verleumdung, Zwist und Haft,
Ehe-Bruch und Leidenschaft,
machen Sie's dem Kunden klar:
Alles ist versicherbar.

Beachten Sie dabei strikt, dass Sie Ihren Kunden so rundum versorgen, dass vor allen Dingen Sie selbst abgesichert sind. Ihr Arbeitsplatz hängt schließlich davon ab, dass nur wenige Schäden beglichen werden müssen. Wer will schon gerne gerade eingenommene Euros schnell wieder auszahlen? Also tun Sie instinktiv das einzig Richtige: Sie prüfen. Erst prüfen Sie die Risiken Ihrer Kunden: Was kann alles schief gehen bei der Industrieanlage, beim kleinen Handwerker, bei Opas Fahrstil? Und dann formulieren Ihre Juristen bis ins kleinste Detail an Kriterien herum, die im Schadensfalle vorliegen müssen. Zusätzlich formulieren Sie Ausschlussklauseln, also Kriterien, die auf keinen Fall vorliegen dürfen, wenn eine Auszahlung gewährleistet werden soll. Kurz: Sie formulieren Ihren Vertrag an den eigentlichen Risiken Ihres Kunden vorbei, also im besten Sinne des Wortes um seine Risiken herum.

Weil Sie umweltbewusst sind und Papier sparen wollen, kommt es im Vertrag urplötzlich zu einer marginalen Schriftbildveränderung. Um Ihren Kunden lästige Details zu ersparen, wandert alles, was Ihre mühsam aufgebaute harmonische Beziehung zum Kunden stören könnte, ins Kleingedruckte. Um Ihren Kunden die Lesebrille zu ersparen, fassen Sie diese Petitessen für den Kunden einfach mündlich kurz zusammen. Das ist Service, wie man ihn sich wünscht.

Wehren Sie sich gegen den Vorwurf, Sie seien arglistig. Denn warum sollten Sie nicht alle Restrisiken, die Ihnen selbst den Rest geben könnten, wieder auf die Solidargemeinschaft der Kunden überwälzen? Sind Sie nicht geradezu verpflichtet, ihr eigenes Überleben zu sichern, damit Sie auch in Zukunft noch die Schäden Ihrer Kunden überhaupt übernehmen können? Sind Sie in der egoistischen Wirtschaftswelt nicht die einzige rühmliche Ausnahme, die noch den alten Wert der Solidarität hoch hält und zur Grundlage Ihres Geschäfts erhoben hat? Wenn Sie auch diese Botschaft in wohlgesetzte Worte kleiden können, dann haben Sie gewonnen, und es stehen Ihnen die Türen, Herzen und Bankkonten Ihrer Kunden offen. Sie haben den Kunden nun rundum in ein Netz von Sicherheiten eingesponnen. Dass es ein Spinnennetz ist, wissen nur Sie selbst.

21
›Ohne Werbung läuft nichts!‹

Haupteinsatzbereich: Kunden
Nebeneinsatzbereich: Medien, Öffentlichkeit

Sie haben es endlich an die Spitze geschafft und sind Partner einer Werbeagentur. Ein langer Weg: Ausbildung zum Werbegrafiker, zwei Jahre Arbeit, danach wollten Sie etwas anderes gestalten als Joghurtbecher-Etiketten; Wechsel der Agentur; drei Jahre Abendgymnasium – ein hartes Brot; Abitur – Schnitt einigermaßen; Studium der Psychologie mit Schwerpunkt Kreativtechniken und Werbepsychologie, Abschlußdiplom; zwei weitere Agenturen als Durchgangsstation; danach praktische Führungserfahrung bei Procter & Gamble, Bereich Konsumgüterbetreuung; und nun endlich Ihr eigenes Ding: Medien. Eine kleine, feine Agentur, die nur auf Sie gewartet hat.

Dass Web-Design zwar lukrativ sein kann, aber auch sehr aufwändig, wissen Sie aus praktischer Erfahrung. Zuviel Programmierarbeit, zu wenig überprüfbare Wirkung. Das ist nur etwas für große Firmen, die einen entsprechenden Etat für intensive Begleitforschung bereitstellen – der aber nicht bei Ihnen landet, sondern in entsprechend ausgerüsteten Forschungsinstituten.

Hörfunk? Eher nein – Werbung für Arme. Kleinunternehmer reimen dummes Zeug zusammen, und die Damen und Herren Moderatoren des jeweiligen Senders verleihen diesen Ausgeburten skrupellos ihre wohlklingenden Stimmen – furchtbar: Hörfunkfuzzis eben!

Plakate, Anzeigen et cetera? Höchstens begleitend. Da gibt es arrivierte Konkurrenz – warum sich schlagen?

Was bleibt? Das Fernsehen! Schon immer und noch für lange Zeit der Werbeträger Nr. 1: Topwerte bei »Image«, »Einprägsamkeit«, »Erinnerung«, »Synästhesie« (wenn auch das Riechfernsehen noch in den Kinderschuhen steckt – immerhin ist es angedacht) sowie noch weiteren wichtigen Abfrage-Items der Werbewirkung. Der Fernsehwerbemarkt in Deutschland: rund 4 Milliarden Euro schwer pro Jahr.

Lügen in der Chefetage. Mathias Schüz, Stephen Wirth und Aiko Bode

ISBN 978-3-527-50213-4

Im Unterschied zu Ihrer Konkurrenz, die natürlich gleichfalls im Fernsehen wirbt, haben Sie aber einen anderen Markt für sich entdeckt und flugs besetzt: die Fernsehsender selbst! Kein Medium ist so selbstverliebt wie das Fernsehen. Und Gleiches gilt für seine Macher – jedenfalls die meisten. Ziemlich sicher gilt dies aber für jene, mit denen Sie es zunächst zu tun bekommen, die Marketing-Abteilungen.

Die Wettbewerbssituation: für Sie ein Segen! Viele Sender stehen mit dem Rücken zur Wand. Einige – wenn auch wenige – sitzen auf einem Sack voll Geld noch aus den Boomjahren der Neunziger. Andere unterliegen dem Zwang zur Neuausrichtung. Wieder andere sind recht gut gepolstert mit Gebührengeldern, aber altbacken – ein Schlaraffenland!

Jetzt müssen Sie nur noch die Nadel richtig setzen, und schon läuft der Saft! Genau an diesem Punkt sagen Sie Ihr Sprüchlein auf – einfach, lässig, kompetent. Als sei es die natürlichste Sache der Welt, dem Werbeträger Nr. 1 auch seine eigene Werbehilfsbedürftigkeit zu bescheinigen: »Ohne Werbung läuft nichts!«

Nun werden Sie ein dankbares Leuchten in den Gesichtern der sendereigenen Marketing-Verantwortlichen sehen. Endlich jemand, der sie versteht! Endlich eine Möglichkeit, dem »Blinden Fleck« im Sendungsbewusstsein der Geschäftsleitung zu entkommen. Nicht nur senden – nein: Selbst zur Sendung werden! Botschaft sein! Nur, wer im Fernsehen erscheint, ist wirklich!

Seien Sie jetzt ein wenig zurückhaltend. Sie können sich darauf verlassen, dass die Abteilung Marketing in Folge Ihrer Schmeichelei schon selbst alle möglichen und unmöglichen Gründe beibringt, warum gerade Sie der Richtige sind, das sendereigene Marketing-Konzept zu entwerfen. Selbstverständlich ist noch ein kleiner »Pitch«, also ein Auftragsvergabeschaukampf mit einigen Konkurrenten, notwendig. Nur pro forma: Man muss sich ja nach außen absichern. Öffentlich-rechtliche Verwaltungsräte oder die Controller des Mutterkonzerns wollen sich ja gleichfalls wiederfinden. Aber keine Bange: Nach diesem wunderbaren Geschäftsessen, das Sie auf Schloss Veaux für die Damen H. und K. sowie die Herren A., G. und L. – die Marketing-Verantwortlichen des Senders – gaben, ist klar, dass Sie eine wichtige Hürde für den Zuschlag genommen haben.

Nun müssen Sie nur noch die Geschäftsleitung überzeugen. Jetzt heißt es: Klotzen, nicht kleckern! Wenn die Geschäftsleitung des Senders nach Ihrer Präsentation in Sachen Werbewirkung noch immer das Gefühl hat, sie liege halbwegs richtig, dann haben Sie es völlig falsch gemacht. Fahren Sie in Ihrer Analyse alles auf, was weh tut: Das Geschäftsleben ist zuweilen ein Boxkampf. Und so ziehen Sie Ihre Verhandlungen nun auch auf:

Runde 1: Nehmen Sie sich zuerst das Programm des Senders selbst zur Brust. Schließlich ist das Programm dessen entscheidende Visitenkarte und prägt das Senderbild im öffentlichen Bewusstsein. Im deutschen Fernsehmarkt, dem härtesten der Welt, gibt es so viele unterschiedliche Angebote, dass sich fast zwangsläufig die Frage nach dem inneren Zusammenhalt der einzelnen Beiträge stellt. Hier setzen Sie Ihren Hebel an. Fragen Sie zuerst nach der Kernbotschaft des Senders. Sollte er wider Erwarten eine haben, dann spielen Sie Programmangebote gegen diese aus, die hierzu nicht passen. Sie werden hundertprozentig fündig. Entgegnet man Ihnen, dass Vielfalt eine der Aufgaben der deutschen Fernsehsender ist, dann kontern Sie mit dem Hinweis, dass damit ja wohl keine Beliebigkeit gemeint sein kann. Fragen Sie, wie sich der Sender denn mit einem solchen Programmflickenteppich im harten Wettbewerb um die Zuschauergunst positionieren will. Sie werden sehen – die Zweifler werden stummer, denn genau dieses Problem beschäftigt die Senderverantwortlichen. Den Hinweis, schließlich seien es gesetzliche Vorgaben, die zu dieser Programmgestaltung geführt hätten, kontern Sie mit der rhetorischen Frage, ob Programme für Gesetze oder für Zuschauer gemacht würden. Der Konkurrenzsender X schere sich wenig um gesetzliche Vorgaben – aber er sei nun schon seit Jahren Marktführer. Dies beeindrucke offensichtlich auch die Rundfunkgesetzeshüter so, dass sie vornehm hierzu schwiegen. Diese erste Runde sollte an Sie gehen.

Ring frei zur zweiten: Sie monieren, das Angebot sei vorhersehbar, auf einen Durchschnittsgeschmack zurechtfrisiert und daher gähnend langweilig. Anstatt selbst Innovationen im Programm zu wagen, kupfere der Sender bei der Konkurrenz erfolgreiche Programme ab. Mit der Folge, dass die Zuschauer das Original dennoch besser fänden als die Fälschung. Reine Geldverschwendung also und zudem ein Imageverlust. Die Einwände seitens Ihrer Ansprechpartner sollten nun schon viel leiser werden.

Runde 3: Wo bitte seien denn die jungen Zuschauer? Es sollte doch klar sein, dass ein großer Sender sich an möglichst viele – und daher auch junge Menschen richten müsse. Durch dieses Programm aber wehe ein etwas morbider Geruch nach Altherrensocken und muffigem Ohrenlehnstuhl. Die Verteilung der Zuschauer nach Alter spreche gleichfalls dafür, dass ein Großteil der Seher des Senders demnächst schnurstracks die Rentenkasse entlaste. Wo seien denn die jungen, politisch unkorrekten Beiträge? Satire etwa, schräger Humor? Ab hier sollten sich die ersten Bemerkungen zwischen den Senderverantwortlichen gegen sich selbst richten, wie etwa »meine Rede schon seit langem«, »darauf habe ich schon kürzlich vergebens gepocht, aber Sie haben ja ...« und dergleichen mehr. Hauptsache, die Leute beginnen zu streiten. Nun gewinnen Sie an Fahrt.

Runde 4: Sie gehen jetzt auf den Auftritt des Senders in der Öffentlichkeit ein. Zeigen Sie ein paar Beispiele für eine sehr erfolgreiche Werbekampagne von Unternehmen mit einer analogen Farbgestaltung. Die Gesichter werden sich ein wenig aufhellen – doch zu früh gefreut! Denn nun schieben sie ein wenig süffisant die Bemerkung nach, die gezeigten Kampagnen seien aus den siebziger Jahren des vorigen Jahrhunderts – zu alt jedenfalls für einen modernen Sender, und noch deutlich zu jung für einen angesagten Retrostil.

Es sei Ihnen auch aufgefallen, dass Zuschauer einige Programm-Marken des Senders überhaupt nicht mehr mit diesem selbst identifizierten, sondern sie der Konkurrenz zurechnen würden. Ein übles kleines Malheur – was sei denn hier passiert?

Merkwürdig auch, dass die beiden stärksten Programme des Senders bekannter seien als der Sender selbst. Und noch merkwürdiger, dass die digitalen Angebote unter einer völlig eigenen Flagge segeln würden. Kein Mensch wisse mehr, dass sie von diesem Sender verantwortet würden. Dies sei etwa damit vergleichbar, dass ein »Polo« den ganzen VW-Konzern aus dem öffentlichen Bewusstsein verdränge.

Runde 5: Ihr Gegner ist schwer angeschlagen und Sie werden ihn nun technisch elegant niederstrecken – allerdings nur, um ihm sofort wieder sportlich Ihre helfende Hand zu reichen. Nein – so fassen Sie zusammen –, ein einheitliches Image könne so auf keinen Fall geschaffen werden. Und dies sei die wichtigste Voraussetzung für dauerhaften Erfolg. Die bestehende Situation sei demnach ein veritables

Fiasko! Und ein verdammt teures dazu! Doch Sie wüssten hier Abhilfe zu schaffen …

Wir prophezeien Ihnen: Wenn Sie diesen Auftritt glänzend absolviert und die Geschäftsleitung an den Rand der Verzweiflung getrieben haben, dann erhalten Sie den Zuschlag. Haben sie ihn in der Tasche, dann bauen Sie zuerst die Marketing-Kollegen des Senders wieder auf. Mit Ihrer Analyse haben Sie ihnen nämlich arg auf die Füße getreten. Signalisieren Sie daher Verständnis, etwa derart: »Klar, wir ziehen doch eigentlich an einem Strang – aber Sie können halt nicht so wie ich …« oder »Es ist wie immer – die Geschäftsleitung hängt sich in alles rein und verwässert die Konzepte der Fachleute in den zuständigen Abteilungen …« oder »Es ist schon schwierig, seine bessere Einschätzung der Dinge in einer Hierarchie zu behaupten …« Sie werden sehen, das funktioniert. Dann haben Sie die lieben Kollegen wieder auf Ihrer Seite. Und das ist auch notwendig. Sie haben nämlich den unschätzbaren Wert, dass sie alles, was Ihre Agentur nun zu jedem der vereinbarten Teile ihres Auftrags vorlegt, mit hieb- und stichfesten Argumenten gegenüber der reaktionären Geschäftsleitung munitionieren. Gewissermaßen als kleiner Aufstand des Senderproletariats wider die Selbstherrlichkeit ignoranter Bonzen. Sie können tun, was Ihnen beliebt. Die notwendige Interpretation und den innerbetrieblichen Verkauf leistet die Fachabteilung für Sie. Ein Hoch auf Schloss Veaux und Ihre Chuzpe!

Vielleicht werden die teuren Maßnahmen nicht greifen. Aber bis der Sender das merkt, vergeht schon eine Zeit. Gut Ding will eben Weile haben. Und in einem solch schnelllebigen Markt verändern sich die Rahmenbedingungen nun einmal permanent. Prima für Sie. Sie wollen ja auch morgen wieder Arbeit haben. Ohne Werbung läuft nun einmal nichts! Zu welchem Sender gehen Sie als Nächstem?

22
›Qualität ist oberstes Gebot!‹

Einsatzbereich: Lieferanten
Nebeneinsatzbereich: Kunden

Wer in der Wirtschaft dauerhaft erfolgreich sein will, sollte etwas von den Grundbedürfnissen des menschlichen Daseins verstehen. Wir Menschen werden geboren. Wir brauchen Nahrung und Kleidung. Wir durchlaufen eine Erziehung und spätere Ausbildung, erlernen einen Beruf oder studieren. Wir nabeln uns allmählich vom Elternhaus ab und setzen vielleicht selbst Kinder in die Welt. Und irgendwann nach all diesem Tun und Lassen kehren wir dem irdischen Jammertal den Rücken. Nun gibt es in dieser Lebensspanne notwendige Dinge, weniger notwendige und vollends unnötige.

Ein Selbstständiger, der auf Nummer sicher gehen will, wird daher vielleicht Bäcker, Metzger oder Getränkehersteller. Oder er wird Bestattungsunternehmer. In all diesen Fällen kann er sicher sein, dass ihm die Kundschaft – wenigstens prinzipiell – nicht ausgeht.

Nehmen wir an: Auch Sie haben sich auf ein sicheres Marktsegment spezialisiert und bieten Lebensmittel an. Die Nachfrage dafür ist, wie erläutert, groß und sicher. Allerdings schläft auch die Konkurrenz aus diesem Grunde nicht. Sie benötigen daher eine Idee, wie Sie dem harten Wettbewerb ein gutes Auskommen abtrotzen können. Wir haben da eine kleine, sehr lukrative Schwindelei im Programm: Qualität ist oberstes Gebot!

Wie gehen Sie also vor? Veranschaulichen wir dies an einem kleinen Beispiel: Wir selbst, verehrte Leser, waren von frühester Jugend an Asterix-Fans. Und wenn auch Sie einmal einen Blick in diese ebenso lebensklugen wie vergnüglichen Comics getan haben, werden Sie sich vielleicht an den Fischhändler des kleinen gallischen Dorfes an der Küste von Aremorica erinnern: Verleihnix! Dieser gute Mann hatte Charakter und Kaufmannsehre. Daher wusste er jederzeit, was er seinen Kunden schuldig war. Selbst in Zeiten weniger gut durchorganisierter Kühltransporte importierte er seine Ware aus dem 500 km

Lügen in der Chefetage. Mathias Schüz, Stephen Wirth und Aiko Bode

ISBN 978-3-527-50213-4

entfernten Lutetia, also dem späteren Paris. Ordinäre, frisch gefangene Fische und Krustentiere von der heimischen Küste wollte er niemandem zumuten. An seinem Verkaufsstand verwoben sich daher die unterschiedlichsten Stadien ozeanischer Existenz zu olfaktorischen Gesamtkompositionen der Verwesung. Sie stießen im Dorf auf noch größere Ablehnung als die musikalischen Inspirationen des Barden Troubadix. Im Ergebnis gab es also immer Keile. Und das, obwohl der gute Mann reinen Gewissens auf Qualität gesetzt hatte.

Heutige Lebensmittelfabrikanten sind da deutlich weiter. Lernen wir also von ihnen, denn Sie selbst möchten ja geschäftlichen Erfolg und keine Keile haben.

Zuerst setzen Sie auf ein Produkt mit einer beständigen hohen Nachfrage. Zum Beispiel auf Fleisch. Sodann muss Ihr Fleisch erhöhten Anforderungen Ihrer Kunden genügen, also ein Qualitätsprodukt sein. Denn nur dann zahlen die Kunden anstandslos einen höheren Preis.

Rein ökonomisch lassen sich Gewinne allerdings nur aus dem Unterschied zwischen den Kosten der Produktion sowie den Absatzerlösen erzielen. Oder verständlicher ausgedrückt: Sie verdienen umso mehr, je billiger Sie einkaufen und je teurer Sie verkaufen. Dies bedeutet: Sie selbst müssen also möglichst billig einkaufen. Daher bieten sich nicht die überteuerten Biobauernhöfe an, in welchen man schon den Ferkelchen eine wöchentliche Ganzkörpermassage und Ayurveda-Kur verordnet.

Sie kaufen am günstigsten vielmehr dort ein, wo das Lebensmittelgesetz unnötigerweise eine Trennlinie zwischen Menschennahrung und Tierfutter vorgesehen hat. Auch Ihnen kann es ja nicht einleuchten, warum man Fleisch, das zur Herstellung von Tiernahrung dient, nicht auch Menschen verkaufen kann. Schließlich handelt es sich um den gleichen Lebensmittelkreislauf: Die Tiere fressen Futtermehl aus Tierkörpern, die uns als Menschennahrung vorenthalten bleiben – nur um dann anschließend ihrerseits von uns Menschen gegessen zu werden.

Es liegt daher nahe, diesen Zwischenhandel über das Tierfutter außen vor zu lassen und den entstehenden Gewinn gleich selbst einzustreichen. Sie kaufen also die Schlachtabfälle, die zur Tierfutterverwertung oder zum Seifensieden vorgesehen waren. Ein wenig Kosmetik mit lebensmittelechten Farb- und Konservierungsstoffen; etwas Finish mit Geschmacksverbesserern; eine überschaubare Portionierung; minus zwanzig Grad mit Vakuumverpackung; ein adrettes Logo mit einem phantasievollen, vertrauenerweckenden und appetitanregenden Siegel; ein paar freundliche Aufmerksamkeiten für die Wareneinkäufer großer Supermarktketten – und fertig ist Ihr Qualitätsprodukt. Und Sie sind im Geschäft. Aber nicht im billigen Massenmarkt, sondern in der »Qualitätsabteilung«. Da gehören Sie auch hin. Denn Qualität heißt schließlich nichts anderes als »Beschaffenheit« – ein völlig wertfreier Begriff also. Wer könnte ernsthaft bestreiten, dass auch Ihre Ware eine bestimmte Beschaffenheit hat? Niemand! Dass die meisten Kunden Qualität irrtümlich mit Güte gleichsetzen, sollte wirklich nicht Ihre Sorge sein. Man kann Sie ja schlecht dafür verantwortlich machen, dass anderer Leute Schulbildung logisch-semantische Tatsachen ausgeklammert hat.

Auf diese Weise mutiert Ihr billigst eingekauftes »Gammelfleisch« zum teuer verkauften »Hammelfleisch« – und Sie kassieren die Differenz. Das halten Sie für problematisch? Mitnichten!

Die Werbung interpretiert ihren Wahrhaftigkeitsspielraum in aller Regel viel großzügiger als Sie in diesem Falle. Bei Ihnen handelt es sich schließlich nur um die harmlose Vertauschung zweier Anfangsbuchstaben. Noch dazu stehen die Buchstaben G und H im Alphabet nicht zufällig brüderlich nebeneinander. Auch die Namen beider Fleischsorten stehen in so enger phonetischer Beziehung, dass es sich geradezu aufdrängt, sie in einem Atemzug zu nennen.

Auch die großen Lebensmittelketten machen noch Reibach mit Ihrem Döner oder Ihrer Hammelkeule. Die haben dabei auch kein schlechtes Gewissen. Gut durchgebraten – was für Hammelfleisch ohnehin angeraten ist, weil es sonst zu zäh bleibt – und schon ist auch der Lebensmittelchemie Genüge getan. Drei Stunden bei 200 Grad in der Bratröhre überleben nur Mikroorganismen, die sich an dem austretenden Magma unterseeischer Vulkanschlote gestählt haben. Aber dort weiden gemeinhin keine Hammel, sodass man Ihnen keine Verbindung mit hartnäckigen Bakterien nachweisen kann.

Es muss ja einen Grund dafür geben, dass ein bayerischer Fleischhändler aus München über Jahre hinweg große Geschäftserfolge erzielte, indem er in der Schweiz in großem Stil Schlachtabfälle vor der unwürdigen Beseitigung bewahrt und erfolgreich dem bundesweiten Lebensmittelkreislauf wieder zugeführt hat. Völlig uneigennützig hatte er einen Großteil seines Privatvermögens in die ökologische Verwertung des nahrhaften Materials gesteckt. Mehr als hundert Tonnen konnten auf diese Weise zum Nutzen aller vor allem in Döner-Trommeln recycelt werden. Da Erfolgsgeschichten rasch die Runde machen, hat jüngst auch eine Firma aus Passau das Konzept übernommen. Allerdings wurde hierbei aus Marketing-Gründen der Akzent auf Wildfleisch, also wild zusammen gemixtes Altfleisch, gelegt. Wundern Sie sich also nicht, liebe Leser, wenn Ihnen demnächst in der Trüffelsaison bei Ihrem Edelitaliener eine flache Passauer Spezialität namens »Car-ninchen al tartufo« auf den Teller kommt.

Es ist übrigens längst üblich, vergorene oder angegammelte Lebensmittel zu sich zu nehmen. Das dient der isotherapeutischen Darmsanierung. Wer nimmt Anstoß an Joghurt, Dickmilch, Kefir oder Käse? Sogar »Milbenkäse mit lebenden Milben« oder »Schimmelkäse mit lebenden Schimmelkulturen« darf problemlos verkauft und ungestraft konsumiert werden. Schließlich weiß man ja, dass sich die Kulturen im Darm durch Zufuhr an weiteren Kulturen erst so richtig für die übernächste Bakterien-Abwehrschlacht rüsten. Werden diese Abwehrkräfte nicht trainiert, wird das lebenswichtige Immunsystem immer schwächer. Daher gilt: Ohne Angriff keine Verteidigung.

Übrigens sollten wir uns im Zeitalter der Globalisierung unsere antrainierten Ekelreaktionen interkulturell abgewöhnen. In Afrika oder Südostasien werden Raupen oder Insekten aller Farben, Formen und Größen delikat zubereitet. In Schweden gibt es den so genannten »Surströmming«: Dieser leckere Vertreter der Gattung Hering ist so vergoren, dass sich sogar die Blechbüchse, in der er »reift«, gequält in alle Fluchtrichtungen wölbt und wendet. Dennoch ist Surströmming ein regelrechtes Nationalgericht. Wenigstens für jene, die das Öffnen der Dose überleben. Lebensmittelinspektoren in Schweden sind jedenfalls nicht pingelig, wenn es gilt, das Brauchtum zu bewahren. Auch isländische Feinschmecker erfreuen sich an angefaulten Robbenflossen oder im Kuhstall über Wochen abgehängten Pferde- oder Kalbsknochen mit Fleischstückchen. Frischfleisch gilt dort als fade. Überhaupt wird Vergammeltes rund um den Erdball geschätzt. Auf den Philippinen wird gepökeltes Schweinefleisch erst dann serviert, wenn sich die ersten Maden zeigen. Bohren diese ihre Köpfe durch das Fleisch, nennen Taiwanesische Ureinwohner die

Würmer liebevoll »Fleischsprossen« – gewissermaßen als Ersatz für die fehlenden Bambussprossen. Gegen solche »ausgeklügelt verdorbenen Köstlichkeiten«, wie sie jüngst Sabine Löhr in der *FAZ am Sonntag* ausführlich beschrieb, ist unser bayerisches Gammelfleisch gewissermaßen erst im Vorversuchsstadium. Es bedarf noch mannigfacher Zurüstung liebevoller Zersetzungsbakterien und -würmer, bevor es endgültig die Ranglistenplätze der internationalen Haute-Cuisine erstürmen kann.

Übrigens müssen Sie in diesem Geschäftszweig vor allzu großem Unverständnis der Behörden keine Angst haben. Das Strafgesetzbuch sieht zwar ein paar läppische Geldstrafen vor. Aber die können Sie bequem aus der Portokasse zahlen. Sollte tatsächlich einmal einer Ihrer Kunden unerwartet ableben, dann konsultieren Sie einen guten Anwalt und Arzt. Beide können problemlos nachweisen, dass die leichte Vergiftung ursächlich nicht mit Ihrem Fleisch in Verbindung zu bringen ist. Wer kann schon sagen, aus welchem Wasserhahn der arme Mensch zuletzt getrunken hat?! In Deutschland ist jedenfalls noch niemand in Ihrer Branche wegen eines solchen Missverständnisses hart bestraft worden.

Sollte Ihnen übrigens der beständig steigende Fischkonsum der Bevölkerung Sorgen bereiten, dann ist es Ihnen doch ein Leichtes, wieder einmal einen kleinen Nematodenskandal wie 1987 zu inszenieren. Solche Fadenwürmer verderben einfach den Appetit auf Fisch. Auch die freundliche Erinnerung an BSE oder die Schweinepest unterstützt den Absatz Ihres Hammelfleischs. Umweltverbände sind dankbare Mitstreiter und Multiplikatoren für Ihre unternehmerischen Ziele.

Auf Ihren Gammel-Hammel ist jedenfalls Verlass, denn Qualität ist oberstes Gebot!

23
›Qualität hat ihren Preis.‹

Einsatzbereich: Kunden

Sie wollen eine Dienstleistung oder ein Produkt ohne wirkliches Alleinstellungsmerkmal mit besonderem Qualitätssiegel am hart umkämpften Markt platzieren. Um einen messbaren Vorsprung gegenüber der Konkurrenz zu erlangen, müssten Sie in die Produktion unverhältnismäßig viel investieren. Da Sie dieses Risiko weiterer Investitionen nicht eingehen möchten, konzentrieren Sie Ihre Anstrengungen auf die so genannten subjektiven »added values« Ihrer Produkte beziehungsweise Dienstleistungen. Stilisieren Sie beispielsweise Ihren hausbackenen Alltagsjoghurt zum probiotischen Lifestyleprodukt hoch, dann können Sie unter Einsatz dieser Lüge den Verkaufspreis leicht verdoppeln. Auch andere Ladenhüter legen in neuer Verpackung als trendige Wellness-Produkte fulminante Karrieren hin.

Doch man muss den Aufwand nach Kundentypen ein wenig differenzieren. Dies ist eine wohlfeile Strategie, Mehrwert zugunsten des Unternehmens zu erzeugen, schließlich kann der Kunde auch eine Befriedigung seiner speziellen Bedürfnisse für sein sauer erworbenes Geld erwarten.

Statusorientierten Kunden können Sie durchaus auch Produkte von der Stange anbieten. Sie müssen ihnen nur den Eindruck vermitteln, sie befänden sich im Designerladen von Gucci, Prada oder Lagerfeld. Verstärken Sie diesen Eindruck mit hochnäsig dreinblickenden Angestellten, die die Marken selber tragen und die Kunden ungebührlich lange warten lassen. Sie sollen den Kaufwilligen das Gefühl vermitteln, dass sie sich Ihre Produkte sowieso nicht leisten können. Solche scheinbaren Diskriminierungsversuche fordern zum einen den Trotz des Kunden heraus. Zum anderen können Sie schon durch deren Anwesenheit davon ausgehen, dass sie in aller Regel mit den Edelmarken unter ihresgleichen glänzen wollen. Dies ist eine

Lügen in der Chefetage. Mathias Schüz, Stephen Wirth und Aiko Bode

ISBN 978-3-527-50213-4

echte Win-Win-Situation: Sie sacken den realen Mehrwert ein, der Kunde den imaginären. Vorteilhaft für Sie ist, dass sich jeder statusorientierte Kunde selbst seinen Mehrwert einbilden kann.

Der Großkunde möchte hingegen entsprechend seiner Einkaufsmacht gehätschelt und umworben werden. Ihm kommen Sie mit dem gemeinsamen Besuch eines echten Events bei. Eine Plenarsitzung des deutschen Bundestages bietet sich hierfür weniger an als der Bieranstich beim Münchener Oktoberfest. In fortgeschrittener Bierseligkeit können Sie dann bei Ihrem Kunden sicher sein: »Oazapft is!« Bei weniger wichtigen Einkäufern genügt ein komatös endender Besuch bei einem ausgezeichneten Italiener oder Franzosen. Viele Kunden schätzen auch Intimatmosphäre. Nachtclubs oder Bars eignen sich hervorragend, zögerliche Kunden an Sie zu binden. Wenn Sie in Ihrer Preisgestaltung noch etwas Luft haben, dann können Sie dem dankbaren beziehungsweise am nächsten Morgen peinlich berührten Verhandlungspartner generös mit einem symbolischen Nachlass entgegenkommen. Damit sind Sie zwar immer noch gut ein Drittel teurer als Ihre Konkurrenz, aber der selige Blick und der dicke Kopf Ihres Kunden sichern Ihnen eine lang anhaltende Geschäftsbeziehung. Welcher Kunde mag schon Gerüchte, dass er hinter dem Rücken seiner werten Gattin einen Nachtclub besucht hat?

Unter Umständen treffen Sie auf den unterdrückten Kunden, dessen Entscheidungsfreiheit eingeschränkt ist. Vielleicht redet ihm ein Hausdrachen oder pingeliger Finanzvorstand in seine Einkaufspläne hinein. Erbsenzähler lauern schließlich überall. Einen solchen Kunden müssen Sie seelisch aufbauen und mit guten Argumenten munitionieren. Schenken Sie ihm die Wertschätzung, die er im eigenen Hause offensichtlich nicht genießt. Ködern Sie ihn mit dem alt bekannten Werbespruch »Es war schon immer etwas teurer, einen besonderen Geschmack zu haben.« Manchmal hilft dann ein Spruch wie »Sie sollten sich doch nicht mit einem Smart begnügen, wenn Sie Mercedes fahren können«. Oder: »Auch Oxford genießt schließlich eine höhere Reputation als die University of Timbuktu.« Wer möchte schon gerne als Smart fahrender Absolvent der Universität von Timbuktu dastehen?

Der rechnende Kunde möchte handgreifliche Vorteile mit seinem Kauf verbunden sehen. Bieten Sie ihm daher Clubmitgliedschaften und Bonuscards, Lottogutscheine und Kaffeefahrten, Überraschungspräsente (mit denen Sie Ihre Ladenhüter entsorgen) – oder Warenproben mit seinem Kauf an.

Technik- oder autoritätsgläubigen Kunden können Sie mit hübsch auftoupierten Zertifikaten aus eigener Produktion mit Zahlenkolonnen, Daten und vermeintlichen Fakten oder Testergebnissen Ihre Aufwartung machen. Schließlich verfügen Sie über einen ausgezeichneten Vierfarblaserdrucker, hochauflösenden Scanner und diverse Prägestempel.

Sie haben richtig verstanden: Melken Sie Ihre Kunden mit dem Hinweis: Qualität hat eben Ihren Preis!

24
›Restrukturierung erhöht die Servicequalität.‹

Haupteinsatzbereich: Kunden, Aktionäre
Nebeneinsatzbereich: Mitarbeiter, Aktionäre, Betriebsräte

Die Zeit bleibt nicht stehen. Durch Internet und modernste Kommunikationsmittel ist letztlich jeder immer überall erreichbar. Das gilt erst recht für Unternehmen. Immer, jederzeit und überall nach Belieben einkaufen oder Dienstleistungen in Anspruch nehmen: Das ist es, was der Kunde wollen soll. Und das hat Folgen. Schließlich gibt es bei uns einen hoch reglementierten Arbeitsmarkt. Er hat nicht die nötige Flexibilität, es Betrieben zu ermöglichen, ohne erhebliche Zusatzkosten 24 Stunden und sieben Tage die Woche produzieren und liefern zu lassen. Glücklich kann sich derjenige schätzen, der ein paar Auslandsniederlassungen in Ländern hat, die von sozialpolitischen Oberbedenkenträgern weniger befallen sind. Dank »Globalisierung« gelingt es nun, die deutschen Probleme zu lösen und notwendige Restrukturierungen einzuleiten.

Brechen Sie mutig alt verwachsene und verkrustete Strukturen Ihres Unternehmens auf. Öffnen Sie die Türen zum globalen Markt. Dessen Wind wird den sozialpolitischen Staub aus Ihrem Unternehmen sicher hinausblasen. Wozu die Produktion im eigenen Land vorhalten, wenn schon Entwicklung und Forschung hierzulande so teuer sind? Auch Serviceleistungen können problemlos dienstbaren Geistern im Ausland anvertraut werden. »Outsourcing« heißt das Zauberwort.

Da der Arbeitsmarkt ein politisch höchst sensibles Gebilde ist, raten wir Ihnen, Ihre eigenen Interessen mit ein wenig Fingerspitzengefühl durchzusetzen. Stellen Sie dabei vor allem den Nutzen für die Allgemeinheit in den Vordergrund. Das tun Sie mit dem Verweis auf die verbesserte Servicequalität für Ihre Kunden.

Was in Mitteleuropa verhindert wird, ist deswegen noch lange nicht unmöglich. Callcenter im indischen Bangalore übernehmen gerne die freundliche Rund-um-die-Uhr-Betreuung, die Ihre Kunden

Lügen in der Chefetage. Mathias Schüz, Stephen Wirth und Aiko Bode

ISBN 978-3-527-50213-4

an sieben Tagen der Woche von Ihnen erwarten. Eine indische Arbeitskraft ist als solche schließlich willig, billig und belastbar. Es wäre daher geradezu unsozial, sich ihrem Angebot zu verweigern.

So können Sie beispielsweise als Sachversicherer ruhigen Gewissens vierundzwanzig Stunden am Tag Assistance-Dienstleistungen versprechen. Kunden mit einem Hagelschaden können sich dann kostenlos über die Hotline direkt mit einer verständnisvollen Stimme aus dem Morgenland unterhalten – selbstverständlich erst nachdem sie per einfacher Menüführung auf der Tastatur ihres Telefons kundgetan haben, welche Sprache sie nicht sprechen und welches Anliegen sie nicht haben. Allfällige Verständnisprobleme dürften mit ein wenig beiderseitigem guten Willen rasch auszuräumen sein.

Böse Zungen werden allerdings behaupten, dass diese Auslagerung von Serviceleistungen Arbeitsplätze in Deutschland kostet. Diesem Vorwurf gilt es entgegenzuwirken: Na und? Dafür schaffen Sie etwa siebenhundert neue Arbeitsplätze in Indien! Aber: Waren die Kritiker nicht die Gleichen, die sonst immer auf Solidarität mit der Dritten Welt gepocht haben? Nun sind Sie solidarisch, und was ist der Dank? Sehen Sie, hier haben Sie ein schönes Argument zum Nachlegen, falls die Quälgeister zu aufdringlich werden.

Ziehen Sie sich sicherheitshalber nicht auf diesen Standpunkt alleine zurück, sondern demonstrieren Sie Betroffenheit über die deutsche Misere und den Reformstau. Erklären Sie, dass durch die Verbesserung der Serviceleistungen im Ausland auch Arbeitsplätze in Deutschland gesichert würden. Im Übrigen stünde es einem vereinten Europa nicht gut an, Arbeitskräfte nur wegen ihrer Nationalität zu diskriminieren. Es wäre auch ebenso ahistorisch wie unmoralisch, Staatsangehörigen des Commonwealth den Zugang zum Arbeitsmarkt der Europäischen Union zu verwehren. Schließlich dürfen Ihre Kunden mit Recht weltweit verfügbare, grenzenlose Servicequalität von Ihnen erwarten.

25
›Bei uns klicken Sie richtig!‹

Einsatzbereich: Konkurrenten, Lieferanten, Kunden

Möchten Sie als Jungunternehmer ohne allzu große Investitionen möglichst schnell Millionen verdienen? Dann nutzen Sie das World Wide Web, und locken Sie Ihre potentiellen Kunden mit dieser Lüge an. Beachten Sie aber die Regeln der New Economy. Im Gegensatz zur Old Economy treibt nicht die Knappheit der Güter Ihren Profit nach oben, sondern die weltweite Verbreitung von kostenlosen Informationen. Sie meinen, das sei eine Lüge? Nein, ausnahmsweise handelt es sich um die Wahrheit. Sie können tatsächlich in der virtuellen Welt des Internets Ihre Dienstleistung zum Nulltarif verschenken und dennoch Millionen verdienen. Wie das geht, werden wir Ihnen nachher an einem Beispiel beschreiben.

Doch zuvor müssen wir Ihnen zum besseren Verständnis der Neuen Ökonomie die Logik der Alten erklären. In der Alten Ökonomie war das Unternehmertum noch ein echtes Abenteuer. Der Unternehmer war mithin ein Abenteurer, ein Adventurer, also – gemäß dem lateinischen Wort »advenire« = herangehen – einer, der mutig an das Unbekannte heranging. Einer, der Neuland betrat; einer, der sich dem, was auf ihn zukam, heldenhaft stellte; einer, der sein Schicksal in die Hand nahm und zu seinem Vorteil gestaltete. Es waren Helden wie Odysseus, Herkules oder Jason, die auszogen, um im Unbekannten ihr Glück zu finden. Kein Risiko war ihnen zu hoch. Sie liebten Zufälle, Überraschungen, Neuheiten und Veränderungen, scheuten auch nicht vor Lüge, List und Tücke zurück. Warum das alles? Sie wollten sich von den Göttern emanzipieren und ihnen beweisen, dass sie ihr Schicksal durchaus in die eigene Hand nehmen und am Ende als Gewinner dastehen konnten.

Diese mythischen Helden wurden später die Vorbilder der neuzeitlichen Entdecker und Abenteurer. Ausgestattet mit dem Venture Capital einer Schiffsausrüstung entdeckten sie, wie zum Bei-

Lügen in der Chefetage. Mathias Schüz, Stephen Wirth und Aiko Bode

ISBN 978-3-527-50213-4

spiel Kolumbus, den Seeweg nach Indien und eroberten ganze Kontinente.

Alles das sind auch Attribute der modernen Abenteurer, Kennzeichen der Unternehmer – von Menschen, die ausziehen, um Chancen frisch zu ihrem Vorteil zu ergreifen. Alle Unternehmer der Alten Ökonomie mussten noch etwas »unter-nehmen«. Sie mussten die Ärmel hochkrempeln, ihre Ressourcen in die Hand nehmen und in einem Wertschöpfungsprozess zu einem interessanten Produkt oder einer nützlichen Dienstleistung verarbeiten.

Und der Unternehmer der New Economy? Er muss sich nicht länger mühsam knappe Ressourcen besorgen, um zu Reichtum zu kommen. Seine Welt ist virtuell – und damit grenzenlos. Seine Ressourcen sind Informationen – das einzige Gut, das verteilt werden kann, ohne abzunehmen.

Und wie kommen Sie nun an die Millionen? Über Anzeigen, die Sie auf Ihrer Internet-Plattform platzieren. Wann immer jemand die Anzeige anklickt, kassieren Sie eine Gebühr vom Anzeigenkunden.

Ideales Vorbild sind hierbei die Gründer der Internet-Suchmaschine Google. Als Stichwort- und Informationssucher eroberten sie die virtuelle Welt des Internets. Ihre Ausrüstung: die Computertastatur. Ihre Kunden? Abonnenten, die Kleinanzeigen – englisch: advertisement, kurz: »ad« – auf ihrer virtuellen Informationssuchmaschine platzieren. Ihre Geschäftsidee: Als »ad-venturer« an möglichst viele Anzeigen zu kommen und mit jedem Klick auf diese Anzeigen von ihren Anzeigenkunden Geld zu kassieren – getreu dem neuen Tauschprinzip der virtuellen Welt: »Pay-Per-Click« (PPC).

Die Vision des Klicksuchers Google ist das »Streben nach dem Klick der größtmöglichen Zahl«. Die Strategie? Besucher, die nach Informationen suchen, mit dem Slogan »Bei uns klicken Sie richtig« zum alles entscheidenden Klick zu bewegen. Seine Lieferanten und Vertriebspartner? »Klicksritter«, die Hunderttausende von inhaltslosen Webseiten kreieren und dort Inserate der Suchmaschine hineinstellen. Wenn nun jemand auf die ausgelagerten Anzeigen von Google klickt, dann zahlt dieser an die Trittbrettfahrer eine Klicksprovision. Damit noch mehr Anzeigen angeklickt werden, beschäftigen die Klicksjäger – natürlich ohne Mitwissen von Google – in Indien Heerscharen von professionellen Klickern, die millionenfach Klickwünsche erfüllen. Um ihre Klicksraten zu potenzieren, setzen manche sogar Klicksautomaten ein. Dadurch soll die Quantität der Klicksfälle maximiert werden und kein Inserat klicklos bleiben. Raten Sie mal, wie viel die Klicksbringer Google inzwischen in die Kriegskasse gespült haben? 14,5 Milliarden US-Dollar. Da soll noch einmal jemand sagen, die New Economy sei als virtuelle Welt untauglich, realen Profit zu erwirtschaften. Nein: Hier wird nicht mit Zitronen gehandelt! Dieser Gewinn ist süß.

Die Klicksschmiede bietet noch andere Möglichkeiten, sich in der New Economy erfolgreich zu behaupten. Sie können sich nämlich Ihrer aufstrebenden Konkurrenten leicht dadurch entledigen, indem Sie deren Ads in der Suchmaschine solange anklicken, bis sie ihre Klicksgebühren nicht mehr bezahlen können und Konkurs anmelden müssen.

Ein Risiko möchten wir Ihnen nicht vorenthalten. Immer mehr Anzeigenkunden beschweren sich nun bei Google über den vermeintlichen »Click Fraud«. Es sei heute nur noch reine Glücksache, dass ein virtueller Klick auf ihr Inserat zu einem realen Auftrag führt. Die Kritiker der Suchmaschinen verlangen daher weniger die Quantität der Klicks als vielmehr deren Qualität zum Maßstab zu erheben. Die neue Klicksformel soll in Zukunft lauten: Pay-Per-Performance (PPP). Nur wenn der Klicksfall dem Inserenten einen echten Auftrag beschert, also echte Klickeure am Werk sind, soll Google die Anzeige honoriert werden. Die Klickseligkeit der gierigen Klicksspieler hätte damit ein Ende.

Wir glauben jedoch nicht, dass sich diese puritanische Idee zur Eindämmung der Klickssträhne durchsetzen wird. Denn damit wäre ja nicht nur das Glück des Informationsproviders bedroht, sondern auch das des Inder-Nets. Er wird sich die Zahl der profitablen Klicks nicht durch virtualitätsfremde und geizige Weltverbesserer vermiesen lassen. Denn wie Sie sehen, wird in der New Economy die reale Welt zum Sonderfall der virtuellen Welt (v)erklärt. Das Glück in der realen Welt hängt vom richtigen Klick in der virtuellen Welt ab. Je mehr Klicks hier, desto größer das unternehmerische Glück dort – und das will sich ja keiner vermiesen lassen.

26
›Just to confuse the Russians.‹

Haupteinsatzbereich: Kunden, Konkurrenten
Nebeneinsatzbereich: Mitarbeiter

Wirft man Ihnen vor, dass Sie, ein führender Unternehmensberater, mit kaum verständlichen Begriffen um sich werfen? Dann begründen Sie dies folgendermaßen: Sie hätten absolutes Neuland entdeckt und Ihre sprachlichen Schöpfungen würden nun dem zuvor Namenlosen Ausdruck verleihen. Zudem müssten Ihre Entdeckungen urheberrechtlich geschützt werden. Die etwas unverständlichen Begriffe dienten darüber hinaus dazu, ihre Konkurrenten irrezuführen, also »just to confuse the Russians«.

Mit diesem Satz wurde schon vor Jahrzehnten der Firma IBM vorgeworfen, dass ihre Produktnamen zufällige Zahlen – wie 6390 oder /36 et cetera – seien und jeglicher Logik entbehrten. Man erwarte doch wenigstens, dass aus der Bezeichnung eine Klasse von Geräten ableitbar sei, wie dies etwa bei Autoserien üblich ist. Bei IBM weigerte man sich jedoch konsequent, die Begriffsverwirrung durch verständlichere Produktbezeichnungen aufzuheben, mit dem Hinweis darauf, dass die Russen jenseits des eisernen Vorhangs daraus Schlüsse über neueste Produktentwicklungen hätten ziehen können.

Wir schließen uns diesem Argument noch aus vielen anderen Gründen voll und ganz an. Denn Sie als Consultant müssen Ihre Existenzberechtigung unter Beweis stellen – und das geht am besten mit einer nur Ihnen wirklich verständlichen Sprache. Dann kann Sie niemand mehr umgehen, muss Sie immer wieder für Erläuterungen und Interpretationen hinzuziehen. Die Mischung aus deutscher und englischer Sprache ist besonders geeignet, Ihren hohen Ausbildungsgrad zu dokumentieren, den Sie an einer amerikanischen Business School erworben haben. Lassen Sie in Ihrem Kunden-Newsletter solche Sätze zu einem Ihrer erfolgreich abgewickelten Beratungsaufträge fallen, wie sie neulich etwa in der *Frankfurter Allgemeinen Sonntagszeitung* zitiert wurden: »Es wurde eine Prozesskosten-

Lügen in der Chefetage. Mathias Schüz, Stephen Wirth und Aiko Bode

ISBN 978-3-527-50213-4

bewertung durchgeführt, und wir machen Kostenplausibilisierungen durch den Einsatz von Schattenkalkulationen. Der Projektfortschritt wird durch Quality Gates überwacht.« Ihre Mitarbeiter werden Sie dafür bewundern, und die Kunden spüren, dass Sie »Trendsetter« sind und einen neuen Zeitgeist zu verkaufen haben. Sie werden mit solchen Bemerkungen Ihr Interpretationsmonopol erhalten und zudem sicherstellen, dass kein Konkurrent Ihr Konzept einfach kopiert und anbietet. Denn nur Sie können erklären, was damit gemeint ist.

Machen es die Ärzte nicht genauso? Wenn sie sich in Gegenwart eines Patienten ihre griechisch-lateinischen Diagnosen zumurmeln, dann sinkt der Patient vor Ehrfurcht in die Kissen und hat das Gefühl, besonders behandlungsbedürftig, dabei aber zugleich bei Fachleuten bestens aufgehoben zu sein.

Schon die Professoren erziehen ihre Studenten dazu, ihre banalen Erkenntnisse sprachlich aufzuwerten. Was einfach klingt, kann nichts wert sein und verdient keine akademische Anerkennung. Wenn jeder die Wissenschaftler verstünde, dann könnte ja jeder mitreden und auch noch anfangen, selbstständig zu denken. Mit Recht hat deshalb die katholische Kirche eine Übersetzung der Bibel in die Volkssprache verhindert und auf diese Weise die Deutungshoheit ihrer Priester über Jahrhunderte geschützt. Wie viel Verwirrung und Orientierungslosigkeit, ja sogar jahrzehntelange Kriege, löste schließlich die Übersetzung der Bibel durch die Reformatoren aus, dass auch der Ungebildete es plötzlich wagte, bei Dingen mitzureden, die er von seinem Intellekt her gar nicht verstehen konnte. Daher sollte das Denken den wahrhaft Gebildeten – wie Ihnen selbst – überlassen bleiben. Sie haben ja schließlich lange genug studiert und verstehen sich am besten darauf, »to confuse the Russians«.

Sie haben wahrscheinlich längst gemerkt, dass die Russen in unserer Lüge austauschbar sind. Sie erfüllten während des kalten Krieges auf ideale Weise die Funktion des Sündenbocks, der für alles Böse dieser Welt seinen Kopf hinhalten musste. Sie repräsentierten die rote Gefahr aus dem Osten, vor der man sich zu schützen und abzugrenzen hatte. Sie waren nicht nur Konkurrenten in der militärischen Hochrüstung, sondern mit ihrer Planwirtschaft auch der personifizierte Widerpart der freien Marktwirtschaft. Ersetzen Sie in unserer Lüge den Begriff »Russians« mit »Terrorists«, »Islamists«, »Axis of Evil«, »Chinese«, »Greenpeace«, »environmentalists«, »customers«,

»competitors«, »collegues«, »shareholders«, »unions« und allen anderen, die Sie nicht an Ihren Errungenschaften teilhaben oder über die wahren Inhalte Ihrer Produkte und Dienstleistungen im Unklaren lassen wollen.

Besonders wichtig ist diese Verwirrungsstrategie, wenn Sie als Consultant eine neue Management-Methode verkaufen und sich damit als Trendsetter ein Denkmal setzen wollen. Wie viele Management-Modemacher ernteten für Ihre Initiativen Millionen, indem sie einfach alten Wein in neuen Schläuchen verkauften – oder besser ausgedrückt das Selbstverständliche semantisch aufpolierten. Aus »Betriebsklima« wird »Corporate Culture«, aus »Betriebliches Vorschlagswesen« »Kai Zen«, aus »Eigenverantwortlichkeit« wird »Corporate Governance«, aus der Abteilung »Öffentlichkeitsarbeit« wird »Public Relations« und so weiter.

Um Ihre Neuschöpfungen zu verkaufen, organisieren Sie Großveranstaltungen und werben Sie mit einschlägigen Publikationen dafür. Treten Sie dort auf wie ein Priester oder Schamane, der seinem Publikum eine Religion verkauft. Das zahlende Publikum sucht einen Heilsweg, der es von seinen fundamentalen Problemen befreit. Es sieht in Ihnen den Guru, der es in eine neue Welt geleitet. Führen Sie Ihre Initiation wie ein Ritual durch, das Sie gebetsmühlenartig wiederholen.

Proklamieren Sie zum Beispiel die »lernende Organisation« (»Learning Organization«), und fordern Sie anschließend zu »lebenslangem Lernen« vor allem in Ihren Seminaren auf. Das ist genial: Sie erfinden einen künstlichen Bedarf und machen sich zugleich zum Garanten, diesen Bedarf auch »lebenslang« erfüllen zu können. Rufen Sie nach dem »schlanken Unternehmen« (»Lean Corporation«) mit einem »Lean Management« und preisen Sie als Lösung zugleich Ihr »Business Process Re-engeneering«, also den Total-Umbau des Unternehmens an. Wer etwas »total« umbaut, benötigt Zeit, Know-how, einige flotte Assistentinnen, ein schickes Büro, ein großzügig bemessenes Spesenkonto, einen gepanzerten Geschäftswagen mit neuesten Kommunikationseinrichtungen und Dolby Surround Sound sowie ein erkleckliches Salär. Selbstverständlich können optimale Ergebnisse nur unter der Aufsicht von Ihnen, dem Entdecker höchst persönlich, erzielt werden. Dazu müssten Sie den Status quo des anvisierten Unternehmens durch »Scanning«, »Monitoring«,

»Eigenanalyse« oder »Gemeinwertkostenanalyse« auf Überfettung, unnötige Doppel- und Mehrfachstrukturen unter die Lupe nehmen.

Nun leiten Sie die eigentliche »Business Transformation« ein. Wenden Sie dabei das beliebte Vokabular aus der Kühltechnik an: Tauen Sie die alten Strukturen auf (»unfreeze«), indem Sie als »Agent des Wandels« (»Change Agent«) dann den »Change-Prozess« einleiten: erstens mit Hilfe von »Reframing« der Visionen und Ziele, zweitens von »Restructuring« der Prozesse und Infrastruktur, drittens von »Revitalization« der Märkte und Produkte« und schließlich viertens von »Renewing« der Mitarbeiter und Organisation. Letzteres optimieren Sie unter Verwendung von »Out-Sourcing« und »Out-Placement«, indem »Human Resources« respektive »Human Capital« frei gesetzt werden. Frieren (»freeze«) Sie den so erlangten Zustand und das, was vom ursprünglichen Unternehmen noch übrig geblieben ist, einfach wieder ein, und schon haben Sie den Ausgangspunkt für einen neuen Beratungsauftrag geschaffen.

Denn es wird nicht lange dauern und die sich immer schneller ändernden Rahmenbedingungen machen »Diversifikation« oder »Divisionalisierung«, »Dezentralisierung« bzw. »Fokussierung auf das Kerngeschäft« oder gar die Einführung einer »fraktalen Fabrik« oder »virtuellen Organisation« erforderlich.

Was auch immer Sie empfehlen, versprechen Sie Ihren Klienten einen hoch motivierenden »Quantensprung« bei den künftigen Umsätzen. Das hat zum einen den Vorteil, dass dies nach einem gewaltigen Sprung nach vorne klingt, schließlich haben ja Management-Modemacher vor Ihnen diese Assoziation lange genug in die Hirne ihrer Anhänger geknetet. Zum anderen wird Ihnen niemand einen Strick daraus drehen können. Denn beim Quantensprung handelt es sich ja um den kleinsten Sprung, den die Welt zu bieten hat: den Übergang eines atomaren Elektrons von einem Energieniveau auf ein anderes.

Trainieren Sie Ihre Schlagfertigkeit gegen potentielle Gegner. Sollte einmal auf Ihren Verkaufsveranstaltungen ein kritisches Schäflein sein, dann machen Sie es wie John Naisbitt, der über die »Megatrends von morgen« orakelte und später den Begriff des »globalen Paradoxes« prägte. Damit meinte er, dass mit Globalisierung der Wirtschaft die Macht der kleinsten Akteure wachse. Er verstand es ausgezeichnet, seine Welt gegen Kritik zu immunisieren. Einmal erwiderte er auf den Vorwurf, sein Vortrag sei ja wohl ein Placebo, schlagfertig:

»Alle Vorträge sind Placebos«, womit er die Lacher sofort auf seiner Seite hatte. Mit Verstärkung des Einwandes entwaffnete er geschickt seine Kritiker. So machte jemand unter Hinweis auf Statistiken seinen Optimismus hinsichtlich des wachsenden Wohlstands in der Bevölkerung madig: 80 Prozent der Bevölkerung in den letzten Jahren hätten doch nachweislich Einkommensverluste hinnehmen müssen. Daraufhin brach Naisbitt, wie Holger Rust in seinem *Anti-Trendbuch* berichtet, in lautes Gelächter aus und behauptete selbstsicher: »Sie irren, mein Lieber, es sind sogar 90 Prozent.« Das widerspreche aber keinesfalls dem von ihm vorausgesagten Trend einer allgemeinen Steigerung des Wohlstands.

Sie sehen, liebe Leser, mit neuen Begriffen erschaffen Sie sich Ihre eigene, exklusive und äußerst lukrative Welt, mit der Sie sich gegen bösartige Kritik immunisieren können und zu der Sie am besten nur zahlungskräftigen Kunden Einlass gewähren. Die Konkurrenten hingegen sind in der Tat »confused« und wundern sich, wie Sie so erfolgreich Millionen kassieren können.

27
›Der Inhalt ist wichtig, nicht die Verpackung.‹

Einsatzbereich: Kunden

Nehmen wir an, Sie sind Marketing-Verantwortlicher im Konsumgüterbereich. Also kein Luxus, kein Top-Marken-Vertrieb, sondern eher das tägliche Klein-Klein mit den Aldis, Lidls, Tengelmanns, Plus' oder Migros' dieser Welt. Ein harter Wettbewerb, hohe Umsätze, kleine Margen. Sie überlegen nun, wie Sie sich in diesem Umfeld nicht nur behaupten und mitschwimmen können. Nein: Sie möchten ihm Ihren Stempel aufdrücken. Wenigstens vorübergehend. Bis zum nächsten Karriereschritt – vielleicht in die Konzernzentrale? Wer weiß ...

Doch nun muss eine Strategie ran. Ihre Hausaufgaben haben Sie gemacht: Ziele sind definiert und die jeweiligen funktionalen und operativen Strategien aus diesen abgeleitet; das Budget wurde ermittelt; Sie haben Marktforschung betrieben; es wurden akribisch Positionierungsanalysen mit Eigenschaftsbeurteilung durchgeführt; die Produktverwendungszielgruppen mit allen soziodemografischen und psychographischen Merkmalen stehen fest; Polaritätenprofile und Wettbewerber-Abgrenzung wurden erstellt; Sie haben auch an den Lebenszyklus und Cash-flow-Verlauf in ihrem Marktanteils- und Marktwachstums-Portfolio gedacht sowie die Preisstrategie erstellt. Doch nun fehlt Ihnen noch die zündende Idee.

Wir schlagen Ihnen für diesen Fall unsere Janus-Lüge vor. Sie wissen schon: Janus, dieser doppelgesichtige römische Gott auf alten Münzen. Ein Symbol der Zwiespältigkeit. Zu ihm werden Sie nun beten. Und er erhört Sie, indem er über unsere hier vorgeschlagene Doppel-Lüge seine schützende Hand hält.

Sie stellen Ihre Werbung für die Produkte darauf ab, dass es doch heute auf den Inhalt ankommt. In dieser Welt des schönen Scheins, der trügerisch-verlockenden Reize, teuren Flakons mit billigem Duft, des überbordenden Markenfetischismus und der Blenderei allerorten. Nein, sagen Sie: Dieses Spiel spielen wir nicht länger mit. Wir

Lügen in der Chefetage. Mathias Schüz, Stephen Wirth und Aiko Bode

ISBN 978-3-527-50213-4

verkaufen wieder Inhalte. Zurück zum Einfachen, zurück zum Sinn der Sache. Wenn Sie genau hinhören, vernehmen Sie schon das Aufatmen der von Werbung geplagten Kunden. Wir – das ist Ihre Botschaft – verkaufen »Wahrheit«, »Echtheit« und »Einfachheit« – Produkte, die einzig ihren Zweck erfüllen.

Natürlich wissen Sie, dass sich die Kunden auch weiterhin von der Verpackung blenden lassen. Und hier setzt nun unsere Janus-Strategie ein!

Anders als verbal verkündet und beworben, verpacken auch Sie Ihre Produkte so auffällig wie es geht. Werthaltig müssen sie aussehen. Auf raffinierte Weise schlicht und geschmackvoll. Schlagen Sie die Kosten ruhig auf den Preis, wichtig nur: Achten Sie auf einen sichtbaren Abstand zur Konkurrenz. Am Produktpreis – also der Qualität – hingegen müssen Sie sparen. Irgendwoher muss der Gewinn ja kommen.

In den Köpfen Ihrer Kundschaft werden sich die beiden logisch widerstreitenden Botschaften verbinden. Janus wird von dem utopischen Kundenwillen überwunden, die Welt sei in ihrem Innersten doch heil und ehrlich – echte, werthaltige Produkte ohne Effekthascherei, aber so liebevoll verpackt, dass ihrem Wert auch Reverenz erwiesen wird. So wird ein Billigschokoladenriegel durch eine werthaltig anmutende Verpackung zur »längsten Praline der Welt« verklärt. Oder eine billige Plastikuhr wird zu einem Markenprodukt mit Kultstatus hochstilisiert. Dafür greift der Kunde schon mal tiefer in die Tasche. Qualitätssicherheit hat eben ihren Preis.

Die Risiken dieser Lüge sind überschaubar. Gelogen wird im Marketing ja sowieso. Unterm Strich sind Sie eben doch keine Ausnahme – man wird Ihnen rasch verzeihen und Sie im Gegenteil für ein gewieftes Schlitzohr halten, mit dem man prima Pferde stehlen kann. Die Proteste einiger grüner Fanatiker, die sich Ihrem Verpackungswahn entgegenstellen, werden auch ganz rasch verstummen. Oder haben Sie schon einmal gehört, dass diese sich etwa an den Fahrradständer eines Supermarkts gekettet hätten, um zu protestieren? Nein: Keine Bange – sie werden sich nicht in diese Niederungen versteigen.

Gegenanzeigen sind gleichfalls keine da. Janus ist halt ein doppelköpfiger Gesell. Reden Sie daher ruhig jedem Ihrer Kritiker nach dem Mund. Ganz, wie er es hören will. Sie haben es ja gleich gesagt: Es kommt doch auf den Inhalt an, und nicht auf die Verpackung.

28
›Diesen Artikel können Sie jederzeit nachbestellen!‹

Einsatzbereich: Kunden

Sie leiten vielleicht schon lange die Einkaufsabteilung eines großen Warenhauses, aber so richtig Spaß macht Ihnen der Job nicht mehr. In den letzten Jahren hat sich auch allzu viel zu Ihrem Nachteil verändert. Ein guter Teil Ihres Gehalts beruht auf einer Umsatz- und Gewinnbeteiligung. Doch sowohl beim Umsatz wie beim Gewinn ist heute Schmalhans Küchenmeister. Die Kunden sind zurückhaltend geworden. Anstatt sich in der Vorfreude auf das absehbar große Finale der Staatsverschuldung noch einmal etwas zu gönnen, füttern sie ängstlich den Sparstrumpf und üben sich in Konsumverzicht.

Verlängerte Garantiezeiten für Produkte und Gerätschaften machen Ihnen das Leben auch nicht leichter. Vorbei die Zeiten, in denen Sie noch fest mit der ab Werk eingebauten Sollbruchstelle von Maschinen rechnen konnten – natürlich erst kurz nach Ablauf der Garantiezeit von einem Jahr. Vorbei die Zeiten, als Sie Kunden noch mit Kulanzregelungen beglücken konnten, indem Sie mit dem Werk ein wenig schacherten. Vorbei die Zeiten, in denen Sie maßlos überteuerte Fummel als Designerkleidung unter das eitle Volk bringen konnten.

Statt voller Verkaufsräume bläht sich nun Ihr Lagerbestand unwürdig auf. Statt schöner Dinge müssen Sie den Kunden Nutzwert verkaufen. Mit mindestens zwei Jahren Garantie. Ja, wer bitte schön, hat eigentlich bei diesen Regelungen an Sie gedacht? Da sitzen Sie nun und haben die geistigen Höhenflüge von Verbraucherschutzministerien im schönsten Einklang mit dem Sturzflug des Volksvermögens auszubaden. Die Leute wollen immer mehr für immer weniger. Es wird Zeit, diesem volkswirtschaftlich schädlichen Treiben Einhalt zu gebieten. Hierzu besinnen Sie sich wieder auf die Macht der Illusionen.

Lügen in der Chefetage. Mathias Schüz, Stephen Wirth und Aiko Bode

ISBN 978-3-527-50213-4

Sie starten daher eine Verkaufsinitiative. Dabei muss es schön laut, bunt und ein wenig frech zugehen. Die Leute wollen unterhalten werden und dabei ein Schnäppchen machen. Dies machen Sie sich zunutze.

Sie kündigen in der Werbung zwei Aktionswochen an. Mit Band, Bratwurststand, einem Life-Wok-Koch sowie einigen unterhaltsamen Marktschreiern, die die neuesten Autopolituren oder Töpfe, Tiegel und Pfannen feilbieten. Dann rücken Sie Grabbeltische in die Mitte der Flure und bewaffnen sie mit unübersehbaren Schildern, auf welchen Kampfpreise und Hilferufe wie »Bitte nimm mich mit!« prangen. Diese Grabbeltische füllen Sie mit allem, was Ihr Lagerist nun schon Dutzende von Malen ohne Erfolg in die Regale und wieder ins Lager zurück geschleppt hat. Sie erzielen hiermit zwar keine Gewinne an den Produkten, räumen aber Ihre Bestände und sparen die Kosten für die teure Entsorgung. Wenn Sie auf diese Weise Ihr Lager weitgehend vom Billigmüll befreit haben, gehen Sie zu den qualitativ höherwertigen Waren über, deren Sinn und Zweck sich den Kunden von selbst noch nicht ganz erschlossen haben.

Hierzu gehört zum Beispiel teures Porzellan, dessen Dessin dem schnelllebigen Geschmack der Moderne tapfer trotzt und das daher unverdientermaßen ein Mauerblümchendasein in Ihrem Lagerbestand fristet. Für Sie als Profi ist es doch ein Leichtes, das im besten Sinne des Wortes »gutbetuchte« Publikum zwischen den Grabbeltischbuddlern zu erspähen. Sie erkennen es leicht an dessen indignierten Blicken, mit dem sie die gierig wühlenden Aldi-Seelen herablassend mustern. Sie, als Mann von Welt, werden doch solch edle Zeitgenossen nicht ohne persönliche Betreuung einsam ihrem Schicksal überlassen! Flugs zu ihnen hin und losgelegt:

»Verehrteste – ich sah gerade, wie Sie mit Kennerblick die Auslage unserer Porzellanabteilung gemustert haben. Sie werden verstehen, dass wir die besten Stücke bei diesem Gedränge nicht ausstellen können. Es wäre mir aber eine Ehre, Ihnen unsere Kollektionen von bedeutenden Porzellanmanufakturen sowie Unikaten bekannter bildender Künstler persönlich zeigen zu dürfen. In unserer Abteilung für besondere Kunden genießen Sie bei einem heißen Getränk eine ganz persönliche Beratung. Seien Sie versichert, dass alle Stücke, die wir ihnen offerieren, nicht nur eine Augenweide sind. Vielmehr wird auch ihr Sammlerwert in den nächsten Jahren erheblich steigen.

Schließlich handelt es sich um Kleinauflagen, die sich nicht jeder leisten kann.« Und um den entscheidenden Ruck zum Kauf auszulösen, präsentieren Sie dem Kunden unsere kleine Lüge: »Die Artikel können Sie jederzeit nachbestellen. Wir gewähren auf jedes Service eine zehnjährige Nachkaufgarantie.«

So eingewickelt in Ihre Schmeicheleien und Zusagen müsste es mit dem Teufel zugehen, wenn Sie Ihre Ladenhüter mit den Mustern von vorgestern nicht unter das gebauchpinselte und auf raschen Gewinn spekulierende Volk bringen.

Was aber nun, wenn einem reichen Tattergreis wirklich ein Teller aus Meißener Porzellan auf seinen unnachgiebigen Küchenfußboden fällt? Da spricht er bei Ihnen vor und möchte nachbestellen – und zwar einen Artikel, der sein Verfallsdatum noch erheblich weiter überschritten hat als sein neuer Besitzer.

In dieser Situation hilft Ihnen nur noch die Wahrheit: »Dieser Artikel wird leider nicht mehr hergestellt!« Ja, zeigen Sie sich entsetzt, dass das Werk die ganze Serie eingestellt hat. Die zugesicherte Nachlieferungsfrist sei bereits vor neuneinhalb Jahren abgelaufen. Sie könnten sich einfach nicht erklären, dass dem Kunden diese wichtige Information vorenthalten worden sei. Leider verbiete sich Ihnen auch die Rücknahme der ganzen Serie. Denn zum einen sei sie ja wegen des fehlenden Tellers nicht mehr komplett. Und zum anderen könnten Sie auf Aktionspreise leider kein Umtauschrecht gewähren. Darauf hätten doch die Plakate im Eingangsbereich deutlich hingewiesen. Welcher Kunde kann nach vielen Wochen noch das Gegenteil beweisen? Die ganze Sache jedenfalls sei Ihnen furchtbar peinlich und Sie würden sich auf jeden Fall mit dem Verkaufsleiter der Manufaktur in Verbindung setzen, um solche Zweifelsfälle künftig zu unterbinden. Auf diese Weise beschwichtigen Sie Ihren aufgebrachten Kunden, lenken seinen Unmut auf Dritte um und machen sich scheinbar zum Anwalt seiner Wünsche.

Danach rufen Sie den Verkaufsleiter der Manufaktur an und ordern die nächste Charge seiner Ladenhüter. Natürlich zu absoluten Sonderkonditionen, da sie ja praktisch unverkäuflich sind und gar nicht mehr hergestellt werden. Sie werden schon den einen oder anderen solventen Liebhaber unter Ihren Kunden ausfindig machen. Aktionswochen lassen sich in jeder Jahreszeit veranstalten. Schließlich muss Ihr Profit auch in ungünstigen Zeiten stimmen.

29
›Wir haben nur exklusive Kunden.‹

Haupteinsatzbereich: Kunden
Nebeneinsatzbereich: Shareholder, Medien

Möchten Sie einen Kundenstamm aufbauen, der sich vor allem aus exklusiven Kreisen rekrutiert? Dann setzen Sie auf die Macht der Einbildung und reden Sie diese Kreise mit dieser Lüge herbei. Sagen Sie jedem, der Ihnen über den Weg läuft, welche Prominenten bei Ihnen ein- und ausgehen, wer alles Ihre Dienstleistungen in Anspruch nimmt. Man wird Sie heimlich bewundern und sich wünschen, auch dazu zugehören.

Auch hier gibt es Vorbilder, von denen wir lernen können. Es gibt Edel-Consultants, die es glänzend verstehen, sich über Name-Dropping eine Aura des Exklusiven zuzulegen. Einer von ihnen lädt potentielle Kunden prinzipiell in sein Firmengebäude ein. In der Eingangshalle steht unübersehbar ein Schild mit einem Willkommensgruß nicht etwa für den Neuankömmling, sondern für einen Prominenten, wie zum Beispiel »Wir begrüßen Dr. Helmut Kohl« oder »Wir heißen Professor Biedenkopf willkommen«. Das beeindruckt so sehr, dass der Neukunde nichts anderes mehr im Sinn hat, als ebenfalls Eingang in diesen erlauchten Kreis zu finden.

Es gehört sodann zum Ritual, dass der Chef in Gegenwart seines Besuchers von seiner Sekretärin ans Telefon gerufen wird, weil gerade ein Ministerpräsident oder gar das Kanzleramt ihn sprechen wolle. Eine solch wichtige Anfrage dulde leider keine Aufschiebung – der Gast müsse daher entschuldigen. Eine wohl durchdachte Powerpoint-Präsentation mit Hinweis auf all diejenigen, die mit Rang und Namen bereits ihre Probleme im Hause des Chefs lösen ließen, rundet die Anbahnung ab. Der Gast wird so beeindruckt sein, dass er zum Schluss das Tageshonorar von 8000 Euro ohne mit der Wimper zu zucken akzeptieren und den Auftrag unterschreiben wird. Die Lösungen, die er dann im Laufe des Beratungsauftrags erhalten wird, dürfen dann nur in kleinsten Dosen herausgegeben werden. Sie müs-

Lügen in der Chefetage. Mathias Schüz, Stephen Wirth und Aiko Bode

ISBN 978-3-527-50213-4

sen das Resultat intensiver Befragung des Kunden sein, denn er muss sich ja schließlich in ihnen wiederfinden können.

Die Verkaufstaktik des Name-Dropping gibt es noch in anderen Variationen. Auch der einfache Verkäufer von Feuerlöschern kann sie erfolgreich anwenden. Als vor Jahrzehnten in Bayern ein Gesetz erlassen wurde, dass jeder Bauernhof einen Feuerlöscher nachzuweisen habe, machte dies auf die Bauern wenig Eindruck. Der Verkäufer einer bestimmten Feuerlöschermarke versuchte vergeblich, die Bauern zum Kauf zu überreden. Erst mit folgender Taktik hatte er durchschlagenden Erfolg: Er ging zum Bürgermeister und machte ihn auf das neue Gesetz aufmerksam. Und zwar nicht ohne darauf hinzuweisen, welch schlechten Eindruck es mache, wenn ein Amtsträger sich nicht an seine eigenen Gesetze hält. Er wolle ihm daher gerne einen Feuerlöscher probeweise kostenlos zur Verfügung stellen. Er müsse nur den Empfang auf dem Lieferschein bestätigen. Gerne nahm der Bürgermeister das Angebot an und unterschrieb. Jetzt war es für den Verkäufer kein Problem mehr, jedem Gehöft einen Feuerlöscher anzudrehen. Wenn der Bürgermeister schon mitmachte, dann wollten auch die anderen nicht mehr nachstehen.

Auf ein Risiko bei solchen Aktivitäten müssen wir Sie allerdings aufmerksam machen. Es könnte sein, dass der potentielle Kunde, den Sie mit dem Hinweis auf Ihre exklusiven Bekanntschaften beeindrucken wollen, diese besser kennt als Sie selbst. Dann kann es schon mal passieren, dass er noch in Ihrer Gegenwart bei der Berühmtheit anruft und dieser stolz mitteilt: »Rat mal, bei wem ich gerade bin? ... Ich bin gerade mit X zusammen.«, daraufhin aber nur die lapidare Antwort erhält: »Den kenne ich nicht. Wer soll das denn sein?« Sollte dies passieren, dann müssen Sie schleunigst zum Rückzug blasen und sich eine gute Ausrede einfallen lassen. Wie wärs mit: »Natürlich kennt der mich, der kann sich wegen seiner vielen Bekannten gerade mal nicht erinnern – Exklusivität hat eben auch ihren Preis.«

30
›Wir trauern um unseren verstorbenen Mitarbeiter.‹

Haupteinsatzbereich: Kunden
Nebeneinsatzbereich: Familienangehörige von Mitarbeitern

Einer der Leistungsträger Ihres Beratungsunternehmens ist plötzlich am Burnout-Syndrom verstorben. Er war Ihr Topberater und hatte einen großen Kundenstamm – auch durch familiäre Kontakte und frühere Positionen in großen Unternehmen. Nun haben Sie durch sein Hinwegscheiden auch noch das Risiko, seine Kundenkontakte zu verlieren. Was können Sie tun, um diese für sich zu retten? Wir empfehlen die Vorwärtsstrategie, mit der Sie Ihre tiefe Verbundenheit mit dem Verstorbenen in Form von Traueranzeigen kundtun und auch bei der Beerdigung Flagge zeigen.

Machen Sie es wie folgender Beratungsunternehmer. Als einer seiner Senior Consultants plötzlich durch einen Herzinfarkt das Zeitliche gesegnet hatte, verlor er nicht nur einen guten Mitarbeiter, sondern es drohte damit sogar ein exzellenter Auftrag flöten zu gehen. Denn der Mitarbeiter hatte noch kurz vor seinem Tod über einen Verwandten, den Topmanager eines multinationalen Chemiewerks, einen großen Beratungsauftrag an Land gezogen. Kein anderer als der Verstorbene hatte jedoch Kontakt zu diesem potentiellen Kunden.

Wie konnte der Beratungsunternehmer nun den Auftrag noch retten? Da kam ihm eine Idee. In großen Traueranzeigen dokumentierte er gegenüber den Familienangehörigen seine »tief empfundene Anteilnahme«, »die Erschütterung über den plötzlichen Tod, die das gesamte Unternehmen erfasste«, »nicht nur den Verlust eines großartigen und unersetzlichen Mitarbeiters, sondern auch eines vorbildlichen Vorgesetzten und Kollegen«, geschmückt mit einem Bibelzitat und versprach: »Wir werden dich bis zur letzten Ruhestätte begleiten.« Gesagt, getan. Alle Mitarbeiter nahmen an der Beerdigung teil, der Chef verdrückte sogar ein paar Krokodilstränen.

Im Anschluss lud er die Familienangehörigen in sein Firmengebäude ein, wo schon alles vorbereitet war. Ein schön gerahmtes Bild

Lügen in der Chefetage. Mathias Schüz, Stephen Wirth und Aiko Bode

ISBN 978-3-527-50213-4

des Verstorbenen mit Trauerflor umrankt, eine brennende Kerze davor und ein großer Strauß weißer Lilien standen direkt in der Eingangshalle. Niemand konnte es übersehen. Es wurden Wein und Snacks kredenzt, und der Eigentümer konnte tatsächlich den Kontakt mit dem neuen Kunden aufnehmen und ihm großherzig die weitere Betreuung in seiner Angelegenheit andienen. Dankbar wurde das Angebot aufgenommen und die Geschäftsbeziehung über einen anderen Mitarbeiter vertieft.

Diese Strategie dürfte allerdings nur greifen, wenn der Verstorbene sich nicht noch zu Lebzeiten über die angeblich schwierigen Arbeitsbedingungen und den großen Leistungsdruck in Ihrem Hause bei seinen Angehörigen beschwert hat. Dann könnte es nämlich passieren, dass das Angebot eines Leichenschmauses in Ihrer Firma im Anschluss an die Beerdigung auf wenig Gegenliebe stößt. In diesem Fall müssten Sie damit rechnen, dass nur die für Sie unwichtigen Personen daran teilnehmen, um sich auf Ihre Kosten noch einmal so richtig den Wanst voll zu schlagen.

Wir sind der Meinung, dass dieses Risiko angesichts des zu erwartenden Nutzens tolerierbar ist. Die Chancen auf einen erfolgreichen Abschluss erhöhen sich, wenn Sie – natürlich völlig spontan – am Grab eine Trauerrede halten, die Ihre innere Bewegung ergreifend zum Ausdruck bringt. Bereiten Sie diese Rede gut vor und lassen Sie Worte wie diese einfließen:

> »Liebe Angehörige und Freunde unseres Verstorbenen. Im Namen meiner Mitarbeiter möchte ich Ihnen (*so wie es sich gehört*) mein tief empfundenes Beileid (*Selbstmitleid*) aussprechen. Wir alle sind erschüttert vom plötzlichen (*uns allerdings nicht weiter überraschenden*) Hinwegscheiden unseres besten Mitarbeiters S. und zutiefst getroffen, nicht nur einen stets freundlichen und hilfsbereiten Kollegen (*einen, der uns immer zur Verfügung stand*), sondern auch (*nützlichen*) Freund verloren zu haben. Er (*seine Arbeitskraft*) wird uns sehr fehlen. Was hat ihn besonders ausgezeichnet? Pflichtgefühl? Das ist ein armseliger Maßstab. In den 20 Jahren seiner Tätigkeit in unserem Hause hat er immer mehr als nur seine Pflicht getan (*und war so eine großartige Human-Ressource und ein immer gewinnbringender Leistungsträger*). Die 70 bis 80 Stunden-Woche war für ihn die Regel, und auch manche Wochenenden waren für ihn kein Tabu. (*Als der*

> *Beste in unserem Hause war er stets ein Feind aller Guten.*) Heute sagen wir dir, lieber S.: Wir haben dich sehr gern gehabt; wir haben dich (*für deine Leistungen*) sehr bewundert. Wir vermissen dich (*und deine Arbeitskraft*) sehr. Wir werden dich (*und deine vielfältigen Kontakte bis in die höchsten Kreise der Wirtschaft hinein*) in bester Erinnerung behalten. Wir versichern dir, dass wir deine Angehörigen und Freunde nicht im Stich lassen werden, ja sie wertschätzen (*ihren künftigen Wert für uns abschätzen*). Sie können sich unserer Fürsorge sicher sein (*solange wir von ihnen profitieren*). Wir stehen nach wie vor voll und ganz hinter dir (*und wissen deine zahlreichen Kontakte zu nutzen*). Wir verlieren dich nur ungern, sind aber überzeugt, dass dein Geist nach wie vor unter uns weilen wird ...«

Nutzen Sie die Stimmung der Anwesenden, die nun besonders empfänglich für trostreiche Hilfsangebote Ihrerseits sind. Welch eine Erleichterung, wenn sie aus Ihrem Munde hören, dass der Verstorbene noch unter den Lebenden weilt und im Geiste all Ihrer Mitarbeiter weiterlebt. Wie viel Trost enthält dann Ihre Verheißung, dass der Hingeschiedene auf diese Weise nach wie vor seine Dienstleistungen anbieten kann und mit seiner Kreativität allen zur Verfügung steht. Wie in unserem Beispiel dürfte Ihnen der verloren geglaubte Auftrag dann doch noch erteilt werden.

31
›Wer den Heller nicht ehrt ...‹

Einsatzbereich: Lieferanten, Kunden

Manches volkstümliche Sprichwort eignet sich wirklich hervorragend, das eigene Streben nach Überleben in einem hart umkämpften Markt mit den Bedürfnissen anderer in Einklang zu bringen. Das mit dieser Lüge verwandelte Sprichwort ist dabei ein besonders empfehlenswertes Beispiel. Die bloße Erwähnung des »Ehrens« im Zusammenhang mit einem sehr geringen Geldwert, dem »Heller«, findet sofort den Beifall aller Sparstrümpfe, Biedermänner und Bedürfnislosen der Republik. Wo der Beifall wächst, schrumpft zugleich die Vorsicht. Mit steigendem Vertrauen wird auch die rationale Überprüfung seltener. Mithin steigen die Chancen dessen, der in diesem Wind zu segeln versteht.

Für Sie, den alten Verehrer von Volksweisheiten – wenigstens in der Ihnen zuträglichen Neufassung – ist dies eine sehr empfehlenswerte Taktik. Sie liegt vor allem dann nahe, wenn Ihr Geschäftsmodell Skaleneffekte durch große Mengen bei kleinen Preisen vorsieht, wie dies beispielsweise bei Discountern wie Aldi oder Lidl der Fall ist. Die Inhaber beider Ketten drängen sich ja nicht gerade als Sozialhilfeempfänger auf, aber sehr wohl als Garanten des sozialen Friedens. Stellen Sie sich unser Land ohne die Billigketten vor. Wie könnte da ein Hartz-IV-Empfänger – und nicht nur er – überhaupt noch überleben? Wir hätten schon längst einen Generalstreik oder gar eine Revolution auf unseren Straßen, wenn nicht die Mehrheit im Lande ihr täglich Brot und Küchenkrepp auf Cent-Niveau einkaufen könnte.

Den Kunden sind die maßvollen Löhne der Angestellten bei den niedrigen Preisen und der im Durchschnitt recht guten Qualität egal, schließlich verdienen die meisten von ihnen ja noch weniger. Und die Tatsache, dass Dritte die Zeche für dieses Angebot zahlen müssen, schert sie auch nicht: nämlich die Produzenten, die der Einkaufsmacht der Ketten vor allem in der verderblichen Lebensmittelindus-

Lügen in der Chefetage. Mathias Schüz, Stephen Wirth und Aiko Bode

ISBN 978-3-527-50213-4

trie weitgehend hilflos ausgeliefert sind. Wenn alle im gleichen Boot den Gürtel enger schnallen, dann profitieren schließlich alle davon. Doch sie können sich immerhin darüber freuen, dass sie sich in Nord- wie in Süddeutschland mit den Gebrüdern Albrecht jeweils einen Multimilliardär als Garanten für niedrige Preise halten können.

Es ist psychologisch übrigens interessant, dass Preiserhöhungen unter zehn Cent in vielen Branchen gar nicht richtig wahr- und somit auch nicht ernst genommen werden. Ihre Wut über solche Zuwächse scheinen die Verbraucher einzig und allein den Mineralölfirmen angedeihen zu lassen. Was diese aber wenig kümmert.

Wer aber weiß schon wirklich, was Mülltüten, Toilettensteine, Scheuermittel oder Putzlappen im Durchschnitt kosten? Sie vielleicht? Aha: Merken Sie etwas? Genau diesen Mechanismus machen sich die großen Discounter zu Nutze. Daran können Sie sich ein Beispiel nehmen. Mit einem im Verhältnis zum Gesamtportfolio recht überschaubaren Sonderangebot von Aktionsartikeln an Aktionstagen oder in Aktionswochen verzichten sie bei besagten Artikeln auf höhere Einnahmen. Die Kosten dafür legen sie aber auf das übrige Sortiment um. Im Windschatten der Sonderartikel verdient dann der Toilettenstein, der mal rasch um 10 Prozent teurer wurde, das Geld. Was aber niemand merkt, denn wer beschäftigt sich schon gerne mit Toilettensteinen.

Den Toilettensteinproduzenten hingegen sagen die Einkäufer der Discounter, ihr Artikel sei nicht besonders gefragt und sie müssten daher noch billiger anbieten, um die vereinbarte Mindestabnahmemenge weiterhin garantieren zu können. So führen die Skaleneffekte auf Kunden- wie auf Einkaufseite zu steigenden Gewinnen. Wie soll man auch sonst aus dem Nichts zum Milliardär werden?

Ein schönes Beispiel, mit dem Heller zu wuchern und dafür Dagobert-Duck-würdige Talermengen zu scheffeln, zelebrieren derzeit auch die vier größten Stromlieferanten in Deutschland. Konjunkturgeschüttelt und ein Jahr nach dem Wegfall der Preisaufsicht nahe am Rande des Ruins, kündigten sie unisono Strompreiserhöhungen an – natürlich nur maßvolle Erhöhungen von wenigen Cent pro Kilowattstunde. Schuld seien die Verwerfungen auf den Weltmärkten, die Politik und überhaupt …

Nur ein paar widerspenstige Verbraucherschützer zeigen Unverständnis für die Notlage der Stromer. Sie behaupten, dass 75 Prozent der Energiemenge aus Atomkraft und Kohle gewonnen würden – mithin Quellen, deren Nutzung sich kaum verteuert habe. Zudem würde Energie von den Konzernen künstlich knapp gehalten, indem die Leistung der Kraftwerke drastisch heruntergefahren würde, um die Strommenge zu begrenzen. Als Folge der künstlichen Begrenzung steige der Preis.

Den Konzernen E.ON, RWE, Vattenfall und EnBW werden sogar so üble Machenschaften wie die Bildung eines Oligopols vorgeworfen, das Wettbewerb nur heuchele, dem Markt aber seine Bedingungen diktiere.

Gemeinsam erzeugen die Konzerne rund 80 Prozent der Energie und ihnen gehören 96 Prozent der Grundlastkraftwerke, die den besten Profit abwerfen. Der Großhandelspreis für eine Kilowattstunde Strom stieg dabei von rund drei Cent im Jahr 2005 auf knapp sechs Cent im Folgejahr 2006. Die Energieriesen folgten dabei der Devise: Kleinvieh macht auch Mist, denn so richtig viel Geld sind drei Cent psychologisch ja nun wirklich nicht.

Zum Erfolg trug außerdem bei, dass die pfiffigen Konzerne ihre Preise auch flugs um den Wert der Umweltzertifikate zum Ausstoß von CO_2 anhoben. Der Clou daran: Die Zertifikate waren ihnen von der Politik geschenkt worden. Gegen diese Praktik haben die Verbraucherschützer vergeblich Klagen eingereicht. Geschenkt ist schließlich geschenkt! Und wenn es sich bei diesen Kleingeschäften in Höhe von ein paar lumpigen Milliarden Euro schon um Versagen handelt, dann nicht um Marktversagen, sondern um ein Versagen der Politik. Und da Politiker in der Prügelordnung der Bevölkerung sowieso an erster Stelle stehen, können sich die vier Energieriesen getrost ins Fäustchen lachen. Sie machen ihre Aktionäre glücklicher – die anderen bekommen die Haue dafür. Alles richtig gemacht!

Zieht man die realen Preissteigerungen durch höhere Steuern sowie durch den CO_2-Handel einmal ab, so verblieben den Konzernen aber gerade einmal 1,2 Prozent der Preissteigerung als Gewinn. Bei so knappen Margen muss man sehen, wo man bleibt, wenn man weiterhin schwarze Zahlen schreiben möchte. Nicht zu vergessen die Rückstellungen für schwere Zeiten in der Zukunft. Die werden nämlich auf jeden Fall kommen, schließlich müssen ja in einigen Jahren die maroden Kraftwerke für teures Geld entsorgt werden. Daher stachen aufmerksamen Controllern der glorreichen Vier die Ministromanbieter ins Auge. Ein wenig höhere Durchleitungskosten für kleinere Energieanbieter, die aber auf die Stromnetze der großen angewiesen waren, bereinigten rasch den Wettbewerb.

So, liebe Leser, macht man das! Blasen wir also frisch ins Horn der Erfolgreichen. Freuen wir uns mit ihnen, dass unnütze Trittbrettfahrer ausgeschaltet werden konnten. Hierdurch wurde den Verbrauchern auch der Marktdurchblick wieder erheblich vereinfacht. Denn die Zahl der Gesamtanbieter reduzierte sich wieder auf ein überschaubares Maß.

Dass es sich letztendlich lohnt, den »Heller« zu ehren, belegt ein Blick in die Geschäftsberichte der Energieriesen. Bienenfleißig, wie sie nun einmal sind, haben sie mit nur drei Cent Aufpreis pro Kilowattstündchen ihren Gewinn gegenüber dem Vorjahr um ganze 39 Prozent steigern und nette Milliardengewinne in ihren Stock einfahren können. Sie belegen damit eindrücklich, dass alte Volksweisheiten auch heute noch gültig sind. Und da wir mit einem Sprichwort angefangen haben, wollen wir am Ende auch mit einem aufhören: »Bescheidenheit ist eine Zier – doch weiter kommt man ohne ihr ...«

32
›Der günstigste Anbieter erhält den Zuschlag.‹

Haupteinsatzbereich: Lieferanten
Nebeneinsatzbereich: Konkurrenten

Möchten Sie Ihre Zulieferer zu noch günstigeren Konditionen bewegen, damit Sie auch in Zukunft konkurrenzfähig bleiben? Dann empfehlen wir Ihnen den Einsatz dieser Lüge.

Das Verhältnis von Produzenten zu ihren Lieferanten war nicht immer partnerschaftlich. Die Lieferanten haben die Preise diktiert, und die Produzenten mussten akzeptieren, was ihnen angeboten wurde. Die Folge waren hohe Preise und Inflation, die der kleine Mann auf der Straße einfach hinzunehmen hatte.

Einer der Pioniere, die diesem bösen Spiel ein Ende bereitet haben, war, wie Sie sich vielleicht noch erinnern werden, Anfang der neunziger Jahre des vergangenen Jahrhunderts der damalige Einkaufsleiter von Opel, José Ignazio López. Seines Zeichens ein Haudegen baskischer Herkunft, löste er den berühmten Lopez-Effekt aus. Er sah nämlich die Partnerschaft zu den Lieferanten gefährdet, weil diese immer mehr für immer weniger forderten und Opel mithin immer weniger konkurrenzfähig wurde.

López, ein Mann des Glaubens und Mitglied des mächtigen katholischen Ordens Opus Dei, wollte das Gleichgewicht wieder herstellen. Nun gab er den Lieferanten die Preise vor, indem er die Angebote der verschiedenen Lieferanten gegenseitig ausspielte. Er erwirkte mit seiner Marktmacht Sonderkonditionen und zusätzliche Dienstleistungen, etwa bei der Forschung und Entwicklung, und passte die längerfristigen Verträge an die geänderten Marktverhältnisse an.

Zu Unrecht wurde Lopez später als Totengräber der mittelständischen Zuliefererindustrie bezichtigt, hatte er doch nur in weiser Voraussicht die Chancen der Globalisierung ergriffen. Der Vorwurf, dass die Zulieferer nur dadurch überleben konnten, indem sie an der Qualität ihrer Produkte sparten, ist an die falsche Adresse gerichtet. Hätten sie nämlich ihre Verfettung durch rechtzeitige Auslagerung ihrer

Lügen in der Chefetage. Mathias Schüz, Stephen Wirth und Aiko Bode

ISBN 978-3-527-50213-4

Produktion etwa nach China abgebaut, dann wären ihnen die Preisdiktate des Herrn Lopez noch human vorgekommen. Dass es durch den Lopez-Effekt eine Bereinigung der Zuliefererindustrie gegeben hat, lässt sich nicht leugnen.

Als Einkäufer haben Sie es deshalb nun mit einem Oligopol der Zulieferer zu tun. Sehen Sie sich dadurch einem unnötigen Kostendruck ausgesetzt? Machen Sie sich deswegen keine Sorgen. Die wenigen Global Player, mit denen Sie noch zu tun haben, vereinfachen es Ihnen, Ihre Vorstellungen durchzusetzen. Sie müssen nur neue Methoden anwenden. Lernen Sie beispielsweise von General Motors (GM). Deren Einkäufer wissen, wie man Lieferanten zu einem partnerschaftlichen Verhalten bewegt. Stellen Sie nach ihrem Vorbild eine Checkliste zur Behandlung von Lieferanten zusammen, die etwa folgende Schritte umfasst:

1. Sie laden die Vertriebschefs Ihrer Lieferanten in ein fernes Land ein, sagen wir Südkorea, in eine Niederlassung von Daewoo. Das hat den Vorteil, dass die Lieferanten, vom Jetlag gebeutelt, todmüde an der Verhandlung teilnehmen müssen.
2. Führen Sie das Meeting prinzipiell in ungemütlichen fensterlosen Kelleräumen durch. Dieser Atmosphäre möchte der Lieferant so schnell wie möglich entfliehen.
3. Stellen Sie in diesem Raum die Klimaanlage aus, damit der Lieferant tüchtig ins Schwitzen kommt. Schwitzen ist gesund – wenigstens für Sie.
4. Eröffnen Sie die erste Verhandlungsrunde mit der Bemerkung, dass der Lieferant offenbar an dem Deal nicht besonders interessiert sei. Denn er hätte ja das erste Meeting am Vortag nicht besucht. Das mag zwar eine handfeste Lüge sein. Den Lieferanten wird es jedoch zutiefst irritieren, dass er offenbar einen wichtigen Termin verpasst hat.
5. Teilen Sie ihm mit, dass Sie eigentlich mit dem Lieferanten gar nicht mehr verhandeln sollten. Denn seine vorab eingereichten Business-Pläne seien völlig inakzeptabel, weil sie nicht die Anforderungen von GM erfüllten und somit eine »Wettbewerbslücke« darstellten.
6. Fordern Sie in dieser Situation einen generellen Abschlag der vorgelegten Business-Pläne des Lieferanten – sagen wir mal von 5–10

Prozent pauschal. Ohne diesen Abschlag könne überhaupt nicht weiter verhandelt werden, weil die Konkurrenz sowieso schon billiger sei. Oder schöner ausgedrückt: »Ihr Wettbewerb bietet uns mehr!«

7. Servieren Sie prinzipiell weder Essen noch Getränke. Die Lieferanten wollen ja schließlich etwas von Ihnen und nicht umgekehrt. Bedenken Sie, dass Hunger und Durst rasch mürbe machen. Sie selbst können sich ja einmal zu einem längeren Telefonat mit der Konzernzentrale entschuldigen und sich währenddessen kurz stärken.
8. Stellen Sie am nächsten Tag die Klimaanlage auf die kälteste Stufe ein und entschuldigen Sie dies mit der Unberechenbarkeit der Anlage. Der Lieferant wird nun nach der Schwitzkur einen Kälteschock erleiden. Witterungsextreme fördern die Anpassungsfähigkeit – wiederum gut für Sie. Er wird Ihr Angebot kaum abschlagen, mit dem von Ihnen festgesetzten Paket-Tagespreis die Verhandlungen zur beiderseitigen Zufriedenheit beenden zu können.
9. Bevor es am dritten Tag zu einem Vertragsabschluss kommt, revidieren Sie Ihr Angebot vom Vortag – mit der Begründung, dass inzwischen die Konkurrenz zu noch günstigeren Konditionen liefern könne. In einer schnelllebigen globalisierten Welt passiere so etwas immer wieder. Verwenden Sie die Erläuterung: »The environment has changed.«
10. Halten Sie Ihrem Lieferanten während der gesamten Verhandlungen immer wieder seine Schwächen etwa bei der Qualität der gelieferten Güter vor. Reden Sie seine Stärken klein, Konkurrenten wären ihm sowieso in dieser Beziehung um Meilen voraus. Schüchtern Sie Ihren Bittsteller mit der Bemerkung ein, dass die Geschäftsbeziehung zu ihm durch die mangelhafte Qualität seiner Produkte »gravierend belastet« sei. Sie hätten es mit dem »schlechtesten Lieferanten seiner Kategorie« zu tun. Solche Bemerkungen mindern das Selbstbewusstsein Ihrer Besucher erheblich.
11. Damit Sie auf diese Weise die Schwächen der Lieferanten verstärken und ihre Stärken abschwächen können, benötigen Sie eine hervorragende Datenbank, die alle Ausfälle der gelieferten Waren weltweit registriert. Halten Sie Ihrem Lieferanten jede Reklama-

tion vor. Machen Sie ihn so mürbe, dass er am Ende seinen eigenen Produkten nicht mehr traut. Konfrontieren Sie ihn im Laufe der Verhandlungen gemäß Salamitaktik scheibchenweise mit immer neuen Beschwerden und schrauben Sie Ihre Forderungen entsprechend hoch.

12. Spätestens in der fünften Verhandlungsrunde, also nach einer Woche – mehr sollten Sie an Zeit nicht aufwenden – ist der Lieferant soweit, dass er alle Bedingungen Ihrerseits akzeptiert, nur um möglichst schnell und einigermaßen gesund wieder nach Hause zu kommen.
13. Sollten die Margen nun wirklich ausgereizt sein, so können Ihre Forderungen auch logistischer Art sein. Berufen Sie sich auf neueste Erkenntnisse des Supply Chain Management, denen zufolge die Lieferanten Ihr Lagerproblem übernehmen. Der Lieferant hat auf Abruf die Ware am besten direkt vor dem Fabriktor Ihrer Produktionsstätten abzuliefern, wobei die Bestellungen der benötigten Waren innerhalb einer Stunde ausgeführt werden müssen. Wie er das anstellt, ist seine Sache. Sie selbst haben dann auch nicht mehr das Risiko, dass beim Transport Ware zu Schaden kommt oder dass Sie unnötig viele Produkte auf Lager nehmen. Denn darum muss sich nun der Lieferant kümmern. Das ganze nennt man dann »just in time production«.
14. Einen letzten Einwand könnte er noch machen: Er sei ja bereits mit dem pauschalen Abschlag auf den vorgelegten Business-Plan dem Einkäufer um Millionen von Dollar entgegen gekommen und habe jetzt zusätzlich noch auf jedes Einzelprodukt weitere Rabatte gewährt. Dies könne womöglich der Ruin seines Unternehmens bedeuten. Solche Versuche des Lieferanten, bei Ihnen Mitleid zu erregen, müssen Sie schon im Interesse des großen Ganzen geflissentlich ignorieren. Als Einkäufer müssen Sie stets das Ziel vor Augen haben, Ihre Lieferanten an den Rand des Ruins drängen zu wollen. Aber nur an den Rand! Die übrigen Lieferanten dürfen nicht zu stark werden und aus dem Oligopol darf niemals ein Monopol entstehen, sonst können Sie niemanden mehr gegen die anderen ausspielen und geraten selbst in Abhängigkeit.

Mit solchen Methoden erzielen Sie immer einen marktgerechten Preis, ohne gleich Ihre Lieferanten auf unbotmäßige Weise vergrätzen zu müssen. Sie können nämlich durchaus noch ein partnerschaftliches Verhältnis zu ihnen aufbauen, wenn Sie die Empfehlungen der folgenden Lüge beherzigen. Halten Sie aber in jedem Falle an Ihrer Maxime fest: Sie bestimmen, wo es lang geht.

33
›Unsere Lieferanten sind Partner.‹

Einsatzbereich: Lieferanten, Konkurrenten, Kunden

Gemäß einer etablierten Definition handelt die Betriebswirtschaft vom Erwerb unsicheren Einkommens. Sie empfiehlt daher den Akteuren eines Unternehmens, alle ihre Energien zur Sicherstellung dieses Einkommens zu mobilisieren. Als verantwortungsbewusster Manager werden Sie sich also fragen: Wie kann ich Einkommen im doppelten Sinne des Wortes »erhalten« – also: erlangen und bewahren? Suchen Sie auf dieses Problem eine effiziente Lösung. Dann ist Ihr Auskommen gesichert. Die Betriebswirtschaftslehre gibt folgende Empfehlung ab:

Sie erhalten ein gutes Einkommen,
indem Sie an die knappen Vorkommen
von Ressourcen günstig herankommen,
Konkurrenten immer zuvorkommen,
mit allen Stakeholdern gut auskommen,
Kundenwünschen ideenreich beikommen,
wenn Lieferanten für die Kosten aufkommen.

Vor allem mit dem letzten Punkt dieses Credos werden Sie erfolgreich auf Ihre Kosten kommen. Schließlich sind die Lieferanten dafür verantwortlich, wie teuer Sie die Ressourcen zu stehen kommen. Dazu müssen Sie gemäß voriger Lüge den kostengünstigsten Lieferanten auswählen. Das reicht aber nicht aus. Denn Sie sollten nur dem Lieferanten den Zuschlag geben, der auch das für Sie persönlich günstigste Angebot abgibt. Das erhalten Sie, wenn Sie eine langfristige partnerschaftliche Beziehung zu ihm aufbauen. Dann wird er Ihnen alle Wünsche von den Augen ablesen.

Suchen Sie Abwechslung vom stressreichen Alltag? Er lädt Sie sicherlich zu einem Segeltörn in die Karibik ein. Sie benötigen eine

Lügen in der Chefetage. Mathias Schüz, Stephen Wirth und Aiko Bode

ISBN 978-3-527-50213-4

neue Küche? Fragen Sie Ihren Lieferanten, ob er dazu nicht einen Beitrag leisten möchte. Ihr Auto entspricht nicht mehr dem neuesten Stand der Technik? Ihr Lieferant wird ein neues liefern. Ist Ihnen das Geld für Ihr neues Eigenheim ausgegangen? Ihr Lieferant hat sicherlich hervorragende Kontakte zu Baufirmen, die Ihnen die Fertigstellung auf Kredit besorgen. Die Tilgung und die Zinszahlungen können Sie mit Ihrer nächsten Dienstleistung an den Lieferanten verrechnen.

Halten Sie das Ganze für einen utopischen Wunschtraum? Nein, wir können Ihnen versichern, dass dieses Ressource-Management sich überall erfolgreich durchgesetzt hat und für das nachhaltige Auskommen zahlloser Arbeitnehmer speziell in den Einkaufsabteilungen sorgt.

Wie viele Arbeitsplätze verdanken ihre Existenz der erhöhten Kaufkraft der Einkaufsmanager? Wie viele Häuser wären nicht gebaut worden, ohne die Unterstützung der Lieferanten? Wie viele Luxusartikel wären nicht verkauft worden, ohne die zahlreichen Zuwendungen an die einsamen Gattinnen der häufig abwesenden Einkäufer? Wie viele Traumreisen wären nicht gebucht worden, ohne die Dankbarkeit der Zulieferer? Wie viele Banken in Liechtenstein, Luxemburg und auf den Kanalinseln wären ohne die Zuschläge an die »günstigsten« Anbieter überlebensfähig? Kurz: So läuft die Wirtschaft wie geschmiert – ohne »Bimbes« gibt es Reibungsverluste und Konsumverweigerung.

Seien Sie sich also im Umgang mit Lieferanten und Kunden Ihrer Verantwortung für eine gesunde Volkswirtschaft bewusst. Wenn Sie Bauunternehmer sind, orientieren Sie sich beispielsweise an Vorbildern auf Mallorca. Manche von ihnen bestellen für ihre zumeist deutschen Bauherren von allen Baumaterialien 5–10 Prozent mehr als erforderlich. Das hat zum einen den Vorteil, dass auf keinen Fall nachbestellt werden muss und sich der Lieferant für den erhöhten Umsatz erkenntlich zeigen wird. Zum anderen können die übrig gebliebenen Materialien von den verschiedenen Baustellen gesammelt und für den Bau Ihrer eigenen Häuser – oder der Ihrer Kinder – verwendet werden. Das reduziert erheblich die Kosten, denn das Material wurde ja bereits von Ihren zahlreichen Kunden bezahlt. Sie müssen nur noch für den Stundenlohn der Billiglohnkräfte aus Osteuropa aufkommen, und schon haben Sie weit unter dem Marktpreis zum Aufschwung der Bauwirtschaft beigetragen.

Lassen Sie sich nicht davon abschrecken, dass hin und wieder böse Zungen Ihren so wertvollen Beitrag zum Wirtschaftsaufschwung als »Korruption« oder »Veruntreuung« verunglimpfen. Das sind Verleumdungen von Neidern oder frustrierten Geliebten. Lassen Sie deshalb Neid oder Frustration von Insidern erst gar nicht aufkommen. Übernehmen Sie soziale Verantwortung, indem Sie alle Ihre Mitarbeiter und Vorgesetzten an den Segnungen der günstigen Anbieter teilhaben lassen. Bleiben Sie vor allem Ihrer Geliebten treu, vor allem wenn Sie in der gleichen Abteilung arbeitet und von Ihrem pfleglichen Umgang mit den Lieferanten Kenntnisse hat.

Sonst passiert es Ihnen wie jüngst dem Chef der Bauabteilung einer multinationalen Möbelhauskette. Dessen ehemalige Geliebte prangerte in einem Schreiben an den Staatsanwalt »gewisse Unregelmäßigkeiten« in ihrer Abteilung an. Seit Jahren bekämen trotz öffentlicher Ausschreibungen immer dieselben Firmen die Bauaufträge. Bargeld – meist ein bis eineinhalb Prozent der Auftragssumme, Urlaubsreisen und Baumaterial für Privathäuser seien dafür der Dank gewesen. Das noch laufende Gerichtsverfahren wird klären, ob der Chef der Bauabteilung seine bilateralen Beziehungen zu den Lieferanten zu einseitig beansprucht hat.

Hüten Sie sich vor Whistleblowern, also vor Menschen, die Ihnen Ihre schwer erarbeiteten Erfolge neiden und daher heimtückische Rufmord-Kampagnen starten oder Sie verleumderisch denunzieren. Wir raten Ihnen daher allseits teamfähig zu bleiben und auch Ihren Mitarbeitern ein Stückchen des Kuchens zu gönnen.

Wenn Sie also bei Ihren Lieferanten bei einem für Sie günstigen Angebot zu ungeniert zuschlagen, wächst zugleich das Risiko, dass die Behörden bei Ihnen dasselbe tun. Partnerschaft ist das beste Schmiermittel, um dieses Risiko zu minimieren.

34
›Unternehmen X ist in dubiose Machenschaften verwickelt.‹

Haupteinsatzbereich: Konkurrenten
Nebeneinsatzbereich: NGOs und die Öffentlichkeit

Sie ahnen es, geschätzter Leser, das sagen nicht Sie selbst. Das sagt jemand anderes für Sie. Aber es stammt ja vielleicht aus Ihrer Feder. Doch Vorsicht: Diese Lüge ist nur etwas für sehr gewandte und professionelle Lügner.

Es ist ja manchmal so: Die Konkurrenz macht dauernd Schlagzeilen mit guten Unternehmenszahlen. Die Marktschwankungen und Gesetzmäßigkeiten, denen Sie und viele andere Wettbewerber ausgesetzt sind, scheinen nicht für Ihren Intimfeind zu gelten. Der steht öffentlich als Saubermann da und fährt Jahr für Jahr und gegen die Konjunktur fette Renditen ein. Was macht der anders? Da schwant es Ihnen: Es ist etwas faul und das nicht nur im Staate Dänemark, sondern auch bei der Konkurrenz. Aber was? Um das herauszufinden, benötigen Sie professionelle Hilfe. Nein, Sie müssen nicht gleich einen »007« einstellen oder Werkspionage betreiben. Jedenfalls nicht mehr als ohnehin üblich.

Aber einige Informationen benötigen Sie dennoch. Daher brauchen Sie Verbündete. Entwickeln Sie unverfänglich gute Beziehungen zu solchen Organisationen, die Ihren Lieblingsfeind gleichfalls auf dem Radarschirm haben. Es sollte aber möglichst keine Behörde dabei sein. Die sind, was Unternehmensgeheimnisse angeht, meist löchriger als ein Schweizer Käse oder das Sommerloch. Die Infos, die Sie von Behördenvertretern brauchen, bekommen Sie über kurz oder lang ohne größere Mühen.

Haben Sie nicht eine Tochter, die schon immer einmal ein Behördenpraktikum machen wollte? Fragen Sie Behördenvertreter nicht ab und an nach Praktikumsplätzen für deren eigene Kinder? Sehen Sie. Und wie steht es mit der Tochter der Cousine Ihrer Frau? Hätte die nicht einmal Lust, ein Praktikum in der Auslandsabteilung Ihres Mitbewerbers zu machen? Idealerweise ist die auch noch Mitglied einer

Lügen in der Chefetage. Mathias Schüz, Stephen Wirth und Aiko Bode

ISBN 978-3-527-50213-4

jener Organisationen, um deren Nähe Sie sich jetzt bemühen. Menschenrechte, Umwelt, Korruption – alles geht. In der Regel erhalten Sie über diese internen und externen Quellen nach und nach einzelne Informationen, die Sie zu einem Gesamtbild zusammensetzen können. Will sich nicht das von Ihnen gewünschte negative Bild von Ihrem Konkurrenten ergeben, dann müssen Sie ein wenig nachhelfen. Das Leben ist doch sowieso eine große Illusion. Wir meinen damit nicht, dass Sie direkt kriminell werden sollten. Aber Sie werden doch wohl noch ein wenig am Meinungsbildungsprozess und Grad der Betroffenheit Dritter mitarbeiten dürfen – vor allem derjenigen Dritten, die Ihrer Konkurrenz in die Speichen greifen können. »Ja, schlimm, was gewisse Leute da in Afrika mit den Kindern machen«; »Grausam, wie hier in Deutschland durch renommierte Unternehmen die Umwelt zerstört wird«; »Schon übel, dass hier Unternehmen nur dann zum Zuge kommen, wenn Sie sich nicht schämen, reichlich Handgeld in die örtlichen Behörden zu investieren«. Aber bleiben Sie bei Ihren Aussagen immer möglichst allgemein und unpräzise! Niemand sollte Sie keiner direkten Verunglimpfung bezichtigen dürfen und sagen können: »Herr X hat gesagt, dass das Unternehmen Y Schlimmes in Afrika macht.« Ziel Ihrer Maßnahmen ist es, die öffentliche Aufmerksamkeit auf die Konkurrenz zu lenken. Auch die Ausräumung eines unbegründeten Verdachts bindet bei Ihrer Konkurrenz wertvolle Ressourcen an Zeit, Kraft und Geld.

Was Sie dann noch tun müssen, ist, die von Ihnen gesammelten Informationen an die befreundeten Organisationen weiterzuleiten. Natürlich als vertrauliches Dossier. Auf nichts ist nämlich größerer Verlass als auf die Indiskretion von Betroffenheitspinseln und Überzeugungstätern. Zur Verstärkung können Sie auch sanft darauf hinweisen, dass der gute Ruf eines Unternehmens wettbewerbsentscheidend ist. Zudem kennen Sie bestimmt neugierige Journalisten, die sich für derartig skandalöse Themen erwärmen können! Ein Hoch auf die Anonymität des Internets und den Informantenschutz des Presserechts! Wenn Sie künstlerisch veranlagt sind, können Sie gleich noch die Schlagzeile mitliefern, aber meist haben die Aktivisten schon selbst einen pfiffigen Kampagnentitel entworfen. Sie lehnen sich in Ruhe zurück und beobachten die Lawine, die das Image Ihres Saubermann-Mitbewerbers in die von Ihnen gewünschte Richtung korrigiert. Von nun an ist auch er den Schwankungen und Gesetzmäßigkeiten eines wankelmütigen Marktes unterworfen.

Darüber, dass die Kampagne vielleicht nicht ganz auf Fakten, sondern – sagen wir großzügig – auf Annahmen beruht, müssen Sie sich keine weiteren Gedanken machen. Wir leben in einem emotional aufgeladenen Medienzeitalter, wo die »gefühlte« Temperatur mehr zählt als die gemessene und die »gefühlte« Illegalität wichtiger ist als die reale.

Wie das funktioniert, können Sie an vielen Beispielen wie etwa »Brent Spar« und dem Shell-Mediendesaster lernen. Noch heute, mehr als zehn Jahre danach, ist Shell mit der Versenkung der Ölplattform in aller Munde. Die Umweltkampagne von Greenpeace hat ganze Arbeit geleistet. Egal wie: Ist der Dreck erst einmal geworfen, bleibt immer etwas haften.

Lernen Sie daraus: Kampagnen dieser Art sind höchst effektiv. Achten Sie aber peinlich darauf, dass man sie Ihnen nicht ursächlich zuschreiben kann, sonst müssten Sie Ihre wertvolle Zeit unter Umständen vor Gericht vergeuden. Dies aber wollen Sie ja Ihren Konkurrenten angedeihen lassen. Und Sie selbst wollen doch nun wirklich nicht in die kriminellen Machenschaften Ihrer Konkurrenz verwickelt werden.

Lügen gegenüber Aktionären, Aufsichtsräten und Analysten

ISBN 978-3-527-50213-4

35
›Unser Börsengang ist ein voller Erfolg. Die Aktie hat das Zeug zur Volksaktie.‹

Haupteinsatzgebiet: Shareholder, Analysten
Nebeneinsatzgebiet: Öffentlichkeit, Medien

Es ist bitter nötig. Sie brauchen frisches Kapital, um Ihr Geschäft weiter zu betreiben, denn die Banken sind von Ihrem Wunsch nach Aufstockung Ihrer Kreditlinie nicht sonderlich begeistert. Schließlich haben Sie ja nur ein kleines Unternehmen. Deshalb bleibt Ihnen nichts anderes übrig, als an die Börse zu gehen. Das hat zwei positive Effekte: Erstens kommt Geld in die Kasse, das Sie nicht mehr zurückzahlen müssen. Zweitens ist ein Initial Public Offering (IPO) stets mit viel Tamtam und Öffentlichkeit verbunden. Marketing über viele Kanäle, ohne dass Sie dafür extra Gelder locker machen müssen. Die IPO-Kampagne ist ja schon teuer genug. Wer etwas auf sich hält, modern sein und bei der Globalisierung eine Scheibe abbekommen will, ist an der Börse notiert. Selbst der letzte Börsencrash hat daran nichts geändert. »Vorstand« klingt schließlich ganz anders als »Kommanditist«. Außerdem hilft so ein Börsengang bei der Modernisierung des Unternehmens und der festen Verankerung von Kontroll- und Prüfinstrumenten. Strukturen, Zuständigkeiten und Unternehmenszwecke werden klarer – jedenfalls für Sie, da Sie behende die Möglichkeiten solcher Umstrukturierungen ergreifen und sie auf sich selbst zuschneiden.

Sie haben sicher in den Wochen und Monaten zuvor viel zu tun gehabt. Da mussten die Kriterien für den Börsengang hinsichtlich Berichterstattung, Bilanzierung und Unternehmensbewertung erfüllt werden. Sie hatten eine »Story« vorzulegen, warum gerade Ihr Unternehmen künftig überdurchschnittlich erfolgreich und verlässlich sein wird. Nun aber ist es geschafft.

Gerade von dieser Werbekampagne hängt viel ab, was Konkurrenzunternehmen chronisch zu unterschätzen scheinen. Zunächst einmal zeichnet sich eine Kampagne dadurch aus, dass sie das Unternehmen über alle mediale Wegen beim Konsumenten und mög-

Lügen in der Chefetage. Mathias Schüz, Stephen Wirth und Aiko Bode

ISBN 978-3-527-50213-4

lichen Investor präsent hält. Ferner sollte die Werbung überraschend und nachhaltig einprägsam sein. Einprägsam, nicht abgedreht. Um Werbe- und PR-Fuzzis, die auf einem künstlerischen Selbstverwirklichungstrip und auf Auszeichnungen ihres Verbandes aus sind, machen Sie besser einen großen Bogen. Es ist schwierig, eine wirklich originelle Werbeidee zu platzieren. Denn unter uns gesagt: Irgendwie ist alles schon einmal da gewesen. Wir raten auch davon ab, völlig inhaltslose Gimmicks zu produzieren. Die Verpackungen der Telekom- und Air Berlin-Börsengänge waren ja ganz nett, aber inhaltlich war wenig zu holen. Entsprechend mäßig war die Aussagekraft und Glaubwürdigkeit der jeweiligen Werbemaßnahmen. Arbeiten Sie mit Schlüsselreizen, mit Reduktion auf das Wesentliche, mit der Visualisierung der geheimen Wünsche Ihrer Zielgruppen.

Wichtig für den Erfolg Ihres Börsengangs, aber auch schon Ihrer Werbekampagne, ist eine positive Grundeinstellung und Siegeszuversicht. Schließlich ist ein Börsengang so etwas Ähnliches wie ein politischer Wahlkampf nur unter verschärften Bedingungen. Denn Sie wollen ja nicht nur die Stimmen des Publikums, Sie wollen deren Geld. O.K., das wollen Politiker am Ende auch, aber die Stimmenabgabe ist zunächst unentgeltlich. Die Rechnung kommt oft erst zeitverzögert, etwa in der nächsten oder übernächsten Legislaturperiode. Für die Politiker ist das praktisch, weil sie auf diese Weise ein zeitlich gestaffeltes Verantwortungssharing betreiben können und sich gegenseitig über lange Zeiträume hinweg solange den Schwarzen Peter zuschieben können, bis das dumme Wahlvolk vor Verdruss stirbt – aber vorher gezahlt hat.

Bei Ihrer Kampagne geht das aber nicht: Wer »ja« sagt, der muss zahlen. Und zwar sofort. Insofern sollten Sie darauf achten, dass Ihre Kommunikationsberater vielleicht schon einmal erfolgreich eine Wahlkampfkampagne durchgeführt haben. Und dann alles weglassen, was in der Politik en vogue ist.

Zu den positiven Botschaften und Grundeinstellungen, die Sie auch persönlich verbreiten müssen, gehört beispielsweise die hier vorgeschlagene Formulierung: »Unser Börsengang ist ein voller Erfolg. Die Aktie hat das Zeug zur Volksaktie.« Sie kann jederzeit und unabhängig von den Rahmenbedingungen eingesetzt werden. Auch wenn Sie Ihren Aktienpreis am Markt nicht durchsetzen können, die Nachfrage schleppend ist oder der erste Handelstag desaströs verläuft: Seien Sie zuversichtlich! Ignorieren Sie einfach die Unkenrufer aus der Umgebung. Es sind ohnedies oft bezahlte Emissionäre Ihrer Konkurrenten. Verweisen Sie auf Börsen-Guru Warren Buffet oder Altmeister Kostolany: Wer keine Zeit hat, hat die Börse nicht verstanden. Aktien kaufen, weglegen und schlafen gehen – so zwanzig Jahre. Sie dagegen brauchen gar nicht so lange, um Ihre eigenen, anfangs noch gebundenen Aktienoptionen zu versilbern.

Mag sein, dass die Geschäftsidee und Ihre Story zum Zeitpunkt des Börsengangs nicht mehr ganz dem Stand der Entwicklungen entsprechen, aber das müssen Sie entweder ignorieren, oder Sie müssen schon die nächste Unternehmensreform als Teil der Kapitalverwendung mitverkaufen. Sie handeln also entweder nach dem Motto des Air Berlin Chefs Hunold, der bei explodierenden Kerosinpreisen und steigenden Steuern im Jahr 2006 seine Billig-Airline zu einem geringeren Aktienausgabepreis als vorgesehen an die Börse brachte und von »Wachstum« und »Flottenmodernisierung« sprach (während die Analysten den Begriff »Marktbereinigung« verwendeten). Oder Sie drehen den Spieß um. Um beim Beispiel zu bleiben: Herr Hunold hätte auch sagen können, dass er speziell in Spritspartechnik und in den Umbau der Flotte zu Gunsten einer Optimierung der ökonomischen Kapazitäten investieren wird (also im Klartext: Anpassung der Flugpläne, mehr Sitzplätze bei verminderter Beinfreiheit und weniger kostenintensivem Service). Er hat es aber nicht gesagt. In seinem Falle ja auch aus gutem Grund, denn im Prinzip wollte er das Kapital nutzen, um die Übernahme einer anderen Airline zu finanzieren.

Nutzen Sie die alte Unternehmerregel: Chancen und Gewinne privatisieren, Risiken und Verluste sozialisieren!

Aber das ist für Sie noch Zukunftsmusik. Es gilt, zunächst Stimmung für sich zu machen. Sie wollen die Wahl gewinnen. Dass gelingt Ihnen dann womöglich auch über den Begriff »Volksaktie«. Sicher, die Aktie als Geldanlage ist von privater Seite seit 2001 zwar nicht gerade beliebt. Zu viele Menschen haben damals zu viel Geld und einige sogar ihre wirtschaftliche Existenz verloren. Sogar institutionelle Profis wie Banken und Versicherungen mussten kräftig Federn lassen. Aber das gehört wohl der Vergangenheit an.

Da es in der Bundesrepublik Deutschland demnächst ohnehin kaum noch eine funktionierende staatliche Altersvorsorge geben wird, ist die private Vorsorge dringender denn je erforderlich. Und wo, wenn nicht in Aktienwerte, müssen die Gelder investiert werden. Hüten Sie sich aber davor, die eigene Kursentwicklung mit Traumrenditen zu assoziieren. Derartige Versprechungen müssen Sie den professionellen Anlageberatern überlassen. Die suchen nämlich regelmäßig nach Aktien, die sie ihren Kunden empfehlen können. Über kurz oder lang ist da auch Ihr Unternehmen dran. Und wenn es schief geht, dann haben nicht Sie, sondern die Berater Schuld. Das ist nur gerecht, denn die profitieren ja auch von Gewinnen, ohne das Risiko tragen zu müssen. Das machen ja dann die privaten Anlagekunden. Vielen breiten Schultern fällt dies auch viel leichter als wenigen. Oder gar Ihren eigenen schmalen. Also: keine Hemmungen. Sprühen Sie vor Optimismus! Es wird schon nicht schief gehen.

36
›We do it for Value!‹

Haupteinsatzbereich: Aktionäre, Analysten
Nebeneinsatzbereich: Mitarbeiter, Medien

Sie möchten die Wertschöpfung Ihres Unternehmens steigern, wissen aber nicht, wie Sie die Botschaft in die Köpfe und Herzen Ihrer Mitarbeiter, Aktionäre und Analysten bringen? Dann erheben Sie diese Lüge zum Mantra Ihrer Unternehmenskultur, und kein Schatten eines Zweifels wird die Glaubwürdigkeit Ihrer Absichten trüben.

Orientieren Sie sich am früheren Veba-Chef Ulrich Hartmann, der als der Pionier des Shareholder Value in Deutschland gilt. In seinem Stromkonzern wurden den Mitarbeitern zu Beginn der neunziger Jahre des vergangenen Jahrhunderts T-Shirts mit der Aufschrift »We do it for Value« verteilt. Jeder sollte an jedem sehen, wofür er steht und arbeitet. Diesen Effekt können Sie akustisch noch verstärken, indem Sie eine Unternehmenshymne mit dem Refrain »We do it for Value« komponieren lassen. Bevorzugen Sie eine Melodie in Dur. Moll-Töne könnten eine unerwünschte Melancholie auslösen. Lassen Sie die Hymne zu jedem Anlass über Lautsprecher in allen Räumlichkeiten Ihres Unternehmens zu Gehör bringen. Der Refrain wird sich zunächst als Ohrwurm in den Köpfen festsetzen und sollte nach einigen Tagen bereits die letzten Energiereserven mobilisiert haben. Selbst der Nachhauseweg wird vom Rhythmus des Refrains erfüllt sein.

Auf diese Weise werden Sie jede rationale Kritik unterbinden, die gerne an dem neuen Mantra der globalisierten Welt geübt wird. Wer tut was für welchen Wert? Sie meinen wahrscheinlich die Mitarbeiter, die ihre ganze Leistungsfähigkeit dazu einsetzen, den Shareholder Value zu mehren, der wiederum Ihre Aktienoptionen steigen lässt.

Dieses Zelebrieren des Shareholder Values stellt wahrscheinlich die erfolgreichste Lüge in der neueren Wirtschaftsgeschichte dar. Sie sprach Millionen Aktionären aus der Seele, kaufte ihnen diese Seelen ab und bescherte wenigen Tausend Managern Profite in bis dahin un-

Lügen in der Chefetage. Mathias Schüz, Stephen Wirth und Aiko Bode

ISBN 978-3-527-50213-4

geahnter Höhe. Das Geheimnis dieser Lüge besteht darin, dass offiziell mit der Steigerung des Shareholder Values suggeriert wurde, dass auch der Unternehmenswert steigt. Auf dem Papier war das auch richtig. Derjenige, der die Aktien einer Firma zu einem höheren Preis von einem Shareholder abkaufte, als dieser selbst bezahlt hatte, wollte davon ausgehen, dass hinter dem höheren Kaufpreis auch eine tatsächliche Wertsteigerung dank eines gesteigerten Wertschöpfungsprozesses steht.

Leider hat diese Lüge seit dem Bekanntwerden der Lügengespinste von Enron und Worldcom ein wenig an Wert eingebüßt. Denn diese hatten ihren Aktionären doch tatsächlich einen Umsatz vorgegaukelt, der mehr als das Zehnfache dessen betrug, was real vorhanden war. Mit dem dadurch ausgelösten Börsencrash wurden insgesamt 2 600 Milliarden Dollar an Unternehmenswerten vernichtet.

Unser Mantra wurde also dazu gebraucht, im Namen des Shareholders Values Millionen Shareholder zu enteignen. Die Krux mit unseren Lügen ist allerdings, dass viele den Hals nicht voll genug bekommen. Irgendwann können selbst die wohlgesonnensten Aufsichtsbehörden, Analysten- oder Journalistengruppen nicht mehr anders, als die Lüge auffliegen zu lassen. Deshalb unsere Empfehlung vorweg: Gekonnte Lügen überschreiten die Grenzen ihrer Glaubwürdigkeit nicht.

Enron ist einfach zu weit gegangen. Ihre 3500 getürkten Tochterfirmen haben erfolgreich Schulden gemacht und diese gegen virtuelle Leistungen als Honorar an die Mutter abgeführt. Die Mutter verbuchte dann diese Einnahmen als realen Wertschöpfungsprozess, das heißt als Umsatz und Wertsteigerung des Unternehmens. Wem nützte das Ganze? Den Managern von Enron, die einen Teil ihres Entgelts in Form von Stock Options bezogen. Diese stiegen mit der Zunahme des Aktienkurses erheblich an Wert. Die Enron-Manager mussten jetzt nur noch den geeigneten Zeitpunkt abwarten, um die Gewinne auf Kosten der neuen Shareholder realisieren zu können. Kenneth Lay, der Architekt des Enron-Gebildes, verkaufte angesichts des drohenden Bankrotts seine Aktien und riet in weiser Voraussicht gleichzeitig dem Fußvolk, Titel dazuzukaufen. Doch wer sollte die teuren Aktien noch erwerben? Über diese Hürde halfen die Lügen »Partizipation am Unternehmen durch Mitarbeiteraktien« und »Aktienkaufprogramme für Mitarbeiter« hinweg. Doch nach der Enron-Pleite verloren 5600 Angestellte ihre Stelle und 2,6 Milliarden Dollar ihrer Pensionseinlagen in Form von Enron-Aktien. Und Lay verabschiedete sich rechtzeitig mit einem schweren Herzinfarkt ins Jenseits und entzog sich so einer vierzigjährigen Haftstrafe wegen mehrfachen Betrugs, Verschwörung und Falschaussage.

Was bleibt also von unserer Lüge noch übrig? Sehr viel! Denn Sie müssen den Value nur neu definieren. Denn offenbar reicht der Shareholder Value nicht mehr aus. Erweitern Sie einfach das Wertespektrum, das Sie mehren wollen, mit anderen Stakeholder Values. Es bieten sich an: Customer Value, Employee Value, Human Capital Management Value, Environmental Value, Citizen Value, Supplier Value, Media Value, Authority Value, Enterprise Value, NGO Value, Union Value und so weiter. Denn die Werte aller Stakeholder wollen durch die Aktivitäten Ihres Unternehmens gemehrt werden, schließlich stellen sie ja die Ressourcen zur Verfügung, die Sie für Ihren Wertschöpfungsprozess benötigen. Dann fördern Sie Ihren eigenen Value unter dem Deckmäntelchen eines ganzheitlichen Wertemanagements. Doch noch einmal: Vorsicht! Werden Sie nicht zu gierig, sondern wahren Sie Contenance! Schließlich wollen Sie Ihre Schäfchen ja dauerhaft scheren.

37
›Wir wollen nur Ihr Bestes!‹

Einsatzbereich: Investoren, Anleger

Sie haben eine Idee. Eine richtig gute Geschäftsidee. Doch leider kein Kapital zu deren Umsetzung. Der Kreditrahmen Ihrer knickrigen Hausbank ist schon mehr als ausgereizt. Ihre Firma zeigt keinen Sinn für noch höhere Hypothekenbelastungen. Ihr Ehepartner will der Kinder wegen gleichfalls nicht kurzfristig unter das Existenzminimum eines vorderasiatischen Schwellenlandes fallen. Ihre Freunde und Familie möchten Sie nicht anpumpen. Und selbst wenn dies alles ginge, reicht es bei weitem nicht zur Umsetzung Ihrer Idee. Kurz und gut: Sie haben ein Problem.

Doch nett, wie der Finanzmarkt ist, stellt er auch für solch ausweglos scheinende Lagen Mittel bereit. Venture oder Risk Capital heißen sie. Und die Kapitalgeber sind Leute, die nicht mehr wie die meisten anderen Menschen arbeiten müssen. Sie lassen einfach ihr Geld für sich arbeiten, sind also am Ziel eines langen Arbeitslebens oder einer raschen, glücklichen Erbfolge angelangt. Da aber Geld, das nicht arbeitet, auch keine Erträge bringt, setzen sie ihre Mittel dort ein, wo es etwas zu verdienen gibt: Fonds, Staatsanleihen, einzelne Aktien, Spekulationen auf Wechselkurse, Optionsgeschäfte, Waren-Termin-Handel und dergleichen mehr. Dabei gilt die Devise: Je höher das Risiko, desto besser die Gewinnaussichten. Und das höchste Risiko, das solche Spekulanten eingehen, das sind nun: Sie – mit einer Idee, aber ohne Mittel. Dafür verlangen die Kapitalgeber aber auch eine Gewinnbeteiligung, die mindestens zwei Dritteln Ihres Seelenheils entspricht. Sie sehen: Es besteht kein Grund, sich mit diesen Blutsaugern zu solidarisieren. Wenigstens solange nicht, bis Sie selbst ein solcher geworden sind.

Doch dazu brauchen Sie erst einmal deren Kapital. Und dummerweise stehen Sie in Konkurrenz mit vielen anderen ideenreichen Hungerleidern, die gleichfalls auf diese Mittel schielen. Und da kommt Ihre Vision ins Spiel.

Lügen in der Chefetage. Mathias Schüz, Stephen Wirth und Aiko Bode

ISBN 978-3-527-50213-4

Es geht darum, wie überzeugend Sie den Nutzen Ihrer Idee für andere schildern können. Ihren eigenen Nutzen dürfen Sie ruhig nebenbei erwähnen, das fördert Ihre Glaubwürdigkeit, aber Sie sollten ihn nicht in den Mittelpunkt stellen. Also: Am Anfang steht Ihr Traum. Der Beginn einer neuen Zeit – Ihre Vision, die nur das Beste will!

Visionen sind innere Vorwegnahmen eines noch in der Zukunft liegenden Glückszustands. Visionäre Unglückszustände überlassen Sie lieber anderen. Dafür gibt es ja außer den klassischen tragischen Figuren schon genug moderne Kassandren, wie den Club of Rome, Greenpeace, die jeweilige Opposition im Bundestag und dergleichen Endzeitdiagnostiker mehr. Nein: Verkaufen Sie eine positive Weltanschauung! Letztendlich sind die Leute harmoniesüchtig, verlassen Sie sich drauf! Millionen Rosamunde-Pilcher-Fans können nicht irren.

Nun behaupten notorische Skeptiker ja, wer an Visionen leide, solle einen guten Psychiater konsultieren. Wir sind aber entgegengesetzter Ansicht und sagen: Nur wer Visionen hat, kann gut verkaufen. Warum? Nun: In dem Maße, in dem Sie anderen Ihre Idee entwickeln – spannend, kühn und chancenreich –, in dem Maße wickeln Sie sie ein. Sie machen sie zu Mitautoren Ihrer Story, fordern ihre Phantasie heraus, lassen sie zu Abenteurern werden, die, das Ziel erst einmal klar vor Augen, kein Wagnis scheuen werden, dieses zu erreichen. Sie feuern kräftig an, versprechen Ruhm, Ehre und Gewinn für jedermann, der sich mutig an der Tat beteiligt ... und so weiter und so fort – wir wollen ja nicht theatralisch werden.

Aber haben Sie einmal überlegt, warum Sekten entstehen können? Und warum es so viele davon gibt? Und warum fast alle Sektenführer steinreich geworden sind? Eben nur darum, weil sie ihren Schäfchen zu deren eigenem Wohlergehen das sprichwörtliche Fell über die Ohren gezogen haben. Und zwar durch ihre Vision einer besseren Welt. Mit leicht umverteiltem Wohlstand sowie der Erlösung vom Ballast irdischer Existenz.

Sekten überzeugen Sie nicht? Wirtschaft sei etwas anderes? Gut: Dann nehmen wir den »Neuen Markt« – wissen Sie noch? Diesen ehemaligen börsennotierten Scheiterhaufen, auf dem die Lottosechser-Hoffnungen ganzer Myriaden von Kleinaktionären verbrannt sind. Die meisten Kurse waren zum Initial Public Offering (IPO) noch sehr präsentabel – visionärsgeschwängert eben – die Kursentwicklung aber keine Offenbarung. Auf Dauer ist der Markt nicht dumm. Doch nur auf Dauer. Man muss nur etwas schneller als der Markt sein. Und das können vor allem diejenigen, die sich die Story ausgedacht haben. Die Visionäre eben. Viele von Ihnen müssen inzwischen nicht mehr arbeiten. Sie lassen vielmehr ihr Geld arbeiten. Genauer gesagt das Geld, das ihre Vision den vielen Kleinaktionären aus der Tasche gezogen hat. Also jenen, die mit ihrer Aktienzeichnung die Kursentwicklung zunächst hoch getrieben und damit den Vorzugsaktien der Visionäre selbst Flügel verliehen haben. Wenigstens bis zum Ablauf der Haltefrist.

Und nun kommen Sie und nehmen sich auf die gleiche Weise die Großen vor! Also: Mut zur Vision! Träumen Sie! Verkaufen Sie mit dem Argument »Wir wollen nur Ihr Bestes« Grundstücke auf dem Mond! Vermakeln Sie Immobilien in potemkinschen Dörfern! Venture Capital ist schließlich ein riskantes Geschäft! Nur tun Sie etwas, wenn Sie (an) anderer Leute Bestes wollen!

38
›Unser Geschäft basiert auf einem verlässlichen Business-Plan.‹

Haupteinsatzbereich: Kapitalgeber
Nebeneinsatzbereich: Mitarbeiter, Vorstände, Öffentlichkeit

Wieder einmal müssen Sie Ihre berufliche Existenz durch eine neue Idee und ein zusätzliches Geschäftsfeld verteidigen. Das geht Ihnen genauso auf die Nerven, wie denjenigen, die diese Idee hinterher mit Leben erfüllen müssen. Aber danach fragt niemand. Sie werden vielmehr ständig zu den Stärken und Schwächen Ihres Bereichs befragt. Möglichst ausführlich sollen Sie die Chancen und Risiken erläutern, die mit Ihren Ideen verbunden sind. Solche so genannten SWOT-Analysen (SWOT = Strengths, Weaknesses, Opportunities, Threats = Stärken, Schwächen, Chancen / Gelegenheiten, Bedrohungen / Risiken) sind Grundlage eines jeden besseren Business-Plans, Wohlgemerkt handelt es sich dabei um einen Plan, also einen künftigen Prozess beziehungsweise einen künftigen Zustand – genauer gesagt: um eine vorweggenommene gewünschte Zukunft.

Insbesondere Kapitalgeber und zustimmungspflichtige Vorstände bohren nach und wollen wissen, ob sich die Investitionen in Ihre neuen Ideen auch lohnen. Sie möchten nicht nur die Chancen ausloten, sondern vor allem auch die Risiken. Kapitalgeber sind nun einmal ein scheues Wild und wollen von der Sicherheit einer Anlage überzeugt werden.

Nun heißt es für Sie, sich nichts anmerken zu lassen, Haltung anzunehmen, sich aufrecht hinzustellen, durchzuatmen und Ihrem Anliegen Nachdruck zu verleihen: Sie präsentieren einen verlässlichen Business Plan, unterstützt durch eine eindrucksvoll bunte, aber nicht allzu lange PowerPoint-Präsentation. Dieser Plan, so versichern Sie, sei eine ausgezeichnete Grundlage, um den Unternehmenserfolg auch in den kommenden Jahren garantieren zu können. Ihre PowerPoint-Folien dürfen dabei nicht zu übersichtlich sein: Eine Tabellenkalkulation wird umso glaubwürdiger, je mehr Spalten und Zeilen sie hat. Es müssen so viele Spalten vorhanden sein, dass die Übersicht-

Lügen in der Chefetage. Mathias Schüz, Stephen Wirth und Aiko Bode

ISBN 978-3-527-50213-4

lichkeit ebenso leidet wie die Lesbarkeit. Zwanzig Spalten à 50 Zeilen, sorgfältig gefüllt mit Zahlenhokuspokus im Schriftgrad acht belegen eindrucksvoll: Sie haben an alle Risiken, an jede erdenkliche Kleinigkeit gedacht.

Zum Abschluss der Präsentation macht sich ein Balkendiagramm gut, das die Prognose der Geschäftsentwicklung über die kommenden fünf Jahre zusammenfasst. Stapeln Sie nicht zu hoch – aber auch keinesfalls zu tief. Ab Jahr drei sollte das Geschäft abgehen wie eine Rakete. Das wäre es dann. Im Prinzip müssen Sie inhaltlich auch nichts weiter vorbringen. Die Folien sowie Ihre selbstsichere Haltung und Zuversicht sprechen für sich.

Wie, Sie wissen noch immer nicht recht, wovon wir reden? Macht nichts. Es kommt weniger auf den Inhalt an, als auf die Verpackung. Eine gute Verpackung muss allerdings einen begehrenswerten Inhalt vortäuschen. Haben Sie also keine falsche Scheu. Klar, als der Vorstand Sie zu sich rief und Ihnen seine Erwartungshaltung mit bierernster und sauertöpfischer Miene präsentierte, da ging es Ihnen nicht besonders gut. Sie fühlten sich überfordert. Aber mittlerweile wissen Sie ja: Woanders wird auch nur mit Wasser gekocht.

Was dabei passiert, das sehen Sie regelmäßig an Ihren freigesetzten ehemaligen Kollegen. Aber die haben eben immer etwas übersehen. Ihnen wird das nicht passieren. Sie sind ein Macher, kein Zauderer. Und weil das so ist, packen Sie Ihre Aufgabe beherzt an:

1. Eine Idee muss her. Nun, beliebt sind dieser Tage: Outsourcing-Konzepte jedweder Art; die Umwandlung von kommunalen und staatlichen Service-Einrichtungen in eigenständige GmbHs; auch das weite Feld der Logistik für Transport, Kommunikation und Energie bietet sich an. Aus diesem Fundus lässt sich immer eine pfiffige Geschäftsidee beziehungsweise ein überzeugendes Geschäftsmodell entwickeln.
2. Haben Sie eine Idee, dann verfassen Sie hierzu drei kurze Textpassagen: Was soll dieses Geschäftsfeld sein (Mission)? Wozu soll es beackert werden (Ziele)? Und was ist die übergeordnete langfristige Zukunftsidee dahinter (Vision)? Bedenken Sie dabei, dass eine Vision eigentlich ein Bild ist, das Sie mit schönen Worten umschreiben können, das aber letztlich beim Betrachter eine Stimmung auslösen soll. Es muss also deutlich werden, dass Sie kein

Schiff bauen wollen, sondern – nach Saint Exupérie – »große Sehnsucht nach dem endlosen weiten Meer« haben. Dann haben Sie auch schon die Auftakt-Folie.

3. Nun geht es an die Zahlen: Na ja, im Prinzip empfehlen wir Ihnen, sich nach Ihrem nächsten »Wienerwaldbesuch« ein paar Hühnerknochen aufzubewahren. Die werfen Sie dann in die Luft und orakeln sich aus dem resultierenden Knochenmikado etwas zurecht. Das machen fast alle so – wenn auch nur hinter vorgehaltener Hand darüber gesprochen wird. Die Methode mit den Knochen hat uns ein einschlägig bekannter Analyst einer deutschen Großbank verraten. Andere wiederum bevorzugen seriöses Tarot-Kartenlegen durch die Dorf-Astrologin ihres Vertrauens.
4. Sodann überschlagen Sie kurz, wie hoch Ihr Gehalt und Ihre Prämie in den kommenden fünf Jahren sein sollen. Diesen Betrag multiplizieren Sie mit zehn, hinzu kommen noch die Zahl der Mitarbeiter, multipliziert mit dem doppelten Jahres-Durchschnittsgehalt, das Sie zahlen oder zahlen müssen. Noch ein kleiner Aufschlag für etwaig anfallende »Spesen – à la VW-Betriebsrat« et voilà: Sie haben eine nette, brauchbare Umsatzzahl errechnet. Diese darf keinesfalls die zu erwartenden Kosten unterschreiten, sonst drohen Verluste. Also rechnen Sie die Kosten nach der gleichen Methodik herunter beziehungsweise die Umsätze hinauf.
5. Das Zahlenwerk unterteilen Sie jetzt nach Kosten/Einnahmen oder Aktiva / Passiva oder was auch immer Ihre bevorzugte Präsentationsform ist. Denken Sie daran, die Kosten jährlich etwa um einen Betrag von unter sieben Prozent zu erhöhen. Die Einnahmen hingegen lassen Sie ab Jahr 3 explodieren (Faktor 2 bis 5 wäre nicht schlecht).
6. Nach dieser anstrengenden Rechnerei sollten Sie nun noch für »Risiken« ein paar Spalten mit »Bonus- / Malus«-Punkten anlegen. Was sind Risiken? Alles, was ihr Zahlenwerk bedrohen könnte. Denken Sie sich etwas aus, seien Sie kreativ und vor allem geizen Sie nicht, das ist immer schädlich. Also Ihre Hauptrisiken sind Ihr Chef (schreiben Sie: »politische Rahmenbedingungen«), Ihre Frau (»Beschwerdemanagement«), Ihre Mitarbeiter (»Innovationsgeschwindigkeit und Qualität«), dass Sie keine zweite, vielleicht etwas kleidsamere Sekretärin einstellen dürfen (»Marketing-, Image- und »Gesundheits«-Aspekte), keine viel versprechende Praktikan-

tin haben (geben Sie den Fun-Aspekten einfach einen doppelten Maluspunkt), dass der Markt die Geschäftsidee noch nicht in ausreichendem Maße aufgegriffen hat (»Kundenakzeptanz und Öffentlichkeitsarbeit«) – und so weiter und so fort. Die Maluspunkte führen zu verringerter Gewinnprognose und geben Ihnen den Anschein überlegenen Realitätssinns. Die Bonuspunkte wiegen das schon wieder vollständig auf.

Sinnvoll wäre es auch, wenn Sie sich schon jetzt überlegten, wem sie die Schuld daran geben können, falls das Projekt schief geht. Schließlich könnte es Sie die Karriere kosten. Weisen Sie darauf hin, dass Sie auf die bereits zugesagte Unterstützung und den Rat Ihrer Kollegen bei der Ausarbeitung des Business-Plans gehört haben. Auf diese Weise können Sie den Schwarzen Peter prophylaktisch an das Marketing, die Produktqualitätssicherung, die Büro- und Geschäftsausstattung (von wegen Sekretärin / Praktikantin) und andere weiter reichen. Für diesen Fall sollten Sie aber auch gleich eine Lösung parat haben.

Haben Sie nun immer noch Zweifel, dann stellt sich die Frage, ob Sie wirklich eine Führungskraft sind? Zweifel sind etwas für Krümelsucher – für Sachbearbeiter! Glauben Sie uns. Alle machen das so. Alle wissen, dass man Risiken nicht wirklich managen kann. Schon gar nicht alle Risiken. Man hat eben welche. Das Leben ist Risiko. Punkt. Das merken Sie schon daran, dass sich milliardenschwere Versicherungsunternehmen bei noch größeren Rückversicherern versichern. Und hätten die Rückversicherer die Möglichkeit, sich ihrerseits bei einer noch höheren Instanz rückzuversichern, so würden sie das vermutlich tun. Allerdings würden dann die Beiträge teuflisch teuer. Vermutlich gehen die Rückversicherer daher lieber sonntags in die Kirche und beten darum, dass Ihnen Großschäden erspart bleiben.

Wegen dieser unüberschaubaren Vielfalt an Risiken können Business-Pläne überhaupt nie wirklich verlässlich sein. Bisher hat kein einziger je funktioniert. Deshalb bietet es sich an, alles um sie herum so zu manipulieren, dass es wenigstens so aussieht als ob.

Sagen Ihnen die großen Business-Pläne »Deutsche Demokratische Republik« oder »Volksrepublik Polen« noch etwas? Oder »Deutsche Einheit«? Oder »Weltweite Terrorbekämpfung«?

Hm, Sie glauben uns immer noch nicht? Business-Plan-Erstellung, das ist so, als wüssten Sie vor einem Forschungsprojekt schon, was am Ende dabei herauskommt. Aber das ist keine Forschung. Ach so, wir vergaßen, das soll ja vorkommen und heißt universitäre wissenschaftliche Drittmittelforschung. Ah – Ihnen geht ein Licht auf! Sie kapieren es ja doch!

Na also: Nun freuen wir uns auf Ihre Präsentation! Denn in einem Punkt können Sie sich auf Ihren Business-Plan verlassen: Ihre Investoren haben nun etwas für ihr Geld in der Hand – wenn auch nur Papier. Es stärkt ihnen den Glauben an die versprochenen Reichtümer. Und Glaube versetzt bekanntlich Berge, in unserem Fall: die Kapitalberge zugunsten Ihres Projekts – selbst dann, wenn alle künftigen Entwicklungen die Prognosen Ihres Business-Plans verlassen sollten. Dann haben sich die Knochen halt geirrt. Warum auch nicht? Seit wann wäre auf die Zukunft schon jemals Verlass gewesen?

Geschäftsidee und Business-Plan bestimmen das Outfit. Comic von Reiner Schwalme, in: *Alles Lüge – 92 Cartoonisten auf der Suche nach Wahrheit*, 1998, S. 10.

39
›Unser Unternehmen setzt auf Corporate Governance!‹

Haupteinsatzbereich: Shareholder
Nebeneinsatzbereich: Politik, Öffentlichkeit

Corporate Governance – ein Wort wie eine Windmaschine! Mitten in die schwülen Diskussionen um staatliche Kontrolle, Wirksamkeit und Kosten weht der Wind des Liberalismus. Frisch, fromm, frei und gänzlich ungeniert. Es muss schon einen Grund haben, dass solche Begriffe angelsächsischer Herkunft sind. Wie anders erklärte sich ihre kolonialisierende Macht?

Doch spekulieren wir hier nicht herum. Wenden wir uns vielmehr der Frage zu, welche Vorteile Sie aus diesem Begriff ziehen können. Achten Sie eigentlich regelmäßig auf den modischen Management-Talk? Vor allem die Kommunikationsstrategen unter Ihnen? Nein? Sollten Sie aber! Corporate Design, Corporate Behaviour, Corporate Mission, Corporate Communication, Corporate Identity, Corporate Image und viele weitere korporierende Komposita schwirren hier wie bunte kopulierende Libellen durch die Lüfte. Wendig, schnell, schillernd, trendig, kurz aufblitzend, bedeutungsschwanger, immer positiv besetzt, brummen und zischen sie einher und sind, husch, schon wieder weg – und machen den nächsten Platz ...

Da muss sich doch etwas draus machen lassen. Und das lässt es auch. Sie müssen den Gedanken der Corporate Governance nur erst einmal gründlich ventilieren. Erst dann kann es Ihnen gelingen, ihn im Anschluss daran ebenso gründlich zu Ihrem Vorteil zu verwässern – und zwar ohne, dass Sie jemand dessen verdächtigt. Hauptsache, der Heiligenschein dieses schönen Begriffs leuchtet Ihnen und Ihrem Unternehmen auch weiterhin weit sichtbar über dem Haupt.

Sie gestatten also: Zuerst ein wenig Nachhilfe.

Heute grassieren weltweit Kodizes zur Corporate Governance. Sie sollen das Vertrauen in die Führung der Unternehmen stärken. Sie richten sich gegen eine mangelhafte Ausrichtung des Unternehmens auf Aktionärsinteressen; eine mangelnde duale Unternehmensver-

Lügen in der Chefetage. Mathias Schüz, Stephen Wirth und Aiko Bode

ISBN 978-3-527-50213-4

fassung mit Vorstand und Aufsichtsrat; mangelnde Transparenz der Unternehmensführung; mangelnde Unabhängigkeit von Aufsichtsräten; eingeschränkte Unabhängigkeit von Abschlussprüfern; unliebsame Nebenwirkungen auf Umwelt und Gesellschaft.

Kurz gesagt: Corporate Governance richtet sich gegen all die schönen, historisch gewachsenen Möglichkeiten von Unternehmen und leitenden Managern, durch gezielte Desinformation und Manipulation Profite einzufahren. Hiergegen muss man doch etwas tun. Sie müssen etwas dagegen tun! Sie sind doch Manager! Haben Sie vielleicht Lust, Ihre Pfründe in einem ständigen Krieg gegen engstirnige Kleinaktionäre verteidigen zu müssen? Oder ist Ihnen nicht doch ein wechselseitiger pfleglicher Umgang mit den Größen Ihres Geschäfts lieber? Na sehen Sie: Jetzt müssen wir nur noch mit Ihren Aufsichtsorganen, besorgten Investoren sowie der lästigen Beobachtung durch die neidische Öffentlichkeit fertig werden. Und zwar unter Anwendung unseres Nebelwerfers »Corporate Governance«.

Es ist ganz wichtig, dass Sie sich Zeit nehmen, um Vertrauen bei den skeptischen Stakeholdern aufzubauen, also bei denjenigen, die irgendwelche berechtigten Ansprüche gegenüber Ihrem Unternehmen geltend machen können. Nehmen Sie deren Ängste ernst. Formulieren Sie die »CG« Ihres Unternehmens so, dass sich jede dieser Ängste in einer möglichst allgemeinen Formulierung wieder findet. Wichtig ist dabei, dass man bei der Lektüre Ihrer CG-Richtlinien den Eindruck gewinnt, dass Sie sehr viel schärfer auf die Prozesse und Wettbewerbskonformität Ihres Unternehmens achten werden, als dies etwa das Bundesumweltamt, der Staatsanwalt, die Steuerbehörde oder die Presse tun. Versäumen Sie auch nicht – ganz Staatsbürger, der Sie sind – darauf hinzuweisen, dass staatliche Kontrolle zu teuer, zu ineffektiv und einem wahren Demokraten noch dazu von Herzen peinlich sein müsse. Keine Bange: Sie bekommen schon einen wohlklingenden Katalog hin. Nutzen Sie hierfür auch unsere anderen kleinen Handreichungen.

In den beiden folgenden Jahren nach Inkrafttreten Ihrer öffentlichen Selbstverpflichtung ist es allerdings wichtig, dass Sie Ergebnisse vorweisen können. Arrangieren Sie Vorfälle (keine Katastrophen), konstruieren Sie ein paar Sündenböcke. Stellen Sie, wenn nötig, solche gezielt ein und verabreden mit ihnen bereits im Vorfeld, dass sie notfalls gegen entsprechendes Geld in die Wüste geschickt werden müssen. Dann sind alle zufrieden, dass einer dran glauben musste. Zeigen Sie sich konsequent, doch strafen Sie milde. Durch diese Taktik erfreuen Sie sich in wenigen Jahren des ungetrübten Vertrauens Ihrer Klientel. Deren Aufmerksamkeit und Kontrolle lässt dann nach. Denn wegen der paar Kleinigkeiten, die Sie jederzeit im Griff hatten, muss sich nun wirklich niemand Sorgen machen.

Jetzt schlägt Ihre Stunde: Ihre Geduld muss sich nun rasch versilbern lassen. Sie haben ja einen prima Leitfaden: Ihre »CG«! Tun Sie einfach nur das Gegenteil von ihr. Sie werden mehr Möglichkeiten finden, als Sie ausführen können. Aber: Denken Sie groß! Ihren Stakeholdern haben Sie nämlich nicht ohne Absicht den Blick auf Kleinigkeiten antrainiert.

Sollten Sie mit einer Spanne X von nur noch wenigen Jahren vor der Pension stehen, dann ist diese Taktik anzuraten. Sie wollten Ihren Lebensabend doch sowieso im Ausland verbringen, wo das Wetter schöner und die Banken verschwiegener sind. Es ist schon eine prima Sache mit diesen Corporate Dingsbums ...

40
›Das Gute ist der Feind des Besseren.‹

Haupteinsatzbereich: Shareholder, Mitarbeiter
Nebeneinsatzbereich: Betriebsräte, Analysten, Medien

Sie möchten die guten Ergebnisse Ihres Unternehmens zum Anlass nehmen, noch größere Gewinne zu erwirtschaften, indem sie die Kosten noch mehr senken und dafür noch mehr Mitarbeiter entlassen? Dann nehmen Sie sich ein Beispiel an Jacques Aigrain, dem neuen Chef der Swiss Re.

Dem vormaligen Investmentbanker und Absolvent französischer Eliteschulen ist gut nicht gut genug. Daher überraschte er trotz eines ansprechenden Jahresabschlusses der Swiss Re seine Mitarbeiter mit dem Vorwurf, sich zu wenig für die Firma einzusetzen. Mutig prangerte er ihre »Selbstzufriedenheit« pauschal an und kündigte die weltweite Entlassung von gerade mal 2000 Mitarbeitern an – nur jeder sechste war betroffen. Trotz dieses maßvollen und wohl durchdachten Aktes der Zukunftssicherung schlug ihm eine Welle der Frustration und Empörung der 12000 Mitarbeiter entgegen.

Um das beschädigte Vertrauen seiner Mitarbeiter wiederherzustellen, erinnert ihn seine loyale Kommunikationschefin Charlotte Gubler daran, dass es nicht so sehr auf den Inhalt einer Aussage als vielmehr auf die Verpackung ankommt. Sie riet ihm, seine Strategie mit der logisch zwingenden Formel: »Das Gute ist der Feind des Besseren!« zu begründen.

Das war ein wahrhaft genialer Schachzug, den Sie sich einmal auf der Zunge zergehen lassen sollten. »Gut« ist wirklich nicht gut genug. Es gibt ja schließlich noch das »Bessere«. Man könnte das sogar noch toppen und, wie dies Jim Collins in seinem Buch *Der Weg zu den Besten* formulierte: im Guten sogar den »Feind des Besten« sehen. Dann konkurriert das Gute nicht mehr nur mit dem Besseren, sondern sogar mit dem Besten. Mit dieser Lüge machen Sie den Mitarbeitern und vor allem auch Aktionären klar, dass der gewohnte Schlendrian trotz der Marktmacht Ihres Unternehmens zwar nicht

Lügen in der Chefetage. Mathias Schüz, Stephen Wirth und Aiko Bode

ISBN 978-3-527-50213-4

das Gute, sehr wohl aber das Beste verhindert hat. Denn der Größte am Markt zu sein, heißt noch lange nicht der Beste zu sein. Sie wollen ja schließlich im Benchmark Ihrer Branche dereinst als »best of ...« brillieren. Nur wer der Beste ist, kann sich von den anderen abheben, vor ihnen glänzen und letztlich besser überleben als alle anderen Konkurrenten. Denn das ist ja das Ziel allen Wirtschaftens: die Konkurrenz weit hinter sich zu lassen, um dem Markt die eigenen Bedingungen diktieren können. Dazu reicht eben das Gute nicht aus. Deshalb ist es strategisch von größtem Vorteil, die Guten zu entlassen und nur noch die Besten oder wenigstens die Besseren an Bord zu behalten. Die müssen sich dann ihre Performance nicht mehr von den Guten verwässern lassen.

Und was ist mit den Schlechteren oder gar Schlechtesten? Um die braucht man sich keine Sorgen mehr zu machen, denn die ist man ja bereits wenige Jahre zuvor bei der ersten Entlassungswelle losgeworden. Das Unternehmen hat sowieso nur noch Gute und Bessere an Bord.

Wie anders ließe sich in unserem Beispiel erklären, dass das Unternehmen ein Traumergebnis hinlegen und sogar zum größten Rückversicherer der Welt avancieren konnte? Doch in weiser Voraussicht hat Aigrain erkannt, dass nichts so trügerisch ist wie ein Sieg, in dem bereits der Keim der Niederlage schlummert. Die Konkurrenz schläft nicht. Die demografische Entwicklung lässt eine baldige Überalterung der Gesellschaft befürchten, also auch der eigenen Mitarbeiter. Als Spezialist für Risiken weiß der Versicherer, dass man heute bereits die Schäden von morgen und übermorgen verhindern muss. Wenn die Guten morgen alt werden, verschlechtern sie sich gegenüber der jugendlichen Konkurrenz. Denn, wie jeder alte Unternehmensführer weiß, lassen sich die alten Mitarbeiter nicht mehr so leicht gängeln und zum Wohle der Shareholder steuern. Zudem erlahmen sie in ihren Anstrengungen, wenn ihre Pensionierung kurz bevorsteht. Folglich bleiben nur die Besseren von heute als die Guten von morgen im Wettbewerb bestehen. So beweist Aigrain echtes Unternehmertum, indem er die Risiken schlechter Mitarbeiter von morgen heute schon chancenreich bewältigt und dadurch die Erfolge von übermorgen absichert.

Jetzt bleibt für den Rückversicherer nur noch ein Problem zu lösen: Wer von den guten Mitarbeitern ist der Bessere beziehungsweise Beste? Worin unterscheiden sich diese von jenen? Hier sind Maßstäbe gefragt, deren Einsatz zuvor genau geprüft werden muss. Da der Zollstock out ist, raten wir als Lügenforscher zum Einsatz einer Meßlatte mit der Länge von dreißig Zentimetern. Solche liegen normalerweise auf jedem Schreibtisch. Messen Sie beispielsweise die Mitarbeiter-Performance in Form der bearbeiteten Policen. Je dicker der Policenstapel, desto besser. Zeigt der Maßstab höchstens 20 Zentimeter an? Dann ist der Mitarbeiter gut. Besser sind solche deren Output zwischen 20 und 30 cm reicht. Ganz wenige Stapel werden sogar über die Länge Ihres Maßstabes hinausragen. Das sind dann die Allerbesten, die Shooting Stars, die Sie besonders pflegen müssen.

Längst nicht immer kann die Performance auf diese Weise gemessen werden. Dann müssen andere Maßstäbe her. Wie wäre es mit dem Shareholder Value, den die einzelnen Mitarbeiter gemehrt haben? Sagen wir mal, die guten Mitarbeiter mehren ihn um zehn, die besseren um zwanzig und die besten um dreißig Prozent. Doch diese Kennzahl hat sich als sehr trügerisch erwiesen. Denn der Aktienmarkt spiegelt, wie der jüngste Börsencrash bewiesen hat, die Steigerung des Wertes Ihres Unternehmens häufig nicht mehr richtig wider, weil zum Beispiel die ängstlichen Hausfrauen nach dem Crash das Börsenparkett fluchtartig verlassen haben und jetzt nur noch ein Mauerblümchendasein pflegen. Nur eine Milchmädchenhausse garantiert in schlechten Zeiten eine Aufwärtsbewegung.

Also müssen andere Kennzahlen her. Wie wär's mit der Umsatzrendite pro Kopf? Die gibt doch an, was ein Mitarbeiter oder eine Abteilung zum Profit beiträgt. Sie müssen nur den Beitrag jedes einzelnen Mitarbeiters zur Wertschöpfung des Gesamtunternehmens auftragen, und Sie erhalten in der Regel eine Gaußsche Normalverteilung, also die berühmte Glockenkurve. Greifen Sie allerdings noch auf diejenige Glockenkurve zurück, die Sie vor der ersten Entlassungsaktion erhielten. Das ist ein mathematisch nicht ganz sauberer Trick. Aber nun müssen Sie sich nur noch mit der halben Glocke plagen. Denn die schlechteren Mitarbeiter, also die mit der negativen Abweichung vom Durchschnitt, wurden ja aus Ihrem Unternehmen bereits schon früher eliminiert. Es gibt also nur Mitarbeiter mit positiver Abweichung vom Durchschnitt. Sie können nun die guten Mitarbeiter innerhalb der ersten Standardabweichung identifizieren, die Besseren innerhalb der zweiten Standardabweichung und die Besten innerhalb der dritten Standardabweichung.

Wenn Sie dann die so identifizierten Guten entlassen wollen, haben Sie Ihre Personalkosten mit einem Schlag mehr als halbiert. Der Gewinn dürfte sich dann bereits im nächsten Jahr vervielfachen. Sie müssen davon allerdings noch die Kosten für die Sozialpläne und – seien Sie generös – für die Outplacement-Verfahren abziehen.

Es bleibt unserer Erfahrung nach das geringe Risiko, dass sich innerhalb der entlassenen Guten doch noch der eine oder andere Bessere befindet, dessen Wertschöpfungsbeitrag in den folgenden Jahren fehlen würde. Sollte dies der Fall sein, trösten Sie sich damit, dass die übrig gebliebenen Besseren und Besten nun hoch motiviert sein werden noch besser, ja sogar exzellent zu werden – schon alleine aus der Angst heraus, ob der fehlenden Guten nun selbst zu den Guten degradiert zu werden, so dass sie in der nächsten Entlassungsrunde dran glauben müssen. Es wird also immer noch genug exzellente Bessere geben, mit denen Sie die Zukunft Ihres Unternehmens erfolgreich gestalten können.

Übrigens, erlauben Sie uns noch eine Bemerkung zur Wirkung von beschönigenden Formulierungen. Wenn Sie die Guten entlassen wollen, schauen Sie den Engländern aufs Maul. Von denen können Sie sehr viel lernen. Dort wird zum Beispiel niemand entlassen oder gefeuert. Dort »lässt« man die Mitarbeiter einfach gehen (»you let them go«), man lässt ihnen sozusagen die Freiheit, ihren eigenen Weg zu beschreiten – ungebunden von den Zwängen Ihrer Firma. Lassen Sie sich hierfür von der nächsten Lüge Nr. 41 »Wir setzen Mitarbeiter-Ressourcen frei« inspirieren.

41
›Wir setzen Mitarbeiter-Ressourcen frei.‹

Haupteinsatzbereich: Shareholdern
Nebeneinsatzbereich: Betriebsräten, Analysten, Medien

Sie möchten gemäß der vorigen Lüge »Das Gute ist der Feind des Besseren« Spitzenleistungen Ihrer Mitarbeiter-Ressourcen herausholen, und sich der schlechten Mitarbeiter entledigen und wissen nicht wie? Dann setzen Sie diese zweideutige Lüge ein.

Das Schöne an euphemistischen Lügen ist, dass sie für zwei entgegengesetzte Zwecke verwendet werden können. Das »Freisetzen von Mitarbeiter-Ressourcen« können Sie entweder als Ankündigung zur Entlassung von Mitarbeitern benutzen oder als Einführung eines Human-Resource-Management-Programms. Letzteres versetzt die Mitarbeiter in die glückliche Lage, ihre verborgenen »Energien«, »Potenziale«, »Kräfte«, »Ressourcen«, »Ideen« und »Inspirationen« endlich zum Wohle des Unternehmens einsetzen zu können.

So gegensätzlich diese beiden Ziele zu sein scheinen, so sollte Ihnen doch klar sein, dass sie voneinander abhängen. Gelingt nämlich die Freisetzung der verborgenen Talente Ihrer Mitarbeiter nicht, so ist dies die Voraussetzung für deren *gänzliche* Freisetzung.

Die *partielle* Freisetzung der Ressourcen meint nämlich nichts anderes, als dass der Mitarbeiter gefälligst seine volle Arbeitskraft dem Unternehmen zur *freien* Verfügung stellt. Sollte er damit allzu sehr geizen, weil er seine eigene Wohlfahrt über die des Unternehmens stellt, dann bleibt Ihnen als Unternehmer nichts anderes übrig als den Freiheitsdrang Ihres Mitarbeiters zu respektieren. Dann setzen Sie ihn »frei« – getreu nach dem englischen Sprichwort: »If you love something, set it free. If it comes back to you, it's yours, if it doesn't, it was never meant to be.»

Wenn Sie sich in diesem Geist der Freiheit und Ressourcen Ihrer Mitarbeiter versichern, wird Ihnen kein Betriebsrat oder Gewerkschafter mehr etwas vorwerfen können. Wie anders zeigt sich der Geist unpopulärer Sanierungsmanager, denen nicht die Freiheit ihrer

Lügen in der Chefetage. Mathias Schüz, Stephen Wirth und Aiko Bode

ISBN 978-3-527-50213-4

Mitarbeiter am Herzen liegt, sondern die sich stattdessen »illoyaler Mitarbeiter entledigen« oder gar »Verlustbringer eliminieren« wollen, wie dies Unternehmensanierer à la Unity AG gerne in ihren Firmenbroschüren wenig zartfühlend zum Ausdruck bringen. Distanzieren Sie sich schleunigst von solchen Liquidationsversuchen des Humankapitals. Die Gewerkschaften oder Betriebsräte könnten Ihnen dies andernfalls zu Ihrem Nachteil auslegen.

Machen Sie es wie Dieter Zetsche, der neue Vorstandsvorsitzende der Daimler Chrysler AG. Er wird von der Presse bejubelt als »Schwarz-Rot-Geil« (so *BILD*), weil er allen Mitarbeitern der Spätschicht frei gab, damit sie das Halbfinalspiel der Fußball-Weltmeisterschaft sehen konnten. »Zetsche ist für jeden ansprechbar. Der Boss lacht und macht Scherze« (so *Der SPIEGEL*). Zetsche vermeidet es, brutale Wahrheiten auszusprechen wie: »Wir wollen 1,5 Milliarden Euro sparen und deshalb 6000 Arbeitsplätze in der Verwaltung streichen.« Zwar prangert er die Verfettung der Verwaltung an, wo die Dinge »nicht einmal, sondern vier und fünfmal« gemacht würden. Aber er sagt nicht: »Wir werden die Macht der Zentrale und somit die des Vorstandsvorsitzenden stärken.« Stattdessen sagt er, »man befreie die Führungskräfte vor Ort von Verwaltungsaufgaben«. Das ist der Geist der Lüge, wie er im Zeitalter der Globalisierung gepflegt werden sollte und wie er auch in diesem Buch dargestellt wird.

Gehen auch Sie so vor: Bringen Sie die Potentiale Ihrer Mitarbeiter in Freisetzungsberatungen und Outplacementverfahren zur vollen Entfaltung, anstatt sie zu feuern. Seien Sie gewissermaßen der Wegbereiter der wahrhaften Selbstverwirklichung zahlreicher Menschen. Endlich werden Ihre Mitarbeiter aus der Sackgasse befreit, in die Sie während der Anstellung in Ihrem Hause geraten waren. Sie eröffnen ihnen den Heilsweg zu neuen Ufern, wo sie sich endlich ihrer wahren Bestimmung widmen können.

Seien Sie sich allerdings bewusst, dass der von Ihnen eingeleitete Befreiungs- und Individuationsprozess von den Betroffenen nicht sofort gut geheißen wird. Lesen Sie das Höhlengleichnis von Platon. Dort sitzen die Menschen gefangen tief unten in der Dunkelheit einer Höhle und kennen nichts als die Schattenspiele vor sich an der Wand. Ängstlich wehren sich Mitarbeiter daher, wenn Vorgesetzte sie auf einmal von ihren Fesseln und aus der Unmündigkeit befreien. Nur die wenigsten werden die Lebenschance erkennen, die sich ihnen in der Freiheit außerhalb ihres Gefängnisses bietet – wie bei Tieren, die nach jahrelanger Gefangenschaft im Zoo plötzlich die freie Wildbahn verweigern. Sie sind an die Geborgenheit ihrer Zelle so sehr gewöhnt, dass sie die große weite Welt als bedrohlich empfinden. Hier dürfen Sie nicht schwach werden und müssen professionelle Hilfe anbieten.

Der Befreiungsschlag sollte deshalb schockartig erfolgen, so dass die Gegenwehr gering ist und erst gar keine Abwehrstrategien entwickelt werden können. Denn wie schon Platon in seinem Höhlengleichnis erkannt hatte, kann man Gefangene, die jahrelang an ihre Fesseln und die Dunkelheit gewöhnt waren und nichts anderes als ihre wohlige Nestwärme kennen, nur mit Gewalt aus der Höhle schleppen. Und dort sind sie vom Sonnenlicht derart geblendet, dass sie zunächst überhaupt keine Orientierung haben. Erst nach einer Weile erkennen sie schließlich das Glück, das ihnen mit dieser Erleuchtung widerfahren ist. Dann gibt es nichts mehr, was sie freiwillig zurück in die Gefangenschaft bewegen könnte.

Seien Sie sich also bewusst, dass Sie mit der Befreiungsaktion die Verantwortung eines Seelsorgers haben, der die Menschen ihrem Glück näher bringt, um ihnen ihre ursprüngliche Bestimmung und ihren eigentlichen Lebenssinn zu geben. Bestenfalls können Sie sogar die Rolle eines Gurus übernehmen, der Licht in das Dunkel zahlloser Seelen bringt. Der sieht dann in der Freisetzungsaktion sogar eine Chance, seine Anhänger von karmischen Verstrickungen und endlosen Geburtenzyklen zu befreien und damit ihre endgültige Befreiung ins erlösende Nirvana zu erreichen. Wenn es Ihnen gelingt, auch noch diese Rolle zu übernehmen, dann haben Sie wahrhaft interkulturelle und interreligiöse Kompetenz bewiesen.

Die jüngste Freisetzungsrunde beim Allianz-Konzern, der wegen seiner historischen Gewinne von knapp 8 Milliarden Euro in 2005 und zu erwartenden 9 Milliarden in 2006 endlich in der Lage ist, noch weitere 7500 Mitarbeiter weltweit von ihren Fesseln zu befreien, berücksichtigt diese »Gefühlskurve« der Betroffenen. Die führt nämlich »von Sorge über Schock, Ärger und Frustration sowie Trauer schließlich zu Neugier, Enthusiasmus und endlich wieder Selbstvertrauen«. Setzen Sie, wie dies nach Aussage eines Artikels im *SPIEGEL* die Allianz tat, vor allem in den Phasen bis zur Trauer professionelle Berater wie die Firma »Human Protect« ein, die Überfall- und Unfallhilfe sowie »psychologische Akutintervention nach belastenden Ereignissen« anbietet. Das wird den Freigesetzten über die ersten Hürden hinweg helfen. Die weiteren Schritte überlassen Sie Ihrem neu engagierten CLO, dem Chief Liberation Officer.

Dieser kann dann dafür sorgen, dass die gekündigten Personen innerhalb von 24 Stunden den Arbeitsplatz verlassen. Hier können wir von der Swiss Re lernen. Dort verteidigt man diese amerikanische Gepflogenheit damit, dass es oft für alle Beteiligten besser sei, »wenn nicht monatelang am Arbeitsplatz Trauerarbeit geleistet« werde. Wir empfehlen noch, den solcherart Freigestellten Hermann Hesses trostreiches Gedicht *Stufen* mit in die Entlassungspapiere zu schreiben:

»... *Es muss das Herz bei jedem Lebensrufe*
Bereit zum Abschied sein und Neubeginne,
Um sich in Tapferkeit und ohne Trauern
In andre, neue Bindungen zu geben.
...
Nur wer bereit zu Aufbruch ist und Reise,
Mag lähmender Gewöhnung sich entraffen.
Wohlan denn, Herz, nimm Abschied und gesunde!«

42
›Mit Fusionen heben wir Synergien.‹

Haupteinsatzbereich: Shareholder, Analysten, Journalisten
Nebeneinsatzbereich: Mitarbeiter, Medien, Öffentlichkeit

Möchte Ihr Unternehmen Weltmarktanteile gewinnen? Können Sie nicht mehr aus eigener Kraft wachsen, weil die Kosten Sie daran hindern? Dann fusionieren Sie mit einem anderen Unternehmen und proklamieren Sie dabei diese Lüge.

Zwei Unternehmen sollen zusammengeführt, also fusioniert werden. »Merger« nennt man das auf Neudeutsch. Dem vorausgegangen ist ein Unternehmenserwerb, »Acquisition« genannt. Was verbirgt sich nun hinter diesen wohltönenden Worten? Es geht ums nackte Überleben, um den Sieg im Kampf ums Dasein. Oft ist der Übernahme ein erbitterter Abwehrkampf vorausgegangen. Es kann aber auch sein, dass die Braut schön herausgeputzt und feilgeboten wurde. Zuvor wurde der Körper des Unternehmens einer Schlankheitskur unterzogen, wobei immer darauf zu achten war, dass der Kopf, also das Management, komfortabel gebettet blieb und die meiste Kosmetik erhielt.

Eine Übernahme kann gewollt oder ungewollt, ja sogar feindlich sein. Theoretisch könnte es tatsächlich um das Zusammenführen von zwei sich hervorragend ergänzenden Organisationen gehen, die nun wesentlich effizienter am Markt agieren könnten. Aber wir verwenden den Konjunktiv nicht umsonst. Könnten! Es geht nämlich in Wirklichkeit gar nicht um Effizienz. Das kann es auch gar nicht, denn es geht um unser bedrohtes Ego, das die spektakulären Transaktionen sucht, aber für sorgfältige Prüfung des akquirierten Unternehmens wenig übrig hat. So schrieben schon Cullinan et al. 2004: »*Deal making is glamourous; due diligence is not. That simple statement goes a long way toward explaining why so many companies have made so many acquisitions that have produced so little value.*« Skeptiker gehen davon aus, dass die wirklich erfolgreichen Firmenübernahmen nur einen niedrigen einstelligen Prozentsatz aller Übernahmen ausmachen. Aber was wissen Skeptiker schon.

Lügen in der Chefetage. Mathias Schüz, Stephen Wirth und Aiko Bode

ISBN 978-3-527-50213-4

Woran misst man den Erfolg einer Fusion? Ganz einfach: durch die Fusionsformel, die da lautet: $1 + 1 > 2$. Das schlägt zwar der mathematischen Logik ins Gesicht, ist aber das zentrale Ergebnis der ökonomischen Theorie, die so etwas Wertschöpfung nennt. Oder anders ausgedrückt: Wenn zwei Schwächlinge sich vereinen, dann entsteht ein Muskelprotz, der stärker als die Summe der einzelnen Schwächlinge ist. Wenn nach der Vereinigung allerdings nur das mathematische Ergebnis $1 + 1 = 2$ herauskommt, dann hat sich die Fusion eigentlich nicht gelohnt – denn die Einzelschwächlinge hätten vorher alleine genauso viel produziert, oder sogar mehr als nach der Fusion, deren Fusionsformel dann also $1 + 1 < 2$ lautet.

Nur die Investmentbank, die sonstigen Zuhälter und Vermittler, Consultants und PR-Agenturen, die Medien und manche mehr profitieren in jedem Fall von den anfallenden Gebühren und Storys, die bei einer Fusion fällig werden. Nicht zu vergessen die entlassenen Manager, die für ihre entgangenen Gewinne in der Zukunft selbstverständlich entschädigt werden müssen. Wenn Sie darüber hinaus, wie seinerzeit im Falle Mannesmann der entlassene CEO, wesentlich daran beteiligt waren, die Braut besonders schön und begehrlich zu machen, dann spricht nichts dagegen, wenn Ihnen der Aufsichtsrat das auch vergoldet. Schließlich muss man Ihnen über den Trennungsschmerz wegen des verlorenen gegangenen Arbeitsplatzes hinweg helfen.

Es ist überhaupt nicht nachvollziehbar, weshalb man Herrn Esser, dem ehemaligen Mannesmann-Chef, den Prozess macht. Hat er sich doch lange geweigert, dem Merger zuzustimmen. Hat er nicht all die wirklich unfreundlichen Attacken von Vodafone aushalten müssen? Und hat er nicht dem Verkaufsdruck und der Anwendung chinesischer Strategeme seines Großaktionärs Li Ka Shing, Chef der chinesischen Hutchison Whampoa, lange widerstanden? Wurde er nicht nächtelang von ihm immer wieder angerufen, endlich Mannesmann an Vodafone zu verkaufen, weil jener sich davon großen Profit erhoffte? Was wäre gegen Essers großartige Versuche, den Shareholder Value zu mehren, einzuwenden? Verdanken wir nicht seiner Weisheit, dass er schließlich nach alter Judo-Methode dem Druck der Aggressoren und seiner eigenen Großaktionäre mit Ziehen entgegengekommen ist? Und war es keine glänzende Leistung, dass er mit dem von ihm initiierten Aufbau der Telekommunikationssparte bei

Mannesmann diese überhaupt erst für eine Übernahme attraktiv gemacht hatte? Verdient ein solcher Topmanager denn keinen goldenen Handschlag? Ist dies nicht der eigentliche Sinn der »unsichtbaren Hand«, die gemäß Lüge Nr. 57 für solche Verdienste eine zweistellige Millionensumme gibt, und damit für das allgemeine Wohl des verdienstvollen Unternehmensführers sorgt? Wie dem auch sei: Mitnichten hat solch edler Einsatz mit dem bloßen Ego zu tun. Es geht nur um den Energieausgleich: Wer viel gibt, darf auch viel nehmen.

Ihnen ging es nur darum, die Zukunft Ihres Unternehmens zu sichern, Synergien zu heben, einen lästigen Wettbewerber loszuwerden und den Mitarbeiterstamm zu »optimieren«. Letzteres erlaubt Ihnen, die besten und billigsten Kräfte zu behalten, aber die teuren, oft alten Hasen und auch die unbrauchbaren »Sesselfurzer« los zu werden. Nur, auch da wissen wir aus Erfahrung: Wer gut und billig ist, geht sowieso und jederzeit, weil er eben überall gefragt ist.

Zurück bleiben eher die Schwervermittelbaren, also Führungskräfte jenseits und Fingernagellackierer diesseits der Lebensmitte. Beide wird man nur durch teure Abfindungen los, die noch auf den Kaufpreis draufzuschlagen sind. Da Sie nicht alle »entsorgen« können, machen Sie es doch ein wenig spannender und erinnern Sie sich an Lüge Nr. 14 »Wir prüfen ergebnisoffen …« oder an: »Das Gute ist der Feind des Besseren«: Klar, viele Manager werden gehen müssen – egal, ob die gut waren oder nicht. Hier geht es schließlich nicht um deren, sondern um Ihre eigene Existenz.

Die Fingernagellackierer kann man folgendermaßen zum Gehen bewegen: Veranstalten Sie ein Art »Lotterie für Selbstentsorger«. Bieten Sie den Mitarbeitern Folgendes an: Jeder, der sich bis zum 24. Dezember des Jahres (ja, Sie sind der Weihnachtsmann!) bei Ihnen meldet und freiwillig geht, erhält eine Abfindung. Diese wird mit dem Faktor 1,2 oder einem ähnlich beeindruckenden Aufschlag multipliziert. Zur Finanzierung von Überbrückungszeiten bis zum Rentenalter spannen Sie den Staat mit seinen Hartz-IV-Segnungen ein. Das hebt die Stimmung – insbesondere bei denen, die gerade dabei waren, ihren Altersteilzeitvertrag zu unterzeichnen – und macht Spaß. Erwähnen Sie, dass nicht genug Abfindungen für alle da sind und das Motto »Wer zuerst kommt, mahlt zuerst« gilt. Außerdem sollten Sie beiläufig fallen lassen, dass Sie dann hinterher sowieso die Non-Performer selbst identifizieren und ohne Abfindung betriebsbedingt kündigen müssen. Das macht auf subtile Art und Weise Angst und führt zu einem Wettlauf um die besten Plätze. Alle, die sich darauf einlassen, haben ja selbst erkannt, dass sie für das Unternehmen nichts bringen. Das ist eine schöne, vielleicht sogar vor Arbeitsgerichten nützliche Selbsterkenntnis. Und sollten einige Problemfälle nicht erfasst worden sein: macht nichts. Jedes Unternehmen füttert ein paar freizeitorientierte Schonhaltungstypen durch. Wäre ja auch schade, wenn Sie die Keule für immer einpacken könnten – es ist doch immer wieder ein erhebendes Gefühl, mal ein wenig in die Lebensplanung anderer hinein zu regieren.

Um sich gegen die Wechselfälle einer Fusion abzusichern, haben Sie aber in weiser Voraussicht diverse unverdächtige Familienmitglieder schon vor dem Deal mit einem kleinen Aktienpaket eingedeckt und sich auch selbst eine Option auf steigende Aktien gesichert. Beides rasch noch vor dem nächsten Crash zu Cash gemacht, und schon haben Sie wieder ein paar Sorgen weniger.

43
›Wir streben einen ›Merger of Equals‹ an.‹

Haupteinsatzgebiet: Shareholder, Mitbewerber
Nebeneinsatzgebiet: Analysten, Medien

Streben Sie die Übernahme eines anderen, etwa gleich mächtigen oder gar mächtigeren Unternehmens an? Dann sorgen Sie dafür, dass Sie mit Hilfe dieser Lüge Ihren zukünftigen Partner freiwillig ins Boot bekommen. Denn eine Braut lässt sich heutzutage mit Versprechungen dieser Art leichter vor den Traualtar führen. Dass Sie nach der Zeremonie ein wenig Zeit verstreichen lassen sollten, bis Sie Ihre wahren Absichten offenbaren, dürfte selbstverständlich sein.

Nehmen Sie sich Jürgen Schrempp zum Vorbild. Er konnte die Aktionäre und Topmanager von Chrysler für die Fusion mit Daimler begeistern, vor allem weil er ihnen eine emanzipierte Ehe, also einen »Merger of Equals«, abgekürzt: MOE, versprach. Und tatsächlich wurde im Ehevertrag selbst bei der Namensgebung auf Gleichberechtigung geachtet. Die Braut übernahm nicht einfach, wie in vielen Ehen üblich, den Nachnamen des Bräutigams. Stattdessen entschied man sich, wie in vielen gleichberechtigten Ehen üblich, für den Doppelnamen: »DaimlerChrysler«. Auf dem Hochzeitsfoto saßen Schrempp und Chrysler-Chef Robert Eton auf einem Oldtimer und hielten symbolisch gemeinsam das Lenkrad fest – eben ganz gleichberechtigt. Zugegeben: Dass die Wahl dabei auf einen Oldtimer fiel, war für eine zukunftsweisende Geste zumindest doppeldeutig. Sollte die Botschaft nun heißen: Auch mit zwei (altgedienten) Lenkern bleibt alles beim Alten? Oder war gemeint: Zwei zukunftsgerichtete Manager werden die alte Chaise schon zukunftsfähig machen? Oder bedeutet dies sogar, dass sie sich wechselseitig immer wieder ins Lenkrad greifen? Solche missverständlichen Botschaften sollten Sie jedenfalls selbst bei passender Gelegenheit vermeiden.

Nur eine kleine Anzahl von Skeptikern sah in der Erstnennung von »Daimler« einen ersten versteckten Hinweis, dass bei aller Gleichheit einer der Ehepartner doch ein wenig gleicher war als der andere.

Lügen in der Chefetage. Mathias Schüz, Stephen Wirth und Aiko Bode

ISBN 978-3-527-50213-4

Wie immer gab es auch in diesem Fall Personen, die dem Brautpaar ihre gleichberechtigte Beziehung neideten. Sie meinten, der Name »Crimeler« sei für diesen Bund fürs Leben angemessener. Wie dem auch sei, der Hauptaktionär von Chrysler, Kirk Kerkorian, schien mit den Aussichten sehr zufrieden und stimmte dem Merger zu. Doch, wie in jeder Ehe, mussten die ersten Krisen überwunden werden. Mit der Folge, dass Eton bereits nach 22 Monaten seinen Abgang ankündigte. Auch das ist nichts Ungewöhnliches, ja geradezu normal. Fast immer geht nach einer Fusion einer der CEOs der Fusionspartner. Mathias Cabiallevatta warf das Handtuch schon nach vier Monaten nach der Fusion der Schweizerischen Bank Gesellschaft mit dem Schweizerischen Bank Verein.

Mit dem Weggang von Eton zeigte sich immer mehr, wer der Herr im Hause ist. Trotz des MOE-Versprechens besetzten Daimler-Manager die Schaltstellen des Unternehmens. Kirk Kerkorian sah hierin einen eklatanten Verstoß gegen die ursprüngliche Abmachung und klagte gegen Daimler auf Schadenersatz von zwölf Milliarden Dollar für entgangenen Gewinn. Denn ein Merger of Unequals hätte den Aktionären von Chrysler von vornherein eine höhere Mitgift beschert. Die Gerichte wiesen die Klage jedoch bisher zurück.

In einer anderen Hinsicht wurde jedenfalls die Gleichberechtigung nachweislich gelebt. Die amerikanischen Leiter sollten gemeinsam und gleichberechtigt an der Führung des gesamten Unternehmens beteiligt sein, selbstverständlich auch vergleichbare Entlohnung erhalten. Darauf legte Herr Schrempp besonders großen Wert. Denn es durfte nicht passieren, dass die deutschen Vorstandsmitglieder von ihren amerikanischen Kollegen mitleidig von oben herab behandelt würden, nur weil die amerikanischen Manager das zehn- bis zwanzigfache Gehalt beziehen. Die Gleichberechtigung fängt also immer beim Haushaltsgeld an. Keine Angst! Sie müssen nun nicht damit rechnen, dass die Gehälter nach unten angepasst werden. Amerika ist auch in dieser Hinsicht noch immer der Maßstab der Welt. Die Vorstandsbezüge werden also immer nur nach dem höheren Standard bemessen. Schrempp jedenfalls war gezwungen, seine Bezüge nach oben anzupassen. Wie sonst hätte er sein MOE-Versprechen auch einhalten können?

MOE ist auch in anderer Hinsicht eine hervorragende Lüge, um sich selbst zu bereichern. Wenn Sie als Unternehmer planen, eine andere Firma zu übernehmen, so muss der CEO Ihres Traumpartners gleichberechtigt zustimmen können. Wenn er nicht mitmachen will, so müssen Sie ihn umstimmen. Dafür gibt es viele Wege. Sie können ihm einen so genannten »Goodwill« bezahlen. Selbstverständlich geht diese Summe nicht direkt auf sein Konto, sondern auf das der Aktionäre. In einer Geheimabsprache können Sie ihm aber eine vergoldete Zukunft versprechen, wenn er nach einer bestimmten Stillhalteperiode freiwillig seinen Posten zur Verfügung stellt. So geschah es beispielsweise 1999 bei der Übernahme der Bankers Trust Corporation für neun Milliarden US-Dollar durch die Deutsche Bank. Die Abfindungszahlungen von 100 Millionen D-Mark für den scheidenden CEO waren im Vergleich zur Gesamtsumme nun wirklich Peanuts und konnten außerdem als Fusionskosten verbucht und damit von der Steuer abgesetzt werden.

Wenn Sie umgekehrt Ihr eigenes Unternehmen verkaufen möchten, weil Sie Ihrem lang gewünschten Ruhestand entgegen sehen, denken Sie von vornherein an die Due-Diligence-Prüfung, die der potentielle Käufer schon aus rechtlichen Gründen vornehmen muss. Mit dieser Due-Diligence-Prüfung – das heißt wörtlich »mit gebotener Sorgfalt« – soll geprüft werden, ob sich der Kauf des Unternehmens überhaupt lohnt. Der Käufer hat dabei das Recht, sämtliche Akten, etwa zu den Bilanzen der letzten Jahre, in einem so genannten Data Room einzusehen. Um einen möglichst guten Preis zu erzielen, gehen Sie dabei wie folgt vor:

1. Verstecken Sie Ihre Leichen im Keller, so gut es geht. Diese könnten den Preis erheblich drücken. Beispiele sind etwa in der Versicherungsbranche Asbestrisiken oder veraltete Technologien in der Autobranche.
2. Polieren Sie das Image Ihrer Firma auf, und zwar so, dass die potentiellen Synergien mit dem Käuferunternehmen geradezu ins Auge springen.
3. Lassen Sie in den Data Room nur Personen der Käuferseite hinein, zu denen Sie Vertrauen haben. Zu den vertrauensbildenden Maßnahmen gehört vor allem der Aufbau eines »partnerschaftlichen« Verhältnisses zu dem CEO des Käufers. Wenn er den Kauf befürwortet, werden die Shareholder des Käufers kaum noch dagegen stimmen. Ein wohl bestelltes Konto auf den Bahamas beschleunigt

jedenfalls die Zusammenarbeit. Dann wird er vor seinem Aufsichtsrat eher die positiven als die negativen Ergebnisse des Due-Dilligence-Berichts hervorheben. Ein Aufsichtsrat wird sich kaum die Mühe machen, den Bericht mit den Hunderten, wenn nicht Tausenden Seiten von Anhängen selbst zu studieren. Er verlässt sich also voll und ganz auf die Zusammenfassung seiner Vorstände. Und diese verlassen sich wiederum voll und ganz auf ihre wohl instruierten Sachbearbeiter, welchen sie unmissverständlich verklickert haben, welche Vorteile für alle bei der Übernahme herausspringen.

4. Unterschlagen Sie bei den Präsentationen zur wirtschaftlichen Lage Ihres Unternehmens Schulden, die Sie noch abzutragen haben. Rücken Sie solche Informationen in die klein gedruckten Erläuterungen zu den jeweiligen Bilanzen. Diese machen sich nicht besonders gut für die Due Dilligence.
5. Genehmigen Sie sich vor dem Verkauf noch einmal eine kräftige Dividendenausschüttung. Nach so vielen Jahren der Entbehrungen und Nullrunden haben Sie sich das verdient. Das hilft Ihnen und fällt dem Käufer sogar positiv auf, weil er Ihr Unternehmen dann für profitabel hält.
6. Wenn Sie nur Teile Ihres Unternehmens veräußern, so restrukturieren Sie vorher noch einmal Ihr Haus. Holen Sie sich die besten Mitarbeiter in die in Ihrem Besitz verbleibenden Betriebsteile, und schieben Sie alle weniger brauchbaren in den zu verkaufenden Unternehmensteil. Ebenso teilen Sie Ihr Produkt- bzw. Kundenportfolio, soweit möglich, nach diesem Muster auf.
7. Verlangen Sie, wie gesagt, einen »Good Will«, in dem der Käufer die Ernsthaftigkeit seines guten Willens für den Kauf Ihres Unternehmens zum Ausdruck bringt. Der Käufer erhält ja schließlich nicht nur Anteile am Unternehmen, sondern das Ganze, was ja bekanntlich mehr ist als die Summe seiner Teile. Außerdem benötigen Sie für die Pflege der Partnerschaft mit Ihren Vertrauten auf der Käuferseite ja noch gewisse Summen zur Begleichung »allfälliger« Spesen.
8. Wenn Sie jetzt noch dem Käufer eine Umsatzrendite von, sagen wir mal, mindestens acht Prozent pro Jahr in Aussicht stellen, dann wird ihn die Gier blind machen für die Risiken des ungleichen Geschäfts.

Jetzt kommt alles darauf an, dass Ihre Verbündeten im Käuferunternehmen die Übernahme als die einzige Chance verkaufen, um auf die überlebenswichtigen Gesamtmarktanteile zu kommen. Der damit verbundene Machtzuwachs wird den Käufer glauben machen, es handele sich um einen »Merger of Equals«. Erst nach Monaten, wenn nicht nach Jahren, wird er merken, dass die Ausgangsbedingungen für den Kauf des Unternehmens alles andere als »equal« waren. Dann aber ist die gewünschte Umverteilung großer Kapitalmengen bereits abgeschlossen. Und Sie selbst sind wieder einmal der beste Beweis dafür, dass die Vorteile aus der Verwirklichung von Idealen wie der »Gleichheit« nicht den Idealisten, sondern nur den Realisten vorbehalten bleiben: Sie waren, sind und bleiben halt immer ein wenig gleicher als andere.

44
›Wir haben ein ausgeglichenes Ergebnis erzielt‹

Einsatzbereich: Analysten, Aktionäre, Mitarbeiter, Vorstände, Journalisten

Weist die Bilanz Ihrer Abteilung oder Ihres Unternehmens Verluste auf? Möchten Sie diese vor Aktionären, Vorgesetzten, Journalisten und Analysten trotzdem als positives Ergebnis verkaufen? Drohen durch die Verluste Ihre Stock Options entwertet zu werden? Dann setzen Sie obige Lüge ein, deren unverbindliche Aussage sehr vorteilhaft für Sie ist. Sie sagt nichts darüber aus, was die »Ausgeglichenheit des Ergebnisses« eigentlich bewirkt. Sie können jedenfalls mit ihr jede Frage nach Ihrem Geschäftsergebnis ausweichend beantworten und jeweils zu Ihrem Vorteil uminterpretieren. Darüber hinaus bietet sie einen Ausblick auf das Potential für die kommenden Jahre.

Verluste sind in der Tat für Ihr Unternehmen beziehungsweise Ihre Abteilung teuflisch. Denn sie bedrohen Ihre jahrelang mühsam erworbenen Stock Options, die als erfolgsabhängige Zusatzgratifikationen wesentlicher Bestandteil Ihrer Entlohnung sind. Wenn nun die Aktienkurse aufgrund des Erfolgskurses steigen, dann sind Ihre Optionsscheine »im Geld«, das heißt, sie werden am Verfallstag fällig, und Sie können die Kursdifferenz als Reingewinn einstreichen. Was aber tun, wenn die Aktienkurse doch nicht so nach oben wollen, wie Sie es gerne hätten? Dann können Sie nachhelfen, indem Sie Ihre Jahresbilanz einer Schönheitskur unterziehen und Gewinnpotential für die kommenden Jahre vorgaukeln. Auch die Analysten lieben solche Storys. Sie stimulieren das Geschäft mit dem Wertpapierhandel, von dem Ihre Arbeitgeber und damit auch sie selbst profitieren. Noch mehr Hausfrauen wollen dann auf den Zug ins Profit Paradise aufspringen und treiben die Kurse weiter nach oben.

Lernen Sie vom Meister der Self-fullfilling Prophecy: Jack Grubman, der sich als freier Analyst auf Telecom-Unternehmen spezialisiert hatte. Er sagte eines Tages voraus, dass AT&T große Marktanteile an die wesentlich flexiblere Konkurrenz verlieren würde. Der Citi-

Lügen in der Chefetage. Mathias Schüz, Stephen Wirth und Aiko Bode

ISBN 978-3-527-50213-4

bank-Tochter Salomon-Smith Barneys gefielen solche Prognosen, weil sie normalerweise Kursfeuerwerke auslösen, und stellten ihm sogleich einen attraktiven Posten zur Verfügung. Er durfte von nun an in einem einzigen Büro Investment-Banking, Aktien-Research und Aktienverteilung vereinen und konnte auf diese Weise die großen Geschäfte dieses Industriezweiges gegen ein Jahresgehalt von 20 Millionen Dollar kontrollieren. Grubmans stillschweigende Kooperation mit dem Unternehmen Worldcom, deren Aktien er über Jahre hinweg wärmstens empfahl, war wesentlich mit verantwortlich für die über lange Zeit steigenden Aktienkurse dieser Firma. Er durfte sogar als Berater bei Worldcom an Vorstandssitzungen teilnehmen. Nach der Pleite von Worldcom erhielt Grubman von seinem Arbeitgeber einen goldenen Handschlag über 30 Millionen Dollar.

Und sollten die Aktienkurse kaum noch steigen, so ist auch das kein Hinderungsgrund, Ihre Optionsscheine profitabel zu liquidieren. Setzen Sie einfach hausintern den Ausübungspreis nach unten, so wie dies ein deutsches Telekommunikationsunternehmen im Jahr 2001 beschlossen hatte. Anstatt bei 63 Euro waren danach die Mitarbeiter-Optionen bereits bei 30 Euro »im Geld«.

Gewinne können durch Fusionen künstlich nach oben gebracht werden. Viele haben es Ihnen vorgemacht, wie man durch großartige Merger die eigenen Schwächen vertuschen und sich darüber hinaus auch noch kräftige Abfindungen organisieren oder Gehaltserhöhungen rechtfertigen kann. Denn die Manager des fusionierten Gebildes tragen ja nun erheblich mehr Verantwortung, was sich in einem entsprechenden Risikoausgleich in Form von Lohnsubventionen auszahlen muss. Besonders lukrativ ist die Fusion mit einem US-amerikanischen Unternehmen, wo die Managerlöhne erheblich höher ausfallen als in Europa. Niemand lehnt eine Verzehnfachung des Hungerlohnes eines deutschen CEOs ab, wenn er plötzlich einem amerikanischen Unternehmen »vorsitzt« und sich damit an örtliche Verhältnisse anpasst.

Betonen Sie bei der Präsentation Ihres schlechten Jahresabschlusses in allen schriftlichen und mündlichen Berichten ausdrücklich die »schlechten wirtschaftlichen Verhältnisse«. Es ist eine altbewährte Managerlüge: Wenn etwas schlecht läuft, sind die Umstände schuld. Wenn es gut läuft, dann waren Sie verantwortlich. Das ist auch richtig so, denn Sie tragen ja die Verantwortung für den Erfolg. Den Misserfolg müssen Sie immer anderen in die Schuhe schieben. Das entlastet das Unternehmen davon, sich wieder auf die kostspielige Suche nach einem neuen CEO zu machen, der mit Sicherheit auch nicht besser ist als Sie. Also wird der Aufsichtsrat alles tun, um Sie vor böswilligen Verleumdungen zu schützen.

Eine weitere Möglichkeit, eine schlechte Bilanz zu verbessern, besteht darin, dass Sie trotz widriger Umstände wenigstens ein ausgeglichenes Geschäftsergebnis hinzaubern. Wenn die Branche insgesamt besser abgeschnitten hat, dann ist allerdings – für alle Welt sichtbar – operativ in Ihrem Unternehmen irgend etwas schief gelaufen. Doch was genau, das wissen Sie nicht.

Man könnte jetzt nachfragen, sich mit Mitarbeitern einmal an die Zielvereinbarungen und die Mitarbeitergespräche erinnern oder den Kundenbestand durchleuchten. Aber wozu dieser Aufwand? Am Ende kommt gar zum Vorschein, dass Sie, die Führungskraft aller Führungskräfte, ein bis höchstens zwölf Fehlerchen zu verantworten hätten. Das ist wenig wünschenswert. Zum Glück bietet die Bilanz aber genügend Spielräume für die notwendige Kosmetik.

Vielleicht brauchen Sie diesen Aufwand aber gar nicht zu treiben. Vielleicht ist Ihre Abteilung groß genug, und Sie haben genügend interne Kreditlinien, so dass Sie hin und her buchen können, wie es Ihnen beliebt. Die Zürcher Bahnhofstrasse ist dafür eine geeignete Lernplattform. Setzen Sie sich um die Mittagszeit in ein Straßencafé und belauschen Sie die Gespräche der Banker am Nebentisch. Da kriegen Sie dann zu hören, wie der eine Fondsmanager dem anderen anbietet, gute gegen schlechtere Papiere einzutauschen, wodurch ein interner Performance-Ausgleich ermöglicht wird. Da bekommen Sie immer wieder mit, dass die viel beschworene »chinesische Mauer« zwischen Kreditabteilung und Vermögensverwaltung allenfalls aus Legoland stammen kann. Hier lernen sie anschaulich, wie man interne Verluste und Gewinne ausbalanciert, denn schließlich geht es ja um das größere Ganze. Mit solchen »Schwankungsausgleichen« und »-rückstellungen« werden Sie wirklich ein Seliger unter den armen Jahresabschlusslieferanten sein und zaubern ein »ausgeglichenes Ergebnis« hin.

Sollten Sie aber noch einen Schritt weitergegangen sein – nehmen wir einmal an, Sie wollten doch wissen, weshalb Ihr Unternehmen profitabel war –, dann haben Sie ja vielleicht in einer stillen und unbeobachteten Stunde einmal die Kosten und Leistungsquote Ihrer Abteilung und Ihrer Person analysiert.

Da gab es einen Posten, der die Bilanz verhagelt hat, stimmt's? Ja, nämlich Ihr eigenes Gehalt, nebst Spesen, Dienstwagen und Tantiemen. Das ist aber nicht weiter tragisch, sondern nur der Ausweis Ihres persönlichen Einsatzes – eine Zukunftsinvestition im besten Sinne! Sie müssen diese nur noch bilanztechnisch ausgleichen. Wie machen Sie das? Indem Sie einfach die Investitionen für Ihr Gehalt wieder durch moderate Einsparungen bei der großen Masse der Mitarbeiter hereinholen.

Der Präsident einer Schweizer Großbank hat hier vorbildliche Arbeit geleistet. Sein Lohn betrug für das vergangene Jahr rund 25 Millionen Franken. Das fällt schon ins Gewicht. Deshalb war es durchaus sinnvoll, diesen Betrag wieder woanders einzusparen. Das ging auch ganz leicht, indem die vielen Tausende von Mitarbeitern einfach auf gewisse kleine Vergünstigungen beim Weihnachts- und Urlaubsgeld oder andere so genannte Fringe Benefits verzichteten, und schon war der Lohn des Bosses aller Bosse wieder erwirtschaftet. Dem einzelnen Mitarbeiter taten die mäßigen Streichungen schließlich kaum weh. Gemäß dem Sprichwort »Kleinvieh macht auch Mist« kam für den Chef dann doch ein ganz schöner Haufen zusammen – gemäß unserer Lüge Nr. 31 »Wer den Heller nicht ehrt ...«. Auf diese Weise vermeiden Sie es, für Ihr Unternehmen eine finanzielle Belastung zu sein. Sie arbeiten gleichsam zum Nulltarif, indem Sie Ihren Lohn durch Bilanzausgleich bei den Kosten selbst erwirtschaftet haben. Damit baut sich für die nächsten Jahre auch wieder das Potential auf – nämlich Ihr eigenes.

45
›Mir liegt die Gesundheit des Unternehmens am Herzen!‹

Haupteinsatzbereich: Shareholder, Aufsichtsräte
Nebeneinsatzbereich: Konzernleitung, Öffentlichkeit

Hippokrates, der griechische Urvater aller Mediziner hatte Recht: Gesundheit besteht aus einer ausgewogenen Mischung der Qualitäten. Sie selbst sind das beste Beispiel für diesen Satz. Knapp 50 Jahre alt, hat man Ihnen nun die Europa-Zentrale des Konzerns anvertraut. Das Sprungbrett, auf das Sie immer gewartet haben. Und Sie werden es nutzen. Schließlich sind Sie selbst ein elastischer Typ, drahtig, durchtrainiert, belastbar – kein Gramm Fett. Konzentration auf das Wesentliche. Ihre Karriere: jede Stufe im Marschtempo genommen. Für Familie keine Zeit. Kindergeschrei ist halt nicht jedermanns Ding. Ihres bestimmt nicht. Ihr Ding sind Sie selbst. Und nun auch »Ihr« Unternehmen.

Nach einigen Wochen der Einarbeitung lautet Ihre erste Analyse: Die Firma ist nicht mal halb so gut in Schuss wie Sie selbst. Es werden Einschnitte nötig sein. Und zwar nicht nur kosmetischer Natur! Es wird Training nötig sein. Aber nicht nur Lach- und Urschreiübungen für ein paar Durchgeknallte in der Mittagspause, die noch immer nicht bemerkt haben, dass die 68er schon ein paar Jahrzehnte vorbei sind. Es wird Diät nötig sein. Diät? Das hat so etwas Vorläufiges mit programmiertem Jojo-Effekt. Nein: Hier muss ein anderer Geist einziehen, eine andere Lebenshaltung.

Nach dieser raschen Analyse stehen Sie dann aber unvermittelt vor einem Problem: »Wie sag' ich's meinem Kinde?« Noch dazu, wenn man sich als Single ganz unvermittelt mit so vielen »Kindern« konfrontiert sieht. Mit Kindern, die in der Gewerkschaft sind. Mit Kindern, die unkündbar sind. Seine eigenen Plagen kann man unter bestimmten Voraussetzungen wenigstens an die frische Luft setzen – hier ist dies deutlich schwieriger.

Lügen in der Chefetage. Mathias Schüz, Stephen Wirth und Aiko Bode

ISBN 978-3-527-50213-4

Sie ringen also nächtelang um die richtige Form für Ihre Botschaft. Denn es ist Ihnen bewusst: Jeder Fehler, den Sie jetzt machen, kommt Sie teuer zu stehen.

Wir hätten da eine kleine Lüge für Sie. Lüge? Nein, ein viel zu hartes Wort. Wo Sie doch eigentlich auf die Befindlichkeit anderer so nett Rücksicht nehmen möchten. Nennen wir sie diesmal Euphemismus. Das meint das Gleiche, klingt aber viel verbindlicher. Unser Euphemismus für Sie lautet also: Machen Sie sich die »Gesundheit« Ihres Unternehmens zur »Herzensangelegenheit«. Hierfür spricht zweierlei:

Zum einen werden Angelegenheiten des »Herzens« von unseren rührseligen Mitmenschen sehr viel eher akzeptiert als jene kalter Rationalität. Auch Mitarbeiter oder Gewerkschaftsmitglieder sind Menschen, ergo sind sie rührselig. Dass gerade Sie natürlich ein kalter Rationalist sind – sonst stünden Sie ja nicht auf diesem Posten – müssen Sie nun wirklich niemandem unter die Nase reiben. Scheuen Sie keinen Aufwand für dieses Verbrüderungsgeschwätz. Vermeiden Sie jedweden Vorwurf gegen sich. Seien Sie sich aber sicher: Trotz Ihrer Vorsorge werden sich Vorwürfe erheben, und Sie werden von vornherein in die Ecke der Gewissenlosigkeit gestellt. Bezeichnen Sie solche Vorwürfe als herzlos-zynische Versuche, sich auf Kosten anderer eigene Vorteile zu sichern – ohne Blick und Verantwortung fürs große Ganze. Denn es ist ganz klar: Wer kein Herz hat, kann auch kein Gewissen haben. Und wer kein Gewissen hat, der ist charakterlos. Und wer charakterlos ist, dem wird man auch nicht glauben. Scheuen Sie keine starken Worte, werden Sie pathetisch. Rühren und kneten Sie die amorphe Masse Ihrer Zuhörer. Geizen Sie nicht mit Emotionen, sondern mit Argumenten.

Zum anderen ist »Gesundheit« ein sehr flexibler Begriff. Also biegen Sie ihn sich zurecht, wie Sie ihn gebrauchen können. Sanieren Sie Ihr Unternehmen. »Sanieren« kommt schließlich vom lateinischen »sanum«, was soviel wie »gesund« bedeutet.

1. Sie wollen ein »schlankes« Unternehmen, denn Schlankheit ist gesund? Kein Problem: Entfetten Sie den Personalbestand! Was an Arbeit überflüssig war, entfällt und kostet keinen extra Lohn. Und was an Arbeit übrig bleibt, wird unter der Bezeichnung »Standort-

sicherung« auf die Übrigen umgelegt – und kostet auch nicht mehr.

2. Der Krankenstand ist zu hoch, was ja per se schon nicht gesund sein kann? Verordnen Sie den Damen und Herren mehr Bewegung durch Wettbewerb – denn Bewegung ist gesund. Und Angst um die Sicherheit sowie wegen der Verknappung der Arbeitsplätze schafft Wettbewerb.
3. Der Personal- bzw. Betriebsrat blockiert – und Blockaden sind nicht gut für den richtigen Fluss im Unternehmen? Kein Problem: Binden Sie ihn ein. Wenn er das Gefühl hat, berücksichtigt zu werden, ist er rasch zufrieden. Notfalls beschäftigen Sie ihn mit einer Nebenfrage und geben dort klein bei. Im Gegenzug dürfen Sie ja wohl ein wenig Entgegenkommen in der Hauptfrage verlangen. Schließlich muss das Unternehmen arbeitsfähig bleiben. Sonst verliert auch der Personalrat seinen Arbeitsplatz – und das kann er doch nicht wollen. Ein wenig Illusion von Bedeutung und Belang, ein schönes lautes Contra (in einer Nebenfrage) – und schon hat es sich eingerenkt. Gewerkschafter sind nun einmal immer contra. Das muss man ihnen zugestehen.

Weitere Assoziationen mit entsprechenden Folgen überlassen wir gerne Ihnen – uns kam es nur aufs Prinzip an. (Prinzip? Auch ein schöner Euphemismus, wenn man sich Details vom Halse halten will!) Sie werden sehen: Diese und andere Maßnahmen mehr rentieren sich in kurzer Zeit. Natürlich vor allem für Sie. Sie haben doch für ein gesundes Unternehmen gesorgt – und dafür gebührt Ihnen Dank.

So gut der kleine Kniff ist: Er birgt leider einige Risiken und Nebenwirkungen. Zum einen können Sie diese Taktik nur dann anwenden, wenn Sie persönlich auch wirklich der entsprechende Phänotyp sind. Mit Rotweinblick, Zigarre und feister Taille von Gesundheit zu schwadronieren, ist wenig überzeugend. Ihre Glaubwürdigkeit bleibt in diesem Prozess überhaupt der springende Punkt: Bitte treiben Sie die Analogien zur Gesundheit daher ebenso wenig ad absurdum wie Ihre Vorstöße in puncto Empathie und Herzensangelegenheit. Wenn die Leute merken, dass Ihre Liebe und Zuneigung ausschließlich Ihnen selbst und Ihrem beruflichen Erfolg gilt, werden sie sich Letzterem mit ganzer Kraft entgegen stemmen. Dann sieht es übel für Sie aus. Der schleichende Verlust an Glaubwürdigkeit durch Übertreibung hat immer destruktive Wirkung. Also: Alles mit Maß und Gemessenheit! Gehen Sie immer mit gutem Beispiel voran. Sie haben ja auch in der Vergangenheit viel gearbeitet. Und keine familiären Pflichten hindern Sie daran. Noch dazu werden Sie – im Gegensatz zu allen anderen – fürstlich hierfür entlohnt.

Und wenn es doch mal nicht so klappt? Kein Problem: Auch andere Unternehmen müssen gesunden! Und eben das liegt Ihnen doch am Herzen.

46
›Man braucht das Rad nicht immer neu zu erfinden!‹

Einsatzbereich: Aufsichtsgremien, Vorgesetzte, Aktionäre

Sitzt Ihnen, dem Vorstandsvorsitzenden, Ihr nörgeliger Aufsichtsratchef wegen mangelnder Produktinnovationen im Nacken? Moniert er eine starke Überalterung Ihrer Kundschaft? Befürchtet er bei den Verbrauchern einen Generationenabriss, der auch massive Umsatzeinbußen zur Folge hätte? Hält er Ihnen die steigenden Marktanteile der Konkurrenz vor, die deutlich jüngere Kunden erreicht? Wirft er Ihnen einen Imageverlust mit bleibenden Schäden und negativer Auswirkung auf die Renditen vor? Dann schmettern Sie seine Kritik mit dieser Lüge wirksam ab.

Denn zweifellos markiert die Erfindung des Rades einen Riesensprung in der Zivilisationsgeschichte der Menschheit. Von da an lief es gewissermaßen rund. Wieso sollte dann das Rad immer wieder neu erfunden werden müssen? Mit ihm setzte eine Beschleunigung in vielen Lebensbereichen ein. Lasten konnten einfacher, schneller und über weitere Strecken bewegt werden. Der Einsatz eigener Körperkräfte oder der von Tieren wurde erheblich effizienter. Es wurde möglich, Menschen zu rädern oder sie zwischen die Speichen zu flechten. Das Sinnbild einer feststehenden Mitte, um die sich der Rest der Welt in größerem oder kleinerem Abstand zum Mittelpunkt dreht, begründete in der Folge sogar ganze Weltbilder. Wenn Sie es recht bedenken, lief diese Entwicklung geradewegs auf Sie selbst zu: von der Geozentrik (mit der Erde im Mittelpunkt) über die Heliozentrik (mit der Sonne im Mittelpunkt) bis schließlich zur Egozentrik (mit Ihnen selbst im Mittelpunkt). Ja, in Ihnen kommt die Entwicklung zu ihrem Höhepunkt. In Ihrer Person wird wahr, was Sie schon immer wussten: Sie sind der Nabel der Welt! Alles in Ihrem Unternehmen dreht sich nur um Sie, den Vorstandsvorsitzenden!

Sie haben Goethe gelesen. So spricht ein Vers des Dichters Ihr Glaubensbekenntnis aufs Schönste aus: »Mir geht in der Welt nichts

Lügen in der Chefetage. Mathias Schüz, Stephen Wirth und Aiko Bode

ISBN 978-3-527-50213-4

über mich, denn Gott ist Gott und ich bin ich.« (Goethe, *Satyros*, 1773) Mit Goethe ausgestattet, sitzen Sie nun als Massezentrum im Mittelpunkt Ihres Universums und lassen Ihre Kräfte tätig wirken. Ihre Zentripetalkraft bindet alle Personen, die Ihnen zu Diensten sind, an Sie selbst und weist ihnen je nach Nützlichkeit im gehörigen Abstand vom Zentrum ihren rechten Platz zu. Ihre Zentrifugalkräfte hingegen befördern jene mit Schwung aus Ihrem weit gespannten Wirkungsradius, die sich Ihren Befehlen verweigern. Sie selbst bewegen sich, wie immer, kaum bis wenig.

Die Lüge, die Sie der Kritik des Aufsichtsratschefs entgegenhalten, entfaltet daher eine explosive Wirkung. Zum einen spiegelt sie vor, dass Ihre eigenen Leistungen ähnliche Bedeutung haben wie die Erfindung des Rades und somit ebenso wenig angezweifelt werden können. Und wenn überhaupt, dann nur von der Kurzsichtigkeit ökonomischer Eintagsfliegen. Zum anderen spiegelt sie vor, dass das Rad sich als Konstante einer langen, wechselvollen Geschichte von Erfindungen gehalten hat. Von der Idee her immer gleich, vermochte es fortentwickelt und dem jeweiligen Stande der Technik seiner Zeit angepasst zu werden – exakt wie Ihre Endprodukte. Indem Sie so, mit dem Blick auf ellenlange Zeitspannen, den angemahnten Innovationszyklus auf ein Nichts reduzieren, schlagen Sie Ihrem Kontrahenten die Waffen aus der Hand. Sie unterstellen ihm Aktionismus, Hektik, blinden Eifer. Sie setzen ihn dem Verdacht aus, den Blick fürs Wesentliche verloren oder – schlimmer noch – nie gehabt zu haben. Und zwar ohne dies zu sagen!

Eine wahrhaft königliche Lüge! Sie entwertet Ihr Gegenüber. Und rückt Sie unversehens näher in die Mitte aller Aufmerksamkeit. Dorthin also, wo Sie hingehören – wenigstens bis zur nächsten Jahreshauptversammlung oder Bilanzpressekonferenz, in der Sie uneinsichtige Kleinaktionäre oder spitzfindige Wirtschaftsredakteure mit Fragen nach ausbleibenden Renditen nerven werden. Aber was soll's. Auch denen werden Sie schon verständlich machen, dass man das Rad eben nicht ständig neu zu erfinden braucht.

47
›Wir haben in kurzer Zeit mehr erreicht als in den zehn Jahren davor.‹

Einsatzbereich: Presse, Öffentlichkeit, Aufsichtsorgane

Nach langem Staustehen auf der Karriereleiter haben Sie es vor zwei Jahren endlich geschafft: Sie sind der Chef des Unternehmens. So richtig hatte niemand mit Ihnen gerechnet. Die anderen Kandidaten hatten durchaus einiges für sich. Der eine mehrere Jahre Auslandserfahrung, der andere ein hochkarätiger Entwickler. Auch der Kommunikationschefin des Unternehmens wurden gute Chancen eingeräumt. Doch wie so oft: Profilierte Menschen haben profilierte Gegner. Das ist zwar ehrenvoll, aber wenig förderlich für eine Karriere. Wenigstens für eine Karriere im eigenen Haus. Ihre beiden Konkurrenten sind daher auch bei der Konkurrenz gelandet. Ärgerlich für das Unternehmen, aber vorteilhaft für Sie selbst. Die Kommunikationschefin ist geblieben, und Sie haben sich mit ihr arrangiert. Genau dies war im Nachfolgepoker Ihr großes Plus: Sie können sich arrangieren.

Sie haben nicht sogleich »Hier« geschrien, als es um die Nachfolge ging. Zumal Sie wussten, dass Ihr Amtsvorgänger Sie für eine Pfeife hält und dies in persönlichen Gesprächen auch immer durchblicken ließ. Sie haben daher klug abgewartet, sich ruhig verhalten und den monatelangen Verhandlungen des Aufsichtsrats die richtige Stunde für Ihre eigene Bewerbung abgelauscht. Sie haben schließlich, zum richtigen Zeitpunkt, in die wachsende Lähmung und Verzweiflung der Nachfolgediskussion Ihren eigenen Hut in den Ring geworfen und sich selbst als Kompromisskandidat eingebracht. Kein Aufsichtsratsmitglied konnte einen Misserfolg mit Ihnen verbinden. Eines echten Erfolges hätte sich allerdings auch keiner erinnern können. Doch beim Stand der verfahrenen Nachfolgedebatte kamen Sie daher wie ein lebendes Wundpflaster: der fleischgewordene Kompromiss. Eine Möglichkeit für alle, das Gesicht zu wahren. Welch nettes Gefühl, Ihre laute Konkurrenz auf einmal verstummen zu hören. Und so sind Sie es geworden.

Lügen in der Chefetage. Mathias Schüz, Stephen Wirth und Aiko Bode

ISBN 978-3-527-50213-4

Ihre erste Amtshandlung war pfiffig und von hintergründigem Humor, ja leiser Selbstironie, die Ihnen niemand zugetraut hätte: Sie haben sich der Presse nicht als Kompromiss verkauft, sondern als der am sorgfältigsten ausgesuchte Nachfolger seit langem. Und dies, obwohl Ihnen eigentlich ein richtiges Programm für die Zukunft gefehlt hat. Da stehen Sie nun, stellen fest, Sie sind der Boss, aber wissen noch nicht, was zu tun ist.

Unser Rat: Nehmen Sie sich dies kleine Lügenbrevier vor, und blättern Sie darin. Sie werden finden, dass dem schönen Schein praktisch in allen Lebenslagen Vorrang vor dem Sein eingeräumt wird. Sie wissen, dass man nur der Statistik trauen kann, die man selbst gefälscht hat. Somit steht fest: Sie kündigen an, in zwei Jahren »anders« dastehen zu wollen als heute.

Öffentlichkeit wie Aufsichtsräte neigen dazu, dieses »anders« als »besser« zu deuten. Kommt es tatsächlich zu einer Besserung, dann umso vorteilhafter für Sie. Kommt es nicht dazu, gibt es genügend Gründe dafür. Da Ihr Unternehmen in einem sehr schnelllebigen Markt mit stark schwankender Nachfrage tätig ist, werden Sie später keine Schwierigkeiten haben, entsprechende Zielverfehlungen und -korrekturen erklären zu können. Auf eines aber sollten Sie achten: Der öffentliche Auftritt Ihres Unternehmens muss sich verändern – Sie benötigen einen anderen Schein, eine andere Wahrnehmung, einen andere Anstrich. Ob sich inhaltlich etwas verändert, ist von minderem Belang – und zudem weitaus schwieriger zu bewerkstelligen. Warum sollten Sie sich verheben?

Zuerst kündigen Sie eine Kommunikationsoffensive unter den Mitarbeitern an. Das macht einen guten Eindruck. Wenn jeder seinen Senf zu allem geben darf, was er für wichtig hält, werden sich hinterher alle schon dadurch besser fühlen, dass sie sich einmal äußern durften. Dies schafft zwar keine neuen Fakten, aber die alten Fakten erscheinen in einem neuen Licht und verändern somit ihre Wahrnehmung. Sodann beauftragen Sie die Entwicklungsabteilung Ihres Unternehmens mit der Ausarbeitung eines Programms für die nächsten vier Jahre. Ziele formulieren Sie so, dass sie auch unter schlechteren Wettbewerbsvoraussetzungen erreichbar sind. Aber kündigen Sie diese Ziele als wegweisende Schritte in die Zukunft an.

Sodann engagieren Sie eine teure Unternehmensberatung, die sich allerdings mit den Gepflogenheiten Ihres Marktes noch nicht so gut auskennt. Diese erhält von der Entwicklungsabteilung Ihres Unternehmens Nachhilfe, was in diesem besonderen Markt wichtig ist. Die Unternehmensberatung übersetzt diese Nachhilfe in ihre eigene Terminologie und ausgeklügelten Charts und schlägt das Ergebnis wiederum dem Haus als Zukunftsstrategie vor.

Sie präsentieren die Ergebnisse vor Ihrem Aufsichtsrat sowie vor den Mitarbeitern, damit alle informiert sind und sich hinterher niemand beklagen kann. Sie können in Ruhe abwarten und das Haus arbeiten lassen. Da in den ersten beiden Jahren der Schwung des Neubeginns groß ist, brauchen Sie nur etwas Glück, um ein paar Ergebnisse zu produzieren, die halbwegs gut verkäuflich sind. Dümpelt das Unternehmen unverändert vor sich hin, dann haben Sie in der teuren Unternehmensberatung einen Sündenbock, den Sie zusammen mit unvorhersehbaren Ereignissen in Ihrem Wettbewerbssegment für die Fehlentwicklung verantwortlich machen können. Stellen sich hingegen einige positive Entwicklungen ein, dann werfen Sie sich ein wenig in die Brust und tragen mit Verve unser obiges Verslein vor: »Wir haben in kurzer Zeit mehr erreicht als in den zehn Jahren davor!«

Welch süße kleine Rache an Ihrem Vorgänger, diesem Autokraten. Welch bescheidenes Zurücktreten vor der Gesamtleistung der Mitarbeiter in diesem »Wir«. Kein Mensch wird jetzt noch auf die Idee kommen zu fragen, was Sie selbst eigentlich in diesen letzten zehn Jahren der Amtsführung Ihres Vorgängers in der Geschäftsleitung getan beziehungsweise unterlassen haben. Nein, man wird sich nunmehr um Sie reißen. Presse und Öffentlichkeit benötigen Erfolgstorys und unverbrauchte Gesichter. Nun ist es Zeit: Jetzt werden Sie öffentlich und lassen sich in den hohen Kreisen herumreichen. Politik und Wirtschaft, Gesellschaft, Kunst und Kultur, Kirche und Verbände, Sport- und Spendengalas, Kongresse und Tagungen, Ereignisse des öffentlichen Interesses, Statements, Artikel, Interviews: Sie werden gesehen, Sie werden gelesen! Es müsste mit dem Teufel zugehen, wenn Sie nicht innerhalb eines guten Jahres zum Establishment gehören. In dieser Zeit werden Sie wenig schlafen und viel reisen – Sie werden es überstehen. Ziehen Sie sich anschließend wieder etwas zurück, wird man dies nicht Ihrer Erschöpfung, sondern Ihrer Professionalität zuschreiben. Die Voraussetzungen für eine Vertragsverlängerung sollten damit gesichert sein.

48
›Die vorgesehenen Reformen sind unumgänglich.‹

Einsatzbereich: Shareholder, Mitarbeiter

Die Gewinne sind in jüngster Vergangenheit eingebrochen. Haben Sie sich verspekuliert? Waren die Prognosen falsch? Sind die Kosten explodiert? All das spielt im Prinzip keine Rolle, denn Sie brauchen eine Doppel-Lüge. Einerseits darf nicht deutlich werden, dass Sie sich schon seit geraumer Zeit im Wesentlichen nur um sich selbst gekümmert haben. Andererseits muss sie darüber hinweg täuschen, wer die Zeche zu zahlen hat: die Aktionäre und die Mitarbeiter.

Diese Lüge ist eine Allzwecklüge. Gegen das Wohl eines Unternehmens kann niemand etwas haben, der von ihm profitiert. Daher zeugt diese Aussage von Weitblick. Sie bestärkt diejenigen, die Sie in Ihre Funktion gehoben haben, nachhaltig darin, die richtige Wahl getroffen zu haben. Durch sie werden Ihre Mitarbeiter eher bereit sein, die bitteren Pillen zu schlucken, die mit jeder Reform verbunden sind: Personalabbau, Zusammenlegung von Abteilungen, Sparmaßnahmen, Gehaltskürzungen, Wegfall von Fringe Benefits wie Weihnachtsgeld et cetera sind mit der Reformlüge leicht durchzusetzen. Denn schließlich suggeriert die Lüge, dass die Reform einzig und allein dem Wohl Ihres Unternehmens und damit dem Erhalt seiner Arbeitsplätze dient.

Achten Sie bei der Verkündung dieser Botschaft auf Ihre Körpersprache: Ein leidender Gesichtsausdruck sagt mehr als tausend Worte. Er signalisiert dem Empfänger, dass er im gleichen Boot sitzt wie der Sender. Vermeintliche Solidarität im Leiden war schon immer tröstlich.

Fruchten solche väterlichen Formulierungen im Hinblick auf das Wohl des Unternehmens nicht, müssen Sie härtere Geschütze auffahren. Es bieten sich medizinische Metaphern zur Gesundung des Unternehmens an wie »Sanierung«, »Abspecken wird uns gut tun« oder notfallmedizinisch: »Krebsgeschwüre muss man herausschneiden, sonst befallen sie den ganzen Körper.« Im Falle produzierender Unternehmen sprechen Sie vom notwendigen »Umbau«, und wenn

Lügen in der Chefetage. Mathias Schüz, Stephen Wirth und Aiko Bode

ISBN 978-3-527-50213-4

das nicht hilft, greifen Sie auf Handwerkerweisheiten zurück wie zum Beispiel: »Wo gehobelt wird, fallen Späne.«

Das Besondere an dieser Lüge ist, dass Sie mit ihr nicht alleine auf weiter Flur sind. Das soll heißen: Päpste, Politiker, Wirtschaftskollegen – alle, aber auch wirklich alle, haben sie schon benutzt und die Menschen damit desensibilisiert. Wenn Sie überzeugend genug waren, erhalten Sie nach Ihrem Vortrag einen Freibrief, zu tun und zu lassen, was Sie wollen. Sie Glückspilz!

Mit Blick auf die Aktionäre oder Eigentümer ist klar, dass keine Dividenden erwartet werden können, wenn das Wohl des Unternehmens auf dem Spiel steht. Auch diese Anspruchsgruppe wird »Reform« zunächst mit »Verzicht« gleichsetzen. Ihre Botschaft wird dennoch einen Run auf die Aktie Ihres Unternehmens auslösen, weil Ihr harter Sanierungskurs höhere Renditen in der Zukunft verspricht.

Damit haben Sie erreicht, was Sie wollten: Sie dürfen weiter das Unternehmen steuern, während Aktionäre und Mitarbeiter Verzicht leisten – auf Dividenden, Gehalt und notfalls sogar den Arbeitsplatz. Denn wer wollte denn so kleinkariert sein, und sich und das Auskommen seiner Familie für wichtiger halten als das große Ganze?

Stützen Sie Ihre Vorgehensweise auf eine Studie aus dem Frühjahr 2006. Sie belegt, dass deutsche Mitarbeiter bereit sind, ihr Pro-Kopf-Einkommen kontinuierlich auf das Niveau von Portugal oder Griechenland zu senken, wenn sie dafür ihren Job behalten können. Verzicht scheint somit ein nationales Charakteristikum der Deutschen zu werden.

Dieses Ergebnis können Sie sich auch bei vielen späteren Entscheidungen zu Nutze machen, solange Sie die Forderung nach Verzicht auch auf Ihren eigenen Berufsstand beziehen. Verzichten Sie auf zehn Prozent Ihrer Aktienoptionen. Das schränkt bei Ihrem großen Grundgehalt Ihren Lebensstandard nicht im Geringsten ein. Dennoch sichern Sie sich damit vollends die Solidarität Ihrer Mitarbeiter. Denn nun haben Sie den Beweis geliefert, dass auch Sie es verstehen, den »Gürtel enger zu schnallen«. Zugleich setzen Sie sich nicht dem Verdacht aus, Ihren eigenen Berufsstand zu verraten wie der Reeder K. aus H., der so dreist war, eine höhere Steuerlast für Wohlhabende zu fordern und deshalb von seinen Kollegen geächtet wurde. Recht so! Oder können Sie sich vorstellen, dass solche Menschen zum Opernball nach Wien eingeladen werden? Sehen Sie – wir auch nicht.

49
›Der Aufschwung steht kurz bevor.‹

Haupteinsatzbereich: Kapitalgeber, Analysten
Nebeneinsatzbereich: Öffentlichkeit

Im Folgenden möchten wir Ihnen diese universell einsetzbare Lüge ans Herz legen. Wenn Sie mit den Zuständen in der Gegenwart nicht recht zufrieden sind, dann beschäftigen Sie sich eben mit der Zukunft. Egal, ob Sie Politiker, Wirtschaftswissenschaftler oder Unternehmenslenker sind: Orakeln Sie lustig drauflos. Auch die Delphische Pythia verdankte ihre Visionen guten psychologischen Kenntnissen über ihre Mitmenschen sowie euphorisierenden Gasen, die aus dem Erdreich drangen. Ziehen Sie sich also mal einen Joint rein oder betrachten Sie die Sache mit dem geistigen Abstand, den eine gute Flasche Wein schafft. Sie werden sehen: Der Weltgeist wird Ihnen geneigt zulächeln und Ihnen den Weg weisen.

Ausgangslage: Ihr Unternehmen will einfach nicht laufen und das über einen längeren Zeitraum. Sie haben reformiert und restrukturiert und alles in Ihrer Macht Stehende getan, um den Karren wieder flott zu bekommen. Aber ab einem bestimmten Punkt hilft eben alles nichts mehr und Sie können nur noch beten. Zu dumm, dass Sie als bekennender Atheist an niemanden als an sich selbst glauben. Doch ein wahrer Held gibt auch in aussichtsloser Lage nicht auf. Also machen Sie sich wieder auf die Socken: hier noch einmal ein paar staatliche Subventionen eingestrichen, dort Schmalhans zum Küchenmeister ernannt sowie einige Privatkredite aufgenommen oder gestundet. Doch der vielzitierte und lange herbeigesehnte gesellschaftliche und wirtschaftliche Ruck, der ja in den Hollywoodfilmen immer dann durch den Helden fährt, wenn er sich in aussichtsloser Lage selbst befreien muss, der bleibt trotz des inständigen Appells von Altbundespräsident Herzog noch immer bockig aus. Das ist gar nicht gut. Schon hören Sie die Banker tuscheln, dass man Ihnen die Unterstützung entziehen und keine weiteren Zugeständnisse mehr machen will. Selbst der Ministerpräsident, den Sie gut kennen, hat

Lügen in der Chefetage. Mathias Schüz, Stephen Wirth und Aiko Bode

ISBN 978-3-527-50213-4

sich persönlich für einen Kredit einer öffentlichen Bank eingesetzt, aber die murrt auch schon. Das ist die rechte Zeit, Optimismus zu versprühen, und den Ruck, der durch die Wirtschaft gehen soll, nun aktiv durch Orakeln zu befördern.

Bevor Sie obigen Ausspruch tun, sehen Sie sich bitte noch einmal die volkswirtschaftlichen Rahmenbedingungen an. Gibt es irgendwo bei irgendeinem Sachverständigengutachten der so genannten »fünf Weisen« einen Hinweis auf eine positive Entwicklung? Die muss gar nicht Ihre Branche oder Ihre Situation im weiteren Sinne betreffen, egal, was es ist: Nehmen Sie es und deuten Sie es als erste Anzeichen Ihres Erfolges um.

Gehen Sie nach folgendem Muster vor: Nehmen wir an: Sie stellen Schuhe her. Die Statistik sagt, dass die Zahl der PKW-Neuzulassungen sinkt. Prima – dann gehen die Menschen mehr zu Fuß – der Rest Ihrer Argumentation läuft wie von selbst. Sagt die Statistik umgekehrt, dass die Zahl der PKW-Neuzulassungen steigt: auch gut – die Leute fahren mehr, es herrscht also im wichtigsten Binnen- und Exportmarkt Nachfrage, dann wird sie auch auf die allgemeine Konjunktur überspringen. Wer will schon mit alten Tretern in seinem neuen Auto gesichtet werden? Das wäre doch peinlich! Wie gesagt: Sie müssen eben nur ein paar überzeugende »Belege« für Ihren Orakelspruch sammeln.

Jetzt können Sie unsere Lüge vom Aufschwung zum Besten geben und gewichtig in die Runde blicken. Ja, es habe Entbehrungen gegeben, ja, es war nicht leicht, aber wer jetzt miesmacherisch durch die Lande zieht, ist selbst Schuld und verpasst den Anschluss. Der Wettbewerb wartet nicht. Der frühe Vogel fängt den Wurm. Hier, bei Ihnen, da geht demnächst die Post ab. Es ist wie mit dem Frühling: Man kann ihn schon förmlich riechen und spüren, auch wenn draußen noch Minusgrade herrschen und meterhoch Schnee liegt. Das ist ja auch der Gag mit der Orakelei: Wenn man schon sähe, wohin es geht, dann wäre sie ja keine Kunst mehr. Aber Vorsicht: Werden Sie nicht zu konkret. Sagen Sie »bald«, »in Kürze«, »demnächst« und so weiter – Hauptsache dehnbar! Sollte etwas schief gehen und die prekäre Lage andauern, dann kann man Sie nicht auf Ihre Aussage festnageln. Außerdem können Sie sicher sein: Irgendwann ruckelt auch der langsamste Zug weiter.

Entscheidend ist die Interpretation des Wortes Aufschwung. Beschleunigung nach oben ist schließlich nur möglich, wenn die Anlaufstrecke von unten nach oben lang genug ist. Und der Mangel ist der eigentliche Motor für die aufschwingende Wirtschaft. Denn nur er schafft Nachfrage. Auf Grund dieser Dialektik können Sie ungelogen behaupten, der Aufschwung stehe bevor.

Auch die Politik hat in den Aufschwung Ost investiert. Der wird zwar nach sechzehn Jahren noch von vielen Kritikern nicht anerkannt. Doch die blühenden Landschaften, die Sie jeden Frühling neben den neu gebauten Autobahnen überall bewundern können, strafen jeden Nörgler Lügen. Aber so sind Orakel nun einmal, man kann sie gründlich falsch verstehen. Und hiervon wollen Sie ja profitieren.

Lügen gegenüber Öffentlichkeit, Behörden, Verbänden, Medien und nichtstaatlichen Organisationen

Lügen in der Chefetage. Mathias Schüz, Stephen Wirth und Aiko Bode

ISBN 978-3-527-50213-4

50
›Öffentlichkeitsarbeit ist Dienst am Kunden!‹

Einsatzbereich: Öffentlichkeit, sonstige Stakeholder

Öffentlichkeitsarbeit ist eine Kernfunktion moderner Unternehmen. Das Zeitalter graubärtiger, dösiger Linienfunktionsredakteure mit abgebrochenem Soziologiestudium aus den 68ern, die in staubigen, zeitungsüberladenen, nach Reval ohne Filter stinkenden Minibüros zum Geklapper ihrer alten Triumph-Schreibmaschine Zweispalter zu längst vergangenen Ereignissen dichteten, ist endgültig vorüber.

Der Umgang mit den Kunden und der Öffentlichkeit hat sich deutlich professionalisiert. Öffentlichkeitsarbeit ist heute in den meisten Unternehmen auf Vorstandsebene angesiedelt. Ihre Kommunikationsaufgaben sind zu vielfältig, um sie hier ausführlich zu schildern. Dies ist auch nicht notwendig. Wir möchten dem munteren, Internet-erfahrenen, Desktop-publishing- und Web-Design-erprobten Jungredakteur (selbstverständlich dreisprachig, MBA-Abschluss, Oxford oder Harvard) auf seinem Weg in die Vorstandsetage aber gerne einige kleine Tipps mit auf den Weg geben.

Am wichtigsten ist, dass Sie verstehen, was in diesem Falle »Dienst am Kunden« bedeutet. Sie arbeiten nämlich »am« Kunden und nicht »für« den Kunden, wie manch naiver Leser »Dienst am Kunden« ungerechtfertigt verstehen könnte.

Betrachten wir einmal genauer, was das Wesen recht verstandener Öffentlichkeitsarbeit sein könnte. Öffentlichkeitsarbeit dient dem Erlangen von Wettbewerbsvorteilen auf dem Gebiet der Kommunikation. Sie ist also Absatzförderung. Ihre Aufgabe ist es, ein Unternehmen auf eine möglichst positive Weise im Bewusstsein potentieller Kunden sowie der Öffentlichkeit im Ganzen zu verankern. Die »Kunden« der Öffentlichkeit sind alle Stakeholder, mit denen ein Unternehmen in Berührung kommt. Die Öffentlichkeitsarbeit besteht nun darin, deren unterschiedliche Interessen möglichst weit in Einklang zu bringen.

Lügen in der Chefetage. Mathias Schüz, Stephen Wirth und Aiko Bode

ISBN 978-3-527-50213-4

Der wichtigste Tipp ist: Öffentlichkeitsarbeit darf niemals die Unwahrheit sagen! Wir wiederholen, auch wenn dies in einem Lügenbuch kontraproduktiv erscheint: Niemals!

Der zweite Tipp – nun schon wieder etwas kompatibler mit unserem Textumfeld: Sie darf auch niemals die ganze Wahrheit sagen! Wer läuft schon gerne mit heruntergelassenen Hosen in der Gegend herum? Der Strategievorstand wäre jedenfalls nicht begeistert, wenn sein werter Kollege die genauen Unternehmensziele sowie die Wege, diese zu erreichen, dezidiert in die Welt hinaus posaunen würde.

Die Synthese aus Tipp eins und zwei lautet somit: Sagen Sie immer ein bisschen die Wahrheit. Lügen Sie mit dem, was Sie verschweigen. Machen Sie sich die Miene des Pilatus zu Eigen, der Jesus im Verhör fragte: Was ist Wahrheit? Wir Sterblichen, die nicht mit dem wahren Glauben gesegnet sind, können immer und überall nur viele – und viele unterschiedliche – Wahrheiten erkennen. Ungefähr so muss Öffentlichkeitsarbeit überhaupt einmal entstanden sein: als eine Art Gedankenlenkung, andere zu seiner eigenen Auffassung der Wahrheit zu bekehren.

Wenn Sie nun bedenken, dass das Ziel der Öffentlichkeitsarbeit die Vermittlung des Images sowie der Corporate Mission eines Unternehmens ist, dann reift in Ihnen die wichtige Erkenntnis, dass Sie selbst Missionar sind. Sie wollen bekehren und die Ungläubigen zum rechten Glauben führen. Sie brauchen deren Bekenntnis. Und es ist doch wohl klar, dass dies auch in unseren säkularisierten Zeiten nicht ganz ohne blumige Versprechungen und Mahnungen abgeht.

Nehmen wir ein Beispiel. Sie haben als Regierungssprecher dem staunenden Wahlvolk eine drastische Steuererhöhung zu verkünden. Selbstverständlich erst nach der Wahl. Vor der Wahl war keine Rede davon. Im Gegenteil, da wurden Steuerentlastungen in Aussicht gestellt. Also eine Situation, wie sie in so genannten Bananenrepubliken immer mal wieder vorkommen kann. Aktuell fällt uns gerade Deutschland hierzu ein. Was tun Sie also, um sich die Huld des Wahlvolks nicht gänzlich zu verscherzen? Sie packen die bittere Medizin in freundlich besorgte Redewendungen Ihres Hausarztes ein. Nein, um Gottes Willen nicht in die der Gesundheitsministerin – dann gießen Sie Öl ins Feuer! Ziel und Zweck der Sache ist die Gesundung des Staatshaushaltes – allerdings durch Verabreichung bitterer Medizin, das heißt drastische Einsparungen. Illustrieren wir den Sachverhalt noch einmal mit einem Wort unseres andernorts bereits zitierten Heinrich Heine. Der sagte: »Und wenn ich auch mit lachenden Blumen meine Axt umwinde, so will ich diesen Pfingstochsen doch nicht minder stark vor den Schädel schlagen.« So ungefähr funktioniert die Sache.

Mit der Axt operiert der heutige Öffentlichkeitsarbeiter aber schon lange nicht mehr. Er bleibt bei einem bunten Sträußchen kongenialer Werkzeuge, die dem Informationszeitalter nun ebenso gut anstehen wie einst die Axt dem mechanistischen Jahrhundert von Heines Zeitgenossen. Im Ergebnis ziehen diese Instrumente der Öffentlichkeitsarbeit die Gehirne der Adressaten zwar ähnlich stark in Mitleidenschaft wie vormals Heines Axt, sie lassen aber diese Verheerungen ungleich weniger drastisch zu Tage treten. Folgerichtig könnte man diese Operationen »Gehirnwäsche« nennen. Dieser Waschvorgang entfernt schmutziges Gedankengut – zum Beispiel Kritik oder Voreingenommenheit an Ihrem Unternehmen. Durch die Waschung wird die ursprüngliche Reinheit wieder hergestellt – und zwar nach dem jeweils geltenden Reinheitsgebot Ihres Unternehmens. Die nun wieder gläubigen Schafe fressen Ihnen selig aus der Hand.

Mit welchen Methoden streuen Sie dem Volk nun am besten Sand in die Augen? Wie verankern Sie Ihre Botschaften in dessen Bewusstsein? Es stehen unter anderem zur Verfügung:

1. *Sensationalisierung*: Peppen Sie Belanglosigkeiten zur Tagesnachricht auf – bei Bedarf als Ablenkungsmanöver oder zum Stopfen des unvermeidlichen Sommerlochs.
2. *Boulevardisierung*: Entführen Sie das Fernsehvolk in die glamouröse Scheinwelt der Reichen und Schönen und ersparen Sie ihm die lästige Auseinandersetzung mit der rauen Wirklichkeit.
3. *Steigerung des Unterhaltungswerts:* Der Alltag ist langweilig genug – dieser Punkt bedarf keiner näheren Erläuterung.
4. *Personalisierung:* Geben Sie Problemen oder Chancen ein Gesicht. Schon das Kasperltheater Ihrer Kindheit war auf Helden und Schurken angewiesen. Was sollte daran auf der Bühne des Lebens anders sein?
5. *Name-Dropping:* Steigern Sie den Wert Ihrer Person, indem Sie sich im Glanz bekannter Namen sonnen.
6. *Brutalisierung*: Servieren Sie Ihre Botschaften hart. Das kommt vor allem bei Jüngeren gut an. Doch loten Sie zuvor die gesetzlichen Rahmenbedingungen gründlich aus.

7. *Genderisierung:* Stellen Sie Ihre Botschaften immer auf Frauen oder Männer ab – je nachdem, wer die Mehrheit Ihres Auditoriums bildet. Einschränkung: Bei Eunuchen greift diese Taktik nicht. Aber Sie arbeiten ja auch nicht im Serail.
8. *Emotionalisierung:* Appellieren Sie an die Gefühle. Bewahren Sie Ihre Zuhörer vor unliebsamem Nachdenken.
9. *Banalisierung:* Gehen Sie nach der Methode KISS vor: Keep it simple and stupid. Es reicht doch, dass Sie die nötigen Details kennen.
10. *Exklusivierung*: Plaudern Sie im kleinen Kreis handverlesener Gäste aus dem vermeintlichen Nähkästchen! Neugier ist eine treibende Kraft.
11. *Anbiederung*: Bringen Sie sich Ihren Zuhörern nahe. Kumpanei verfängt meistens.

Hören wir hier auf. Sie haben verstanden, worauf wir hinaus wollen. Öffentlichkeitsarbeit ist Dienst »am« Kunden. Sie verändert dessen Wahrnehmung und Wirklichkeitsverständnis. Die Öffentlichkeitsarbeiter sind die »Spin-Doctors«, die das Weltbild ihrer Kunden verdrehen und an die Bedürfnisse des Auftraggebers anpassen. Sie sind Dienstleister in Sachen Kommunikation und haben den Ansprüchen Ihres Brötchengebers zu genügen – da können Sie sich nicht ständig mit der Wahrheit aufhalten. Die Ansprüche Ihrer Kommunion beziehungsweise Konfirmation liegen schließlich hinreichend lange zurück.

Öffentlichkeitsarbeit schützt vor der Wahrheit. Comic von Amelie Glienke-Hogli, in: *Alles Lüge – 92 Cartoonisten auf der Suche nach Wahrheit*, 1998, S. 114.

51
›Wir schaffen eine echte Win-Win-Situation.‹

Haupteinsatzbereich: Öffentlichkeit, Behörden, Anwohner
Nebeneinsatzbereich: Kunden

Wo immer Unternehmensführer mit den Ansprüchen von Stakeholdern zu tun haben, sollten sie eine Win-Win-Situation schaffen, also eine Situation, in der sie doppelt gewinnen. Sie sollten zum einen die Auseinandersetzung mit den Ansprüchen der Stakeholder zum Wohle des Unternehmens gewinnen. Zum anderen sollten Sie sich auch persönliche Vorteile verschaffen. Die Win-Win-Situation sollte also nicht nur Ihrem Unternehmen, sondern auch Ihnen persönlich nützlich sein.

Eine solche typische Win-Win-Situation hatte über Jahre hinweg die Security-Firma Heros geschaffen. Sie sammelte mit ihren gepanzerten Lieferwagen die Gelder Ihrer Großkunden ein und überwies die Gelder erst einmal auf ein eigenes Firmenkonto. Von diesem Konto wurden auch die eigenen Spesen und Kosten beglichen. Mit dem Eingang von Neukundengeldern wurden die fehlenden Beträge ein wenig zeitverzögert wieder ausgeglichen. Da aber die Eigentümer gemäß der Double-Win-Strategie auch noch ihren harten Arbeitseinsatz honoriert sehen wollten, sahen sie sich gezwungen, größere Beträge der Kundengelder für sich selbst abzuzweigen. Die hierdurch entstandenen Deckungslücken wollten wieder aufgefüllt werden. Hierzu mussten noch mehr Neukunden akquiriert werden. Heros gelang es, seine Dienstleistungen wesentlich günstiger als seine Konkurrenten auf dem Markt zu platzieren und vermochte es hierdurch, den Kundennutzen in besonderem Licht erscheinen zu lassen. Das Heros-Angebot überzeugte die meisten der kostenbewussten Handelsriesen, solange bis eines Tages einer der Kunden sich über die immer größeren Verzögerungen beim Eingang seiner Gelder wunderte. Dies war der Anfang vom Ende des Schneeballsystems von Heros.

Das Beispiel zeigt, dass die Double-Win-Strategie unbedingte Zeitdisziplin verlangt. Sie dürfen es keinesfalls versäumen, mit Ihren Er-

Lügen in der Chefetage. Mathias Schüz, Stephen Wirth und Aiko Bode

ISBN 978-3-527-50213-4

sparnissen rechtzeitig in ein Land überzusiedeln, in dem Sie unbelastet von Auslieferungsabkommen in Ruhe Ihre wohl verdienten Gewinne verleben können.

Die Double-Win-Strategie können Sie nicht nur bei Ihren Kunden einsetzen, sondern auch bei anderen Stakeholdern – zum Beispiel bei Nachbarschaftsstreitigkeiten. Nachbarn können nerven. Nicht nur diejenigen, die stets die Kirschen von Ihrem Baum ernten, sondern auch solche, die in der Nähe Ihrer Betriebsstätten leben. Da bieten Sie in Ihrer Gemeinde Arbeitsplätze, zahlen brav Steuern, kaufen Klettergerüste für Waldkindergärten und wollen Ihre Produktionsanlagen erweitern – und schon regt sich Widerstand. Nun ist Diplomatie gefragt. Idealerweise haben Sie einen Kollegen aus dem Geschäftsleitungskreis, mit dem Sie sich die Rolle des guten Unternehmers und des bösen Kapitalisten teilen können. Sorgen Sie dafür, dass Sie immer der Gute sind. Schon geht es los: Sie verhandeln und sprechen mit Ihren Nachbarn – freundlich, obwohl es diese Leute nicht verdient haben. Ihr Manager aus der Geschäftleitung sagt all das, was Sie zwar denken, aber nicht aussprechen: Nervige, verständnislose Arbeitsplatzkiller, Innovationshemmer, Zukunftsverweigerer und so weiter. Dann kommt Ihre große Stunde. Beschwichtigend sehen Sie auf die Szenerie herab, gehen ruhig auf die aufgebrachten Teilnehmer der Anhörung im Planfeststellungsverfahren ein und sagen: »Ich denke, wir können doch beide von einer Erweiterung unserer Anlagen profitieren – eine klassische Win-Win-Situation!« Nutzen Sie die Sekunde der allgemeinen Verwirrung und Ratlosigkeit, indem Sie sagen, dass Sie bereit seien, die gewünschten Forderungen wie zum Beispiel den Erhalt von Opa Kaluppkes Bienenstöcken zu erfüllen, aber nur, wenn das Planungsfeststellungsverfahren dann ohne weitere Verzögerung fortgesetzt würde. Ihr Manager sollte sich noch heftig sträuben, damit die Dimension Ihres Zugeständnisses den Betroffen auch wirklich deutlich wird. Sie sorgen nun dafür, dass die Einflugschneise der Bienen zu anderen Streuobstwiesen umgeleitet wird. Im Gegenzug bieten Sie Ihren Kontrahenten einen monetären Ausgleich an. Lassen sich einige auf Ihr Angebot ein, dann blenden Sie den Rest der Kleingärtner vornehm aus. Danach können Sie beruhigt in einer Nacht- und Nebelaktion die Bäume direkt neben Ihrem Werksgelände fällen. Mit Ihrem verständnisvollen Auftritt haben Sie sich der Sympathie der Quengler versichert, Ihre privaten wie unternehmerischen Ziele durchgesetzt – eine klassische Double-Win-Strategie.

Ein weiterer Einsatzbereich dieser Lüge lässt sich auch international in so genannten Entwicklungs- und Schwellenländern erschließen. Dort können Sie in fröhlichem Zusammenwirken mit deutschen staatlichen oder halb-staatlichen Stellen das Double-Win-Konzept umzusetzen. Keine Angst! Die Zeiten sind vorbei, als es sich bei deutschen Behörden im Ausland noch um puristische Gutmenschen handelte. Heute gibt es verdeckte Exportbeihilfen und Subventionszuwendungen von so illustren Einrichtungen wie der Entwicklungshilfe oder auch den Investitionsbanken. Die Zusammenarbeit wird nur anders verbrämt – etwa als »PPP«, sprich: »Public-Private-Partnership«. Die Bundesrepublik zahlt nur noch die eine Hälfte der Entwicklungshilfe, Sie, das Unternehmen, dann die andere. Letzteres lässt sich dann hervorragend gegenüber nichtstaatlichen Organisationen zum Aufpolieren Ihres Images verwenden. Selbstverständlich lassen Sie nicht durchblicken, dass Ihr Entwicklungshilfebeitrag durch profitable Folgeaufträge mehr als kompensiert wird. Und das glückselige Empfängerland und die Menschen vor Ort, die bekommen auch etwas ab. Das ist immer noch besser als gar nichts und damit eben auch ein »Win«. Der eigentliche Doppelnutzen kommt aber, wie geplant, nur Ihnen selbst zugute.

52
›Wir stehen fest zum Standort Deutschland!‹

Einsatzbereich: Öffentlichkeit, Politik

Tote Autoren können sich nicht beschweren, wenn man sie aus dem Zusammenhang reißt. Aber mitunter eignet sich ein Zitat gar zu gut, um ein Problem auf den Punkt zu bringen. In diesem Fall stammt das Zitat von Heinrich Heine, einem Weltbürger und versierten Wanderer zwischen den Welten. Der Vers, um den es sich handelt, ist der Beginn seines berühmten Gedichtes »Nachtgedanken«. Er lautet: »Denk ich an Deutschland in der Nacht, dann bin ich um den Schlaf gebracht!«

Haben Sie jemals als verantwortlicher Manager eine so klare Ansage für eine Standortverlagerung gehört? So voller Sorge, nass geschwitzt und zergrübelt. Herzrasen, Bekümmerung, Angst – die nackte Angst?! Nein, haben Sie noch nicht? Eben!

Da Sie aber ein rasch lernender Mensch sind, verweigern Sie sich Erkenntnisfortschritten auch dann nicht, wenn diese mitten in der Nacht in Gestalt von Versen über Sie kommen.

Denn noch vor kurzer Zeit unterstützte die heimische Politik Ihren Konzern großzügig mit einer Reihe von Vergünstigungen bei Investitionen in Ostdeutschland. Die Eröffnung Ihrer neuen Niederlassung haben Sie mit einem klaren Bekenntnis zum Standort Deutschland verbunden. In einer flammenden Eröffnungsrede haben Sie den Geist der deutschen Tugenden beschworen: Zuverlässigkeit, Pünktlichkeit, Fleiß, Ideenreichtum, eine große Geistestradition herausragender Erfinder und Unternehmer, Genügsamkeit, Zähigkeit und Ausdauer, herrliche Menschen, blühende Landschaften – und dergleichen Vater- und Mutterlands-Ergüsse mehr.

Natürlich haben Sie aus Höflichkeit verschwiegen, dass Ihr Bekenntnis einzig der Gewährung erheblicher Steuervorteile und spürbarer deutscher und europäischer Subventionen entspringt. Aber es konnte ja nicht schaden, dass Sie sich auch der Zustimmung des ein-

Lügen in der Chefetage. Mathias Schüz, Stephen Wirth und Aiko Bode

ISBN 978-3-527-50213-4

fachen deutschen Politikers und arbeitenden ostdeutschen Volksgenossen durch Ihr mitreißendes Bekenntnis zum Standort Deutschland versichern.

Nun, gerade mal ein Jahr später, machen Sie sich Sorgen. Nein, nicht um Ihre Existenz – Sie sind ja gut abgesichert. Es geht um Ihr Renommee. Denn der letzte – noch nicht veröffentlichte – Geschäftsbericht offenbart glockenklar, dass Ihr Konzern der Dumping-Preis-Politik Ihrer osteuropäischen Konkurrenz nicht gewachsen ist. Noch dazu unverschämt kombiniert mit einer Qualitätsoffensive, die den Kunden doch tatsächlich mehr Wert für's Geld offeriert.

Hier muss etwas geschehen. Hier hilft eine Doppelstrategie: Erstens müssen Sie der Billig-Konkurrenz Sand ins Getriebe streuen. Mobilisieren Sie hierzu Politiker und die öffentliche Meinung. Bekräftigen Sie mit pathetischer Rede Ihre Treue zum heimatlichen Standort Deutschland. Drängen Sie auf politische Interventionen wie zum Beispiel Strafzölle für nicht gewerkschaftlich organisierte Arbeitsprozesse in diesen wettbewerbsverzerrenden Billiglohnländern. Prangern Sie das Unterlaufen des deutschen Mindestlohns oder die Beschäftigung Jugendlicher ohne Ausbildungsgarantie oder den mangelhaften Arbeitsschutz an. Es wird sich noch weiteres finden lassen. Dann hurtig zusammen mit Frau oder Herrn Minister Sowieso an die Tagespresse, rein in die Abendnachrichten, ein Interview hier, ein Statement da – die volle Batterie. Wenn sich die Sorgen Heinrich Heines ums liebe Vaterland nicht in kürzester Zeit als tiefe Furchen in die Seelen und die Mimik Ihrer Zeitgenossen eingegraben haben, dann haben Sie etwas verkehrt gemacht.

Parallel zu diesem ersten Schritt verfolgen Sie nun ein zweites Gleis: Als kluger Manager wissen Sie, dass man immer einen Plan B benötigt. Vor allem dann, wenn man es mit einfachen Leuten wie Politikern und Arbeitnehmern zu tun hat, deren geistiger Horizont deckungsgleich mit ihrem physischen Standort ist. In Plan B rechnen Sie also die Vorteile einer rücksichtslosen Globalisierungsstrategie Ihres eigenen Konzerns durch. Denn falls Ihnen das Heimatland die eingeforderte Unterstützung weiterer spürbarer Subventionen verweigern sollte, dann ist auch Ihre Standorttreue obsolet.

Also flugs die Gegenkalkulation zur osteuropäischen Konkurrenz aufgestellt: Wer ist fleißig, billig und kundig? Wer hat nichts mehr zu verlieren und geht auf jede Bedingung ein? In welchen Ländern sind

Greenpeace und Gewerkschaft noch nicht zugelassen? Indien und China? Was kostet denn so ein Durchschnittsinder oder -chinese und so fort? Die richtigen Fragen – da sind wir sicher – werden sich ganz von selbst einstellen, und mit ihnen kommen auch attraktive Antworten.

Risiken und Nebenwirkungen hat die Sache keine. Sie versteuern sowieso auf den Kanalinseln, und woanders lebt es sich auch sehr schön – die Putzfrau ist zudem erheblich günstiger.

Gegenanzeigen? Fehlanzeige. Wenn man sich schon nicht mehr zu seinem Vaterland bekennen kann, wo soll die Sache denn dann hinkommen? Letztendlich akzeptiert das Wahlvolk vor jeder Legislaturperiode noch sehr viel drastischere Lügen. Und dazwischen auch.

Sie sehen: Ein klares Bekenntnis zum Standort – gewürzt mit Vaterlands- und Mutterschaftsgefühlen – hat viele Vorteile! Sollte Ihnen das Vaterland den gebotenen Schutz verweigern, dann agieren Sie eben als der Kosmopolit, der Sie im Herzen schon immer waren. Als solcher – und wahrer Philosoph – sind Sie überall zu Hause und werden mit Ihren Investitionen mit offenen Armen empfangen. Willkommen.

53
›Wir werden schon einen tragfähigen Kompromiss finden.‹

Haupteinsatzbereich: Gewerkschaften, Betriebsräte, Öffentlichkeit
Nebeneinsatzbereich: Verbände, Mitarbeiter

Einen Kompromiss finden! Huh. Schon bei dem Wort läuft Ihnen ein kalter Schauer über den Rücken. Tage-, vielleicht wochenlanges Gezerre, Nachtverhandlungen, so genannte Hintergrundgespräche – schon an sich ein entlarvendes Wort! – Betriebsratswichtigtuerei, Gewerkschaftsfunktionärspossen, vielleicht ein Warnstreik – mal wieder der Versuch herauszufinden, wer am längeren Hebel sitzt. Und wofür das alles? Für einen lumpigen Kompromiss. Für Mittelmaß, wenn es gut geht. Wenn es schlecht läuft, dann für unteres Mittelmaß. Nichts jedenfalls, was Ihr Unternehmen im Wettbewerb bestehen ließe. Tja, die Damen und Herren Betriebsräte haben offensichtlich noch immer nicht realisiert, dass die Wirtschaft kein Wunschkonzert ist.

Natürlich haben Sie die zu erwartende Gehaltserhöhung von sozialkonformen 2,3 Prozent sicherheitshalber in Ihren Bussiness-Plan des laufenden Jahres eingestellt. Und dies sogar mit einem kleinen Sicherheitszuschlag von 2 Prozent – den Sie sich selbst in die Tasche stecken werden, wenn das Spielchen so klappt wie immer. Aber es ist völlig inakzeptabel, dass diese Träumer einen Gehaltsmechanismus aus der allgemeinen Teuerungsrate ableiten. Letztlich benötigen Sie Mittel für Ihre Expansion in etwas weniger anspruchsvolle Länder der erweiterten EU – mit der damit verbundenen Arbeitsplatzumschichtung. Wie gesagt: Der Wettbewerb ist unbarmherzig. Nimmt er etwa auf Sie selbst Rücksicht?

Wie vermeiden Sie nun einen lauwarmen Kompromiss und kommen zu einem tragfähigen, vor allem für Sie einträglichen Ergebnis? Brechen Sie den Widerstand. Üben Sie Druck aus. Erzeugen Sie Angst. Diktieren Sie die Lösung. Schon klar: Offen dürfen Sie diesen Kurs nicht fahren. Arbeitnehmer und ihre Vertreter sind zwar Kinder, denen man eigentlich befehlen muss, damit sie nicht in die nächste

Lügen in der Chefetage. Mathias Schüz, Stephen Wirth und Aiko Bode

ISBN 978-3-527-50213-4

Dummheit hineinstolpern. Und dumm ist letztlich alles, was Ihren eigenen Interessen zuwiderläuft. Aber diese Kinder wollen – wie alle Kinder – schon erwachsen sein. Und da müssen Sie Ihnen ein klein wenig Show bieten. Das Spiel heißt: Großsein! Willkommen in der Wirklichkeit!

Es läuft darauf hinaus, den Gegner durch geschicktes Taktieren in wechselseitigen Verhandlungsrunden in die Nähe der eigenen Maximalforderungen zu zwingen. Dazu muss man ihm weh tun. Zuerst ein wenig. Dann ein bisschen mehr. Und wenn es erforderlich ist, dann eben richtig. Diese ultima ratio wird in der Regel nicht eintreten. Die meisten geben deutlich eher klein bei. Das Spiel läuft darauf hinaus, sich gegenseitig etwas abzuhandeln. Das Spannende daran ist, dass jeder ganz unterschiedliche Vorstellungen davon hat, was dem anderen etwas wert ist, was er gerne und leicht in die Verhandlungsmasse mit aufnimmt, oder was er bis zum bitteren Ende verteidigt. Es geht also darum, Schmerzgrenzen auszuloten.

Sie, als gestandener Unternehmer mit einem ganz netten Besitz, halten es dabei mit der Eisbergtheorie. Ihre Verhandlungsmasse ragt gut sichtbar über der »Wasseroberfläche« in die Höhe. Und die drei Viertel, die diese Spitze tragen, liegen prima versteckt in stillen Beteiligungen im steuerbegünstigten Ausland. Also können Sie getrost um diese Spitze feilschen. Ein Viertel ist das Risiko eines netten Zugewinns allemal wert. Ihre Spielgegner bewegen sich leider nur innerhalb dieses Viertels. Sie haben keine stillen Beteiligungen außerhalb des Spielfeldes. Sie halten daher das Viertel für das Ganze. Deshalb können sie sich den Totalverlust dieses Viertels keinesfalls leisten. Arbeitsplätze und die damit (vermeintlich) verbundene soziale Sicherheit wachsen nun einmal nicht auf den Bäumen. Ihr großer Vorteil ist, dass jeder Ihrer Gegner glaubt, das Viertel habe für Sie selbst die gleiche Bedeutung wie für jene, die es für die ganze, jedenfalls ihre ganze Welt halten. Damit liegt die Schmerzgrenze Ihrer Spielpartner von vornherein deutlich niedriger als Ihre eigene.

Nun spielen Sie ein wenig. Ihre Kontrahenten werden mit etwa 150-prozentigen Maximalforderungen einsteigen, also so etwa mit 4 bis 5 Prozent – wohlgemerkt auf dieses eine Viertel bezogen. Sie können dann die ganze Palette dramatischer Erregung herauf- und herunterspielen. Üben Sie das Feilschen vor einer solchen Tarifrunde am besten in Ihrem nächsten Urlaub auf Bali. Dort können Sie Ihr Verhandlungsgeschick trainieren. Ihre Chancen, den Preis einer Teakholz-Figur um mehr als 70 Prozent herunterzuhandeln, steigen, je mehr Sie bei den ersten Geboten Ihren eigenen Bankrott regelrecht zelebrieren. Ziehen Sie Ihre Krawatte, die Sie bei solchen Gelegenheiten immer anlegen sollten, nach oben – so als ob Sie sich selbst aufhängen wollten – und geben Sie dabei ein gurgelndes Geräusch von sich, das so ähnlich wie »bankruut« klingen sollten. Machen Sie nun ein Gegengebot, das für den Verkäufer am besten nahe bei Null liegt. Das wiederum wird ihn dazu veranlassen, mit großer Dramaturgie das Ende seines Daseins oder gar seiner ganzen Sippe aufzuführen.

Rechnen Sie aber noch nichts vor! Rechnen kann auch die andere Partei – jedenfalls mit den Zahlen, die ihr zur Verfügung stehen. Viel größeren Lustgewinn verspricht es in diesem Stadium der Verhandlungen, wenn Sie Ihre Gegner bei deren Ehre packen. Bei ihrer Verantwortung für das Unternehmen. Ehre und Verantwortung identifiziert diese Kindermeute mit Erwachsensein. Sie wird sich geschmeichelt fühlen und Ihnen mit dem überlegenen Gefühl der Herablassung ein Stück entgegenkommen. Sie haben sich inzwischen noch gar nicht bewegt, nur hat es noch keiner gemerkt. Denn Sie haben ja unsere kleine Lüge nett glaubhaft vorgetragen: »Wir werden schon einen tragfähigen Kompromiss finden!«

Nun rechnen Sie der Gegenseite in kleinen, verständlichen Portionen vor, was jeder Streiktag an Produktionsverlusten für Ihr Unternehmen kostet. Dies wird Ihre Gegner mit Befriedigung erfüllen, weil sie die Macht haben, Ihnen solche Schmerzen bereiten zu können. Sie selbst ertragen diese Schmerzen mannhaft. Sie als Unternehmer rechnen weiter vor, wann das Unternehmen wegen der Streik-Ausfälle seinen Verbindlichkeiten nicht mehr nachkommen kann. Die Gegenseite triumphiert, glaubt sie doch, dem Unternehmer noch mehr Schmerzen zugefügt zu haben. Sie denkt: »Dem werden wir das Gespenst des Totalverlusts schon richtig vor Augen führen.«

Wenn Ihre Gegenseite dann soweit ist, müssen Sie nur noch den Spieß umdrehen. Sie sagen, dass Ihre Gegner zu hart und ihre Forderungen nicht erfüllbar seien. Sie befänden sich zudem im Widerstreit zu jeder ökonomischen Notwendigkeit im innereuropäischen Wettbewerb. Schließlich gäbe es ein riesiges Lohngefälle, Subventionen und Steuererleichterungen, von denen auch Sie selbst profitieren könnten, und so weiter und so fort. Sie wissen schon: die ganze Leier, die Sie doch sowieso im Schlaf draufhaben.

Wer von Ihren Angestellten dann immer noch nicht kapiert, dass er mit seinen unverschämten Forderungen den Ast absägt, auf dem er sitzt, den müssen Sie als betriebsgefährdend demnächst sowieso seinen Privatinteressen überlassen.

Ansonsten zeigen Sie guten Willen, bieten 1,8 Prozent an, einigen sich dann auf 2,3 Prozent, und stecken sich die restlichen 2 Prozent in die eigene Tasche – natürlich unsichtbar, unterhalb der Wasseroberfläche. Tragfähige Kompromisse sind eben die Grundlage einer jeden vertrauensvollen und ausgewogenen Beziehung zwischen Arbeitnehmern und Arbeitgebern. Und das soll auch so bleiben.

54
›Wir sind ein sozial eingestelltes Unternehmen.‹

Haupteinsatzbereich: Öffentlichkeit
Nebeneinsatzbereich: Medien, sonstige Stakeholder

Eine Geißel der Menschheit sind die. Das haben Sie schon immer gedacht. Da haben Sie als Vorstandsvorsitzender viele Jahre lang eine Spitzenrendite für ihre Firma und deren Kapitalgeber erwirtschaftet. Ihren Auftritten vor der Jahreshauptversammlung konnten Sie freudig gelassen entgegensehen. Der Beifall war Ihnen jedes Mal sicher und fast schon ein wenig peinlich. Ihre Geschäftsberichte nahmen sich aus wie eine »Bilanz der guten Taten« für Ihre Kapitalgeber und Mitarbeiter. Ihr Aufsichtsrat, Ihre Vorstandskollegen und auch die rund 1 500 Firmenangehörigen erfreuten sich der Geradlinigkeit und Kontinuität Ihrer Führung. Auch Ihr eigenes Salär sowie Ihre Aktienoptionen haben sich mehr als zufriedenstellend entwickelt. Wenngleich Sie dies eher wenig interessiert, da Sie schon immer von Hause aus wirtschaftlich unabhängig waren. Ihre akribische Ingenieursseele kann an Golf und Segeln, an Partys und Rosenzüchten, an Smalltalk und Geklatsche nun einmal nichts finden. Sie haben sich ganz Ihrer Arbeit verschrieben. Nur, wer etwas bewirkt, ist wirklich da! Dieses Lebensmotto prägte und prägt Ihre Einstellung.

Ihr gesamter Lebensweg war von dieser Zielstrebigkeit gekennzeichnet: Spitzenabitur, Studium Maschinenbau mit Prädikatsabschluss in kürzester Zeit, in zwei Jahren Promotion »summa cum laude«, Aufbaustudium MBA in Boston (nebenbei lernten Sie Chinesisch), Assistent des Vorstandsvorsitzenden, Leiter der Abteilung Entwicklung, Gebietsleiter Asien, Technik-Vorstand und schließlich im Alter von knapp 50 Jahren unumstrittener Vorstandsvorsitzender – eine Bilderbuchkarriere. Ihre Kontakte in Politik und Wirtschaft haben Sie langfristig, behutsam und verlässlich aufgebaut. Ihr Gespür für den Markt ist legendär. Sie scheinen die Dinge vorherzusehen. Sie wittern Bedarf, bevor er entsteht. Die Zufriedenheit Ihrer Kunden ist die Richtschnur Ihres Handelns.

Lügen in der Chefetage. Mathias Schüz, Stephen Wirth und Aiko Bode

ISBN 978-3-527-50213-4

Zwar waren auch Sie aus wirtschaftlichen Gründen gezwungen, Teile der Produktion Ihrer Weltmarktprodukte in Billiglohnländer zu verlagern. Dennoch haben Sie für den Aufbau eines tragfähigen sozialen Netzes sowie weit überdurchschnittliche Löhne auch dort Sorge getragen. Kinderbetreuung, soziale und gesundheitliche Vorsorge, Weiterbildungsangebote, Altersvorsorge, Risiko-Ausgleich – nein, solche Maßnahmen durfte dort niemand erwarten. Sie haben sich rentiert. Man rennt Ihnen die Türen ein. Die Arbeitszufriedenheit ist hoch. Trantütige Gewerkschaftsvertreter waren jedenfalls nicht notwendig. Alle Kollegen haben eine hohe Ergebnisbeteiligung sehr viel mehr begrüßt als zweifelhafte Mitbestimmungsrechte. Und dann kommen diese paar Geier von der Presse und zerren alles in den Dreck. Vermutlich von der Konkurrenz instrumentalisiert!

Nein! Sie lassen sich von niemandem vorwerfen, ihre Firma handele zutiefst unsozial. Einer dieser Schmierfinken – und das auch noch in einem größeren Nachrichtenmagazin, dessen Chefredakteur Sie gut kennen – nannte Sie sogar gesellschaftsunverträglich! Also einmal flugs die Fakten zusammengestellt, Interviews mit der Belegschaft initiiert, vor deren Meinung Sie keinerlei Scheu zu haben brauchen. Wenn ein normaler Geschäftsbericht nicht mehr ausreicht, dann wird künftig eben nach den Standards der GRI – Global Reporting Initiative – reportiert. Nachhaltigkeitsmaßnahmen, ökologisches, soziales und kulturelles Engagement – dies alles lässt sich überzeugend und lückenlos dokumentieren.

Unter Ihrer Ägide hat sich Ihre Firma schon gesellschaftlich engagiert, als GRI in der Industrie noch ein Fremdwort war. Alleine im vergangenen Jahr war sie Hauptsponsor des Nachwuchstheaterfestivals in Bad Brückenau. Sie hat einen Chemiepreis bei »Jugend forscht« ausgeschrieben. Sie vergibt Stipendien an hoffnungsvolle junge Naturwissenschaftler und Ingenieure. Sie beteiligt sich großzügig an Wiederaufforstungsprojekten in Borneo und dergleichen mehr.

Wer wollte bezweifeln, dass Sie unser Sprüchlein »Wir sind ein sozial eingestelltes Unternehmen« zu Recht ins Felde führen können?

Gut und zugegeben, Sie haben einen etwas verengten Blickwinkel. Das liegt aber in der Natur und Komplexität der Sache, mit der sich Ihr Unternehmen beschäftigt. In Ihrer Firma läuft es rund. Weltweit. Für Männer wie Frauen. Dafür können Sie die Hand ins Feuer legen.

Denn schließlich konnten Sie großartige Abschlüsse bei der diesjährigen Messe Eurosatory bei Paris verzeichnen. Dort trafen sich 110 hochrangige Delegationen aus 72 Ländern. Die Branchenmesse boomt und ist größer als der Genfer Autosalon. Auf über 110 000 qm präsentierten fast 1100 Aussteller unter anderem ihre neuesten naturnahen Fahrzeuge unter Markennamen wie Rhino, Keiler, Biber, Kodiak, Büffel, Puma, Fuchs, Kondor, Yack, Wolf, Serval oder Wiesel – benutzerfreundlich in jeder Hinsicht – zum Teil sogar mit integriertem Teekocher an Bord.

Vorwürfe, Ihr Output sei ein wenig unsozial, können Sie daher wirklich kalt lassen. Wie sollte das bei einem Unternehmen auch anders sein, das Kampfmittel und Waffen herstellt? Gesellschaftliche Verantwortung? Wer wollte sich denn ohne Druckmittel wirksam verteidigen? Angriffskriege, wildgewordene afrikanische Potentaten? Ha, dass Sie nicht lachen! Auch mit Autos werden Leute totgefahren, ohne dass man deswegen die Hersteller beschuldigt, unsozial zu sein. Zumal viele unter ihnen sich rein auf Verteidigung spezialisiert haben und etwa »defensive Handgranaten« anbieten. Oder wie der Raketenhersteller General Dynamics, der seinen Kunden mit dem Slogan »Fire and Forget« eine große Sorgenlast von den Schultern nimmt.

Jedes Küchenmesser kann zweckentfremdet werden. Menschen kommen wegen der unmöglichsten Dinge und Umstände ums Leben. »Polemos pater panton« – der Krieg ist der Vater aller Dinge – ja, die alten Griechen hatten Recht! So ist der Lauf der Welt nun einmal. Und wenn dies schon so ist, dann kann man wenigstens für Effektivität sorgen – ohne, dass die Betroffenen allzu viel leiden müssen. Nein, moralinsaure Vorwürfe machen Sie sich nicht zu Eigen. Schließlich wollen Sie in drei Jahren, wenn Ihr Vertrag als Vorstandsvorsitzender vereinbarungsgemäß ausläuft, noch als Vorsitzender des Aufsichtsrats mit Ihrem sozialen Engagement reüssieren. Denn schließlich wird ja jetzt nach GRI berichtet.

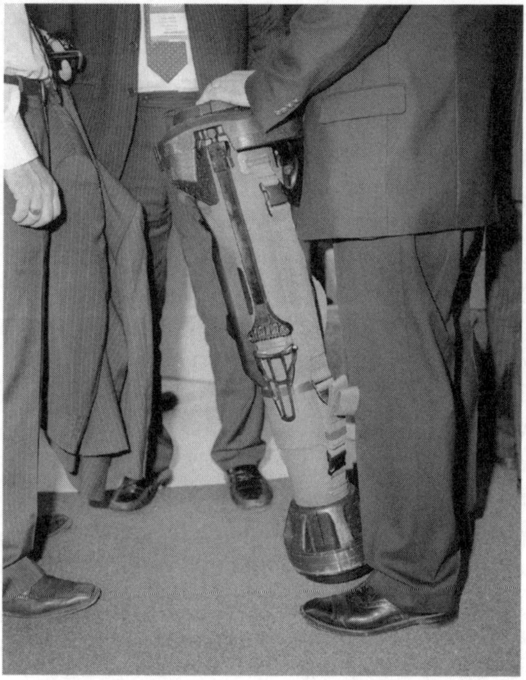

Das soziale Engagement von Managern auf der Eurosatory.
Foto von Andri Pol, aus: Max Küng: »Shoppen und Killen«, in: *Das Magazin*, Nr. 31, Zürich 2006, S. 15

55
›Wir arbeiten gut mit nichtstaatlichen Organisationen zusammen!‹

Einsatzbereich: Nichtstaatliche Organisationen, Öffentlichkeit

Es ist die Krux des Unternehmers, dass er es nicht nur mit Widersachern in seinem bestimmten Marktsegment zu hat. Er muss sich als Nichtjurist auch mit komplizierten Gesetzestexten herumschlagen, schon um herauszufinden, ob ihm sein Steuerberater oder Rechtsanwalt keinen Bären aufbindet. Er absolviert in rascher Folge die jeweils neusten Seminare zum Thema »Menschenführung«. Er muss sich fachlich fit halten. Seine Familie grätscht ihm unerwartet in seinen überfüllten Zeitplan. Sein Hausarzt drängt ihn beharrlich, seinen Blutdruck zu überprüfen und mehrmals täglich Entspannungsübungen im Büro durchzuführen. Jeder im Betrieb will einzig und allein mit dem Chef selbst reden. Die Gewerbeaufsicht kommt unangemeldet just im ungünstigsten Moment – etwa am Tag der jährlichen Inventur – weil wieder ein nörgelnder Nachbar merkwürdige Gerüche vom Werksgelände wahrgenommen haben will. Die Lieferanten glänzen mit Unpünktlichkeit und leben »just in time« nur nach ihrem eigenen Zeitverständnis. Zu allem Unglück haben sich Sekretärin und die persönliche Assistenz gleichzeitig krank gemeldet. Und nun noch das: Eine bekannte nichtstaatliche Organisation (NGO) klopft bei Ihnen an und verlangt einige unverbindliche Auskünfte.

Eines haben Sie als Unternehmer in Ihrer langen Laufbahn gelernt: Unverbindliche Auskünfte gibt es keine. Sie sind stets der Anfang eines Tribunals, bei dem derjenige, der die gewünschten Selbstauskünfte gibt, Gefahr läuft, verurteilt zu werden. Diese so genannten Non-Governmental Organisations haben es in sich. Als nichtstaatliche Organisationen werden allgemein Vereinigungen oder Gruppierungen bezeichnet, die sich zum Beispiel in den Bereichen Menschenrechte, Umweltschutz, Tierschutz oder Bildungsarbeit stark engagieren und sich mit Veranstaltungen oder – mitunter spektakulären – Aktionen in die öffentliche Diskussion zu einem Thema

Lügen in der Chefetage. Mathias Schüz, Stephen Wirth und Aiko Bode

ISBN 978-3-527-50213-4

einbringen. Sie sind demokratisch strukturiert und wählen ihre Vorsitzenden. Sie streben trotz der für ihre Tätigkeit notwendigen Mittel nicht nach zusätzlichem Profit. Sie haben sich gemeinnützigen Zwecken verschrieben. Und es gibt sie deshalb, weil sie sich in der Regel Problemen widmen, an denen sich der Staat ungern die Finger verbrennt.

NGOs hängen überall ihren Rüssel in Dinge, die sie nichts angehen. Sie schaffen öffentliche Aufmerksamkeit für Vorgänge, die Unternehmer aus guten Gründen vertraulich abwickeln. Sie agitieren, polemisieren, übertreiben, setzen geschickt die ganze Medienmaschinerie für ihre Zwecke in Gang. Sie »retten« mit spektakulärem Aufwand – wie vor kurzem den berühmten »Keiko« – Filmwale aus kalifornischen Zoos in irische Gewässer und versuchen sie gegen noch mehr gesammeltes Geld über Jahre hinweg erfolglos auszuwildern. Sie ketten sich an Urwaldriesen, Bohrtürme, Brücken oder Hochhäuser, um auf ihre Botschaften aufmerksam zu machen. Sie ziehen ehrliche, hart arbeitende Öl-Konzerne bei der fälligen Verschrottung ausgedienter Off-Shore-Plattformen in angebliche Umweltskandale, wie seinerzeit Greenpeace im Fall der norwegischen Brent-Spar. Sie sind eine Bühne für die ewigen Träumer und Zukurzgekommenen. Sie melden ihre Organisationen auf hochseetüchtigen Schiffen an, damit sie, wie man munkelt, auf internationalen Gewässern keine Steuern zahlen müssen. Sie engagieren professionelle Fundraiser, die sich mit ihren Anteilen an den Spendengeldern dumm und dämlich verdienen. Sie sind Sammelbecken für Weltverbesserer, Spendensammler und Wanderprediger, die schwunghaft mit Illusionen handeln – mit einem Wort: eine Landplage, das personifizierte Feindbild des rechtschaffenen Unternehmers.

Und nun, lieber Unternehmer, haben Sie diese sprunghafte und unberechenbare Mischpoke am Hals. Was ist zu tun?

Sie greifen zur obigen Lüge. Versichern Sie die NGO-Vertretern Ihres guten Willens. Lassen Sie diese ihr Lied unter allen Umständen absingen. Warten Sie ihre Botschaft ab. Fragen Sie höflich nach, als ob Sie etwas nicht verstanden hätten. Dies schafft ein Klima der Überlegenheit für die NGO-Vertreter, von dem Sie profitieren können. Versuchen Sie durch Nachfragen ein wenig Verwirrung zu stiften. Fruchtet dies im Einzelnen nicht, dann ziehen Sie andere NGOs und deren Zielsetzungen zum Vergleich heran. Weisen Sie auf die häufigen

Widersprüche der vielen Anliegen hin. Die eine Gruppierung prangert Tierversuche an, die andere spricht sich zum Wohle der Menschheit für sie aus. Indem Sie dem NGO-Vertreter seine beschränkte Perspektive vor Augen halten, relativieren Sie auf diese Weise sein Anspruchsdenken. Denn er muss zugeben, dass es viele berechtigte Anliegen gibt. Zu viele für Sie – denn Sie können nicht alle unterstützen.

Bleiben Sie dabei immer auf einer allgemeinen Betrachtungsebene und lassen Sie sich keinesfalls wieder auf die enge Gedankenwelt des jeweiligen Vertreters ein. Wenn er jetzt argumentativ nicht einknickt, sollten Sie ihm eine Festanstellung in Ihrer Abteilung Öffentlichkeitsarbeit anbieten. Oder Sie geben der NGO einen lukrativen Beraterauftrag. Wenn er bei solchen Umarmungsstrategien hingegen nachgibt, haben Sie leichtes Spiel. Dann können Sie ihn mit Verweis auf weitere anstehende Gespräche mit NGO-Vertretern anderer Organisationen höflich hinaus komplimentieren.

Ein starkes Argument können Sie sich sicherheitshalber immer bis zum Ende solcher Zirkusveranstaltungen aufheben: Fragen Sie nach einem verbindlichen, für alle NGOs gültigen Wertmaßstab für Political Correctness, indem Sie Ihr Entscheidungsproblem etwas drastisch illustrieren: die Rettung der Waldameise gegen die Rettung von Bootsflüchtlingen; das Abschmelzen der Gletscher wider den Kinderschutzbund; die Mittel für Wüstenbekämpfung gegen Seuchenschutzprogramme; die Überfischung der Meere gegen die Überflutung von Bangladesch; die Murenabgänge in den Alpen gegen die Rettung des Edelweiß. Die Welt ist voll von Absurditäten, die Sie hier für sich nutzen können. Sie demonstrieren auf diese Weise Entgegenkommen und Interesse, machen es aber zugleich unmöglich, diese beabsichtigten Verwirrungen in den letzten Gesprächsminuten vernünftig aufzuklären.

Um der Gefahr des Nachtretens zu begegnen, ist es allerdings erforderlich, dass Sie sich keinem Siegesgefühl hingeben, sondern zumindest die örtliche Presse sowie ihre Mitarbeiter in allgemein gehaltener Form von dem guten Gespräch in Kenntnis setzen. Dies wiederum lassen Sie den NGO-Vertreter wissen, der sich nun über eine größere vermeintliche Wirkung auf Sie freut als direkt nach dem Gespräch.

Damit drehen Sie den Spieß vollends um und profitieren nun Ihrerseits vom guten öffentlichen Image der NGOs. Ein nettes Foto mit freundschaftlichem Händedruck bewirkt nämlich mehr als lange Interviews oder Diskussionen. Image-Transfer funktioniert auch ohne Preisgabe von Know-how oder Überweisung von Spendengeldern. Wobei Sie Letztere im Notfall steuerlich absetzen können, denn Fotos mit Großformatscheck-Übergaben machen sich gleichfalls gut. Nach und nach werden Sie als Unternehmer mit Gemeinsinn gelten.

Dies wiederum kommt Ihren anderen Baustellen zugute. Bei der Vergabe öffentlicher Aufträge wird man Sie eher berücksichtigen. Ob Sie diese annehmen, bleibt Ihnen ja überlassen. Sie werden selbst zu einem Imageträger, zum Vorbildunternehmer. Es erscheinen Berichte über Sie, die Ihnen wiederum bessere Geschäftskontakte vermitteln. Auch der Kreis Ihrer Informanten wird größer – gleichfalls kein Schaden. Insgesamt wird damit zwar noch mehr Arbeit auf Sie zukommen. Das gibt Ihnen aber die Gelegenheit, gute, unverbrauchte Leute einzustellen. Arbeitgeber sind in unseren schweren Zeiten mit jeder Neueinstellung besser gelitten. Insgesamt haben die NGOs zu Ihrer ethischen Gloriole beigetragen. Zu irgendetwas müssen sie ja auch gut sein, wenn sie Ihnen schon Ihre wertvolle Zeit stehlen.

Gutes Management bedeutet eben immer, Wissen und Anliegen in Nutzen zu verwandeln. Und zwar in diesem Falle das Wissen und Anliegen der NGOs in Ihren eigenen fruchtbaren Nutzen.

56
›Führen bedeutet, mit Widerstand konstruktiv umzugehen.‹

Haupteinsatzbereich: Nichtstaatliche Organisationen
Nebeneinsatzbereich: Mitarbeiter, Anwohner, Medien, sonstige Stakeholder

Landläufig besteht die Auffassung, man müsse Widerstände möglichst gering halten. Wir können aber großen Nutzen daraus ziehen, mit Widerständen konstruktiv umzugehen. Je größer zum Beispiel beim Wasserkraftwerk der Rückstau ist, umso höher ist die Energieausbeute.

Aus diesen Tatsachen können Sie als Manager eine Menge Nutzen ziehen. Ihre Hauptaufgabe im Unternehmen ist es nun einmal, Widerstände sinnvoll umzulenken. Widerstände erfahren Sie in vielfältiger Form: Jede Person, die Ihnen begegnet, hat andere, eigene Interessen. Alle sind bestrebt, die Verhältnisse, in welche sie eingebunden sind, zu ihrem eigenen Vorteil zu gestalten. Jede Person bedeutet somit Widerstand für Sie. Damit nicht genug, ist Ihr Unternehmen auch den Ansprüchen seiner vielfältigen Stakeholder ausgesetzt: der Banken und Kapitalgeber, des Fachpublikums, der Wirtschaftspresse, der Umweltschutzverbände und Gewerkschaften, der Nachbarschaft Ihres Betriebsumfeldes und so fort. Alle haben unterschiedliche Interessen an Ihrem Unternehmen. Alle stellen unterschiedliche Widerstände dar.

Würden Sie Ihre Aufgabe nun darin sehen, diese vielen unterschiedlichen Widerstände möglichst aufzulösen, so dürfen wir darauf hinweisen, dass sich schon ganz andere an dieser Aufgabe verhoben haben. Ganz gleich, welch guten Willens Sie sind: Diese Aufgabe wird Sie fressen, erdrücken, zerreißen – jedenfalls auf die eine oder andere unschöne Weise ums Leben bringen.

Wir empfehlen daher eine andere Methode, um mit dem Grundproblem des Widerstands fertig zu werden: Gehen Sie konstruktiv mit ihm um! Sagen Sie es auch ruhig laut und vernehmlich. Das macht schon einen ersten guten Eindruck. Sie nehmen öffentlich zur Kenntnis, dass andere eigene Ansprüche im Umgang mit oder in Ih-

Lügen in der Chefetage. Mathias Schüz, Stephen Wirth und Aiko Bode

ISBN 978-3-527-50213-4

rem Unternehmen haben. Und Sie verkünden, mit diesen Ansprüchen »konstruktiv« umgehen zu wollen. »Konstruktiv« ist ein solchermaßen positiv besetztes Wort, dass es allen gleich warm ums Herz werden wird. Der Teufel weiß warum, aber die meisten Leute setzen es mit Berücksichtigung oder gar Achtung der eigenen Interessen gleich. Doch wie auch immer. Sie sind »konstruktiv«! Und zwar im Sinne eines Ingenieurs, der das besagte Wasserkraftwerk baut, um Strom zu erzeugen. Was ist hierzu notwendig? Kleinbauern, die im zu stauenden Tal wohnen, müssen mit sanfter Gewalt und maßvollen Abfindungen umgesiedelt werden. Luftveränderung hat noch nie geschadet. Die Hänge links und rechts des Damms müssen abgeholzt, befestigt und begradigt werden. Sie müssen das Wasservolumen und mit ihm die gewünschte Energieausbeute des Stausees errechnen. Hieraus ermittelt sich die notwendige Dicke der Staumauer sowie die Stärke der Wasserrotoren und Generatoren. Eines folgt somit zwingend aus dem anderen. Wir könnten das Beispiel problemlos auf alle weiteren Komponenten und Beteiligten ausdehnen – aber das Prinzip haben Sie ja verstanden.

Es geht also nicht darum, echtes Verständnis für die jeweilige Anspruchsgruppe zu signalisieren, sondern sie zu einem logisch zwingenden Glied in der Kette Ihrer eigenen Argumentation zu machen. Um selbst zum Ziel zu kommen, laufen Sie daher nicht den lieben langen Tag wie ein personifizierter Mediator durch die Gegend, sondern Sie spielen die jeweiligen Widerstände Ihrer verschiedenen Anspruchsgruppen geschickt gegeneinander aus. Wer von der kleinen Dorfgemeinschaft im Tal kann sich schon der Argumentation »Gemeinsinn gegen Eigennutz« entziehen: Strom für viele Millionen arme Großstadtmenschen wider die Interessen weniger Einwohner eines rückständigen und sowieso erdrutschgefährdeten Tals.

Auch mit Umweltgruppen, die in solchen Angelegenheiten gerne zur Selbstdarstellung auf den Plan treten, verfahren Sie auf gleiche Weise. Organisieren Sie Großstadtvertreter, die auf Ihren Strom angewiesen sind. Lassen Sie beide Gruppen gegeneinander antreten, lehnen Sie sich dabei freundlich entspannt zurück und vergewissern Sie beiden Parteien Ihrer Sympathie. Die Großstadtvertreter werden das Elend in Krankenhäusern schon eindrücklich schildern. Von Fällen, in welchen bei laufender Operation der Strom ausgegangen ist. Von teuer erkauften Lebensmitteln, die in aufgetauten Kühlschränken verrotten. Von der Unsicherheit maroder Notstromgeneratoren. Ja, auch der Herr Umweltschützer könnte einmal in eine solche Notlage geraten!

Auf die Belange des Umweltschutzes angesprochen, ziehen Sie eine Expertise aus der Tasche (gibt es günstig bei allen Professoren dieses Fachs), welch stabilisierende Wirkung Ihr Stausee auf das Klima hat. Nicht zu vergessen die vielen neuen Arbeitsplätze in der Fischindustrie sowie überhaupt das neu entstehende Ökosystem in und um Ihren See. Während sich die beiden Interessenvertreter weiter beschäftigen, lauschen Sie ihnen die Hauptargumente ab und überlegen sich, wen Sie als Nächsten gegen einander antreten lassen. Stärkere Gruppen kommen unter Umständen mehrmals mit anderen Gegnern an die Reihe. Ziel ist die weitgehende Neutralisation aller gegnerischen Kräfte durch sich selbst.

Während so alle lustig miteinander streiten, haben Sie Ihre Baugenehmigung längst in der Tasche, weil sich am Schluss gegen gute Argumente und vielleicht auch etwas Bakschisch niemand versperrt. Sie beginnen zu bauen und setzen einfach auf die normative Kraft des Faktischen. Menschen sind extrem anpassungsfähig. Man muss nur konstruktiv mit ihrem Widerstand *um*gehen beziehungsweise ihn geschickt um*gehen*.

57
›In der freien Marktwirtschaft sorgt die unsichtbare Hand für das Gemeinwohl.‹

Haupteinsatzbereich: Öffentlichkeit, Medien
Nebeneinsatzbereich: Mitarbeiter, nichtstaatliche Organisationen

Stellen Sie sich vor, Sie sind Unternehmer, und Sie ärgern sich über die permanenten Schmutzkampagnen der Tagespresse, die Ihre Zunft in den Dreck ziehen. Wir raten Ihnen zu folgender Maßnahme. Gehen Sie an die Öffentlichkeit und verkünden Sie Folgendes: »Ich habe es satt, jeden Tag in der Zeitung zu lesen, dass unsereiner die Umwelt verschmutzt, die Leute ausbeutet, den Staat betrügt, und sich auf Kosten der Gesellschaft ein schönes Leben macht. Ich habe deshalb beschlossen zu handeln!« Auf die Rückfrage der Presse, was Sie nun zu tun gedenken, antworten Sie provokant: »Ganz einfach, ich lese keine Zeitungen mehr!«

Wenn man Ihnen jetzt empört den ganzen Sündenkatalog vorhält, der angeblich auf das Konto unverantwortlicher Unternehmer gehen soll, kontern Sie gelassen ganz im Sinne unserer obigen Lüge: Schon Adam Smith, der Begründer der neuzeitlichen Ökonomie, habe nachgewiesen, dass die Marktwirtschaft nur dann optimale Ergebnisse erzielt, wenn jeder sein Eigeninteresse verfolgt. Hierdurch sei gewährleistet, dass schließlich jeder bekommt, was er benötigt. Im Tausch von Waren und Dienstleistungen vollziehe sich ein umfassender Interessenausgleich, sodass am Ende jeder zufrieden sein könne. Auf diese Weise sorge eine »unsichtbare Hand« im Wettbewerb automatisch für das Gemeinwohl.

Nun könnten sich Ihre Kontrahenten damit noch nicht zufrieden geben. Sie könnten Ihnen entgegen halten, dass Adam Smith als Kind des achtzehnten Jahrhunderts nicht mehr besonders aktuell sei. Verweisen Sie dann auf die wohl durchdachte Einsicht des Wirtschaftsnobelpreisträgers Milton Friedman: »The social responsibility of business is to increase its profits«. Frei übersetzt: Der Unternehmer hat nur eine einzige soziale Verantwortung zu tragen, nämlich möglichst viele Gewinne aus seinen Geschäften herauszuholen. Wie

Lügen in der Chefetage. Mathias Schüz, Stephen Wirth und Aiko Bode

ISBN 978-3-527-50213-4

sein Vorgänger Smith verteidigt Friedman das freie Unternehmertum, das nur dann beste Ergebnisse erzielt, wenn Störenfriede es nicht behindern. Wenn der Unternehmer seine Gewinne maximiert, dann profitiert auch die Gesellschaft mit einem höheren Lebensstandard.

Nur realitätsferne Träumer, untätige Neider und Trittbrettfahrer verlangen von Ihnen als Unternehmer, sich aktiv für soziale und ökologische Projekte einzusetzen. Bleiben Sie gegenüber solchen Ablenkungsversuchen resistent! Verinnerlichen Sie Friedmans Worte! Verlieren Sie Ihren wirklich sozialen Auftrag niemals aus den Augen! Denn wenn Sie sich erst einmal auf die Einflüsterungen und das sozial-ökologische Gesäusele von chaotischen Weltverbesserern einlassen, dann beginnen Ihre Gewinne sogleich wie Schnee in der Sonne hinweg zu schmelzen. Und wer ist dann der Leidtragende? Eben jene Gesellschaft, deren Interessen diese Leute glauben verteidigen zu müssen – wenngleich sie diese in Wirklichkeit aufs Schlimmste schädigen.

Lassen Sie sich von Verleumdungen schöngeistiger Unternehmensethiker nicht einschüchtern, die die »menschenverachtende Sachzwanglogik der Gewinnmaximierung« anprangern. Ethik hat nichts in der Ökonomie zu suchen. Sie bremst nur das Gewinnstreben, und damit den Wohlstand aller. Bleiben Sie fest dabei: Die oben erwähnte »unsichtbare Hand« sorgt schon für das Gemeinwohl. Wie das genau funktioniert, darüber streiten sich zwar die Gelehrten. Sie, lieber Leser, braucht das aber nicht weiter zu stören, denn Sie sind Unternehmer und kein Gelehrter. Dinge können auch dann prima funktionieren, wenn man die Begründung hierfür noch nicht genau kennt. Hat etwa die Biologie alle Vorgänge im menschlichen Körper, geschweige denn in der Natur, restlos erklären können? Sehen Sie: Aber alles funktioniert trotzdem bestens! Und so ist es in anderen Fachbereichen auch.

Tatsache ist, dass die Wirtschaft dann am besten brummt, wenn Sie ihr ganzes Sinnen und Trachten auf Profitmaximierung ausrichten. Schauen Sie sich den Wohlstand an, der überall blüht, wo freie Marktwirtschaft herrscht, und wo der Unternehmer frei von sozialen und ökologischen Fesseln agieren kann.

China war noch vor kurzem ein Entwicklungsland. Seit sich dort das freie Unternehmertum Bahn bricht, wächst auch der Wohlstand rapide. Millionen von Menschen haben endlich Arbeit gefunden, können sich einen eigenen Kraftwagen, zahllose Konsumgüter oder ein modernes Appartement leisten. Millionenstädte entstehen am Reißbrett und werden innerhalb weniger Jahre sprichwörtlich aus dem Boden gestampft.

Oder schauen Sie nach Indien. Der indische »Elefant« marschiert in Siebenmeilenstiefeln in praktisch anwendbarer Wissenschaft, Wirtschaft oder Medizin an den etablierten Wirtschaftsnationen vorbei, seit die Voraussetzungen für freien Wettbewerb auch dort gegeben sind. Millionen von Hungerleidern garantieren, dass die Preise auf dem Arbeitsmarkt für den Unternehmer erträglich bleiben. Und dieser wiederum sorgt dafür, dass dieselben nun nicht mehr im Staub der Gossen dahinvegetieren müssen, sondern zu Lohn und Brot und irgendwann auch noch zu Wohlstand kommen. Auf den Großbaustellen der Reichen hat sich der Tagelohn eines indischen Arbeiters doch glatt verdoppelt: umgerechnet von einem auf nunmehr zwei Euro pro Tag. Von solchen Einkommenssprüngen können wir in der alten Welt nur träumen.

Hier wird täglich die Wahrheit von Adam Smiths Ausspruch unter Beweis gestellt: Lasst die Unternehmer nur machen, dann sorgt die »unsichtbare Hand« schon dafür, dass es allen viel besser geht.

Wenn solch schlagende Beispiele Ihre Gegner immer noch nicht überzeugen, dann machen Sie eben die Gegenprobe. Stellen Sie ihnen die Frage, welche Gesellschaften denn heute am Verelenden seien? Es sind nämlich diejenigen Staaten, die die schärfsten Gesetze zum Schutz des Arbeiters und der Natur aufgestellt haben. Nehmen wir zum Beispiel Deutschland. Mit seinen hohen gesetzlich vorgeschriebenen Lohnnebenkosten und seinem überbordenden Renten- und Gesundheitssystem, mit seinen nimmersatten Gewerkschaften, unerfüllbaren Umweltstandards, ewig nörgelnden Betroffenheitsaktivisten und Konsumverweigerern wird das freie Unternehmertum schließlich erstickt. Die Folgen? Noch mehr Kapital wandert in Billiglohnländer ab, noch mehr Arbeitsplätze werden vernichtet, die Staatsverschuldung steigt in noch schwindelerregendere Höhen. Die Menschen bekommen Zukunftsangst. Sie zeugen deshalb weniger Nachkommen. Die Gesellschaft überaltert. Und stirbt schließlich – von eigener zittriger Hand gemeuchelt – ausschließlich deswegen, weil sie Angst vor dem Tod hatte. Und dies alles, weil niemand mehr der »unsichtbaren Hand« eines gerechten freien Wettbewerbs vertraut. Merken wir uns also: Adam Smith hatte Recht.

Hören wir auf die Erfolgreichen, Starken und Mächtigen dieser Welt. Folgen wir zum Beispiel einem der erfolgreichsten Investoren aller Zeiten: George Soros. Dieses Investment-Genie hat nämlich seine »Rolle als Marktteilnehmer« ganz klar definiert: »Als Wettbewerber darfst du nur deine eigenen Interessen im Auge haben und kannst nicht an die Folgen denken.« Die sind nämlich, wie wir ergänzen möchten, für uns sowieso unüberschaubar. Zudem können wir ja darauf vertrauen, dass die »unsichtbare Hand« die Neben-, Rück- und Fernwirkungen aller wirtschaftlichen Aktivitäten schließlich zum Wohle des Ganzen in die richtigen Bahnen lenkt.

Der Glaube an die Macht der »unsichtbaren Hand« ermöglicht es Ihnen, alle unnötigen Belastungen aus Ihrem Business-Plan auszuklammern. Warum sollten Sie sich um die Auswirkungen Ihrer Produktionsstätte auf Boden, Wasser und Luft kümmern? Warum sollten Sie für besondere Sicherheitsmaßnahmen am Arbeitsplatz schon Geld ausgeben, bevor Sie etwas verdient haben? Als Homo Oeconomicus müssen Sie mit Scheuklappen durch die Welt laufen und sich ganz auf Ihr Business konzentrieren.

Erst wenn Sie Ihre Gewinne wirklich maximiert, also das Maximum aus Ihrem Geschäft herausgeholt haben, dann können Sie es sich als Privatmann auch einmal leisten, der unsichtbaren Hand zur Hand zu gehen – hier mal eine Spende für einen integrativen Kindergarten oder eine Opernaufführung, dort mal eine Beteiligung an einem Prestigeprojekt. Solche Aktivitäten außerhalb des Geschäftslebens tragen Ihnen den Respekt Ihrer Mitmenschen ein. Sind Sie Kirchgänger, so beschränken Sie Ihre ethischen Gefühle auf den Sonntag. Am Werktag dürfen Sie sich hingegen von solchen geschäftsschädigenden und weltfremden Einflüssen nicht irritieren lassen.

Mit der Konzentration auf die Notwendigkeiten des freien Unternehmertums tragen Sie so dazu bei, dass mit unsichtbarer Hand Millionen teurer Arbeitsplätze in den alten, sterbenden Industrieländern abgebaut und in die jungen aufstrebenden Staaten Asiens transferiert werden. Sie erhöhen damit die globale Wohlfahrt. Unternehmer sind schließlich Weltbürger. Sie beurteilen Menschen nicht nach ihrer Hautfarbe, nach ihrem Status oder ihrer Religion, sondern nach ihrem Können, nach ihrem Willen und ihrer Arbeitskraft. Die Entlassenen der Industrienationen geben diesen anderen, bislang sozial wesentlich schlechter gestellten Menschen eine Chance auf Arbeit und Brot. Die Arbeitslosen im Westen können es sich ja im sozialen Netz inzwischen eine Zeitlang gemütlich machen. Es wird schon noch eine Weile halten.

Sie sehen: Die Logik der unsichtbaren Hand ist bestechend. Dank der Profitmaximierung erhalten nicht nur die Unternehmer, sondern »unter der Hand« viel mehr Menschen ihr Auskommen als ohne sie. Und das belegt der wirtschaftliche Aufschwung und die Erhöhung des Lebensstandards in den ehemaligen Entwicklungsländern. Die Theorie von der unsichtbaren Hand hat sich wieder einmal selbst bestätigt.

Die Macht der unsichtbaren Hand am freien Markt. Comic von Dylan Horrock, Australien.

58
›Unsere Kontrollsysteme funktionieren.‹

Einsatzbereich: Öffentlichkeit, Behörden

Früher, vor gut 150 Jahren, war die Welt noch in Ordnung. Der Unternehmer war noch wirklich frei, sich zu günstigsten Bedingungen Mitarbeiter zu halten. Ohne lästige Verpflichtungen zu Sozialabgaben, ohne gewerkschaftliche Einschränkungen der Arbeitszeit, ohne unangebrachte Debatten über das Lohngefüge, ohne realitätsfremde gesetzliche Auflagen zur Arbeitssicherheit und zum Umweltschutz. Heute hingegen ist alles ganz anders. Regeln und Auflagen zwingen den Unternehmer in ein Korsett, das ihm fast die Luft zum Atmen nimmt. Alles ist geregelt. Oder zumindest fast alles. Es gibt nur wenig Spielraum für unternehmerische Kreativität. Den jedoch sollten Sie sich voll und ganz zu Nutze machen, indem Sie auf diese Lüge zurückgreifen.

Halten Sie sich eine Truppe, die die Einhaltung der Regeln und Bestimmungen überwacht – eine interne Truppe von Leuten, auf deren Urteilsvermögen Sie sich verlassen können, also eine, die weiß, wer ihr Gehalt bezahlt, und die weiß, dass ihr Gehalt nur durch das reibungslose Funktionieren Ihres Unternehmens überhaupt bezahlt werden kann.

Setzen Sie vor allem eine geeignete Truppe für Umweltschutz und Arbeitssicherheit ein. Suchen Sie dafür Mitarbeiter, die durch eine fröhliche Grundhaltung bereits vor der Frühstückspause auffallen. Oder ziehen Sie sich solche heran, die in der Vergangenheit nicht gerade durch besondere Entscheidungsfreude und Umsichtigkeit auffällig geworden sind. Bei ihnen kommt es stattdessen darauf an, dass sie in jeder Situation die Freiheit des Unternehmertums gegenüber gesetzlichen Auflagen eloquent zu verteidigen verstehen.

Lernen Sie in dieser Hinsicht von großen Vorbildern. Wie großartig konnten sich dereinst die Vertreter der Firma Nestlé gegen üble Nachrede ideologisch voreingenommener Menschheitsbeglücker

Lügen in der Chefetage. Mathias Schüz, Stephen Wirth und Aiko Bode

ISBN 978-3-527-50213-4

wehren. Diese hatten doch glatt in einschlägigen Zeitschriften behauptet, Nestlé töte in Entwicklungsländern mit ihrem Milchpulver Säuglinge. Welch eine infame Verleumdung. Schließlich waren alle gesetzlichen Bestimmungen bei der Herstellung des Produkts eingehalten worden. Und die Qualität des Milchpulvers war ökologisch einwandfrei. Zwar stieg in der Tat die Säuglingssterblichkeit in Ländern mit ungenügendem Bildungsstand an. Doch vor Gericht konnte man Nestlé ursächlich dafür nicht verantwortlich machen. Den Vorwurf, junge Mütter hätten zur Aufbereitung des Milchpulvers verseuchtes Wasser verwendet, konnte man Nestlé nun wirklich nicht anlasten. Und dass sich die Mütter bei der Zubereitung aus Sparsamkeit nicht an die Mengenvorgaben halten würden, war ebenso wenig rechtlich anzukreiden.

Unternehmerisch hingegen war die Vermarktung ein voller Erfolg. Die Frauen wurden durch kostenlose Proben von der Qualität des Produkts überzeugt und zum Abstillen bewegt, so dass sie treue Abnehmer des profitablen Produkts wurden.

An diesem Beispiel sehen Sie, wie wichtig clevere Gefolgsleute sind, die den Wert des freien Unternehmertums verinnerlicht haben und gegen sachfremde Einwände wirksam verteidigen können. Selbstverständlich müssen Ihre Leute mit behördlichen Auflagen umgehen können, sonst sind sie notfalls auch nicht in der Lage, sie gekonnt zu umgehen.

Prinzipiell steht es außer Frage, dass Sie in Ihrem Unternehmen Gesetze und Bestimmungen einhalten möchten. Aber wie können Sie dies angesichts des beinharten Wettbewerbs in der globalisierten Welt noch bewerkstelligen? Schließlich müssen die Produktionszahlen auch dann hoch gehalten werden, wenn sie ein wenig mit irgendwelchen Sicherheitsauflagen kollidieren. Erwarten Sie allerdings auch kein Verständnis von Behördenvertretern. Was verstehen die schon vom harten Konkurrenzkampf?

Doch das Risiko ist gering, dass die Beamten Ihren Bewegungsspielraum allzu sehr einengen. Denn wer hat schon bei der stetig anwachsenden Gesetzesflut – etwa bei den EU-Behörden – noch einen Überblick? Selbst dort kann keiner die monatlich um mehrere Meter anwachsenden Papierstapel mit Gesetzestexten verarbeiten. Es bleibt also sowohl den Beamten wie auch Ihnen nichts anderes übrig, als der Komplexität gesetzlicher Bestimmungen Einhalt zu gebieten und sich wieder auf die ursprünglich zugesicherte Subsidiarität zu besinnen. Wie macht man das? Durch Wahrnehmungsmanagement oder neudeutsch: Perception Management. Nehmen Sie einfach nur solche Gesetze und Auflagen wahr, die Sie problemlos einhalten können. Und blenden Sie Verordnungen aus, die Ihre unternehmerische Freiheit unnötig einengen.

Ganz in diesem Geist haben Sie nun erfolgreich eine verlässliche Truppe zum Schutz vor unnötigen behördlichen Auflagen auf Ihrem Werksgelände etabliert. Die Sonne scheint schon tief orange in die Produktionsanlage, wo gerade mit mindergiftigen Substanzen rötlicher Farbe hantiert wird. Die Produktion hinkt rund drei Stunden hinter dem Plan hinterher. Wenn man jetzt die Ventile alle aufdreht und die Schutzdeckel öffnet, dann kann man die Zeit in gut fünfzehn Minuten aufholen. Die rote Flüssigkeit wird in den kleinen Bach geleitet, der murmelnd durchs Werksgelände plätschert. Kein Fischbestand trübt die Aussicht auf seinen Grund. Bald vereinigt er sich mit dem nächst größeren Fluss. Dort verdünnt sich die Melange auf ein paar Kilometern ziemlich rasch bis unter die Nachweisgrenze. Und der rote Dampf, der dabei aus den Ventilen wabert, verschmilzt schließlich aufs Schönste mit dem Sonnenuntergang. Am Kontrollmonitor im Nebenraum wacht derweil einer Ihrer Schutzbefohlenen. Ganz Romantiker gibt er sich dem prächtigen Farbenspiel der rot gefärbten Mutter Natur auf dem Werksgelände hin.

Solange nichts passiert und die Behörde nichts merkt sowie die Mitarbeiter so anhänglich sind, geht alles gut. Selbst Ihren Versicherer konnten Sie vom Liebreiz des Abendrots auf dem Kontrollmonitor überzeugen. Auch der wollte nur wahrnehmen, was in seinem Interesse lag – eine Schadensmeldung jedenfalls nicht. Wer wollte schon die unvergessliche Abendstimmung mit schnöden Abwasser-Luft-, kurz: AWALU-Bestimmungen zerstören?

Sollte doch einmal etwas schief gehen, stehen Sie immer noch ganz gut da: Unabhängig von einem Schaden können Sie auf das wirkungsvolle und lückenlose Kontrollsystem in Ihrem Unternehmen verweisen. Dann rufen Sie den engsten Paladin unter »Ihren« Leuten zu sich und lassen ihn – wenn es hart auf hart kommt – einem seiner Handlanger den Laufpass geben. Gegen menschliches Versagen kämpfen selbst Götter vergebens.

Gefährdete Arten sind uns ein Anliegen. Comic von Wolf Schrader, in:
Alles Lüge – 92 Cartoonisten auf der Suche nach der Wahrheit,
Oldenburg 1998, S. 118.

59
›Umwelt und Nachhaltigkeit sind uns ein großes Anliegen.‹

Haupteinsatzbereich: externe Anspruchgruppen, nichtstaatliche Organisationen, Medien
Nebeneinsatzbereich: Kunden, Mitarbeiter

Wir glauben es Ihnen ja sogar: Das mit der Umweltverschmutzung und dem letzten Fischsterben ist Ihnen sehr nahe gegangen. Wurden Sie nicht von Ihren eigenen Kindern angesichts der Horrorbilder im Fernsehen beschimpft? Als obere Führungskraft eines Chemiewerks, zuständig für den Bereich »Sicherheit und Umwelt«, seien Sie doch wohl mitschuldig am verseuchten Rhein und den Tausenden von toten Fischen! Das Unternehmen hätte nicht einmal ein Löschwasserauffangbecken unter ihren Lagerhallen mit giftigen Stoffen installiert, obwohl es von seinem Hauptversicherer darauf aufmerksam gemacht worden sei. Und nun fing die Lagerhalle Feuer, und das Löschwasser der Werksfeuerwehr spülte die Giftstoffe direkt ins Grundwasser beziehungsweise in den Rhein. Bei niemandem gehen solche Vorwürfe aus der eigenen Familie spurlos vorüber. Aber verflixt: Wer um alles in der Welt kann sich denn die Kosten einer Endlagerung der Giftstoffe auf einer Sondermülldeponie leisten? Und wer hat schon eine Ahnung von den Kosten für nachträglich zu installierende Auffangwannen?

Sie haben dennoch Ihre Lektion gelernt. Da Sie es sich aber aus wohlverstandenem Interesse nicht leisten können, von Greenpeace, Euronatur oder dem Naturschutzbund belagert zu werden, stiften Sie hier und da mal einen Parcours mit einigen Lerntafeln über das perfide Wirken des Borkenkäfers oder den Samenflug des Löwenzahns. Es muss deutlich werden: Umwelt ist Ihr Ding – Ihr ganz persönliches Thema. Schließlich gibt es in ihr genug Platz für Ihren Müll. Und sie liefert eine Unmenge gute Argumente für Ihren grünen Nimbus. Den bösen Zungen, die behaupten, dass Sie von Natur, Nachhaltigkeit oder dergleichem Kokolores keine Ahnung hätten und sich einen Kehricht um sie scherten, halten Sie dann lächelnd Ihre

Lügen in der Chefetage. Mathias Schüz, Stephen Wirth und Aiko Bode

ISBN 978-3-527-50213-4

gemeinwohlorientierten Aktivitäten entgegen. Schließlich kann doch kein schlechter Mensch sein, wer sich um Kinder kümmert.

Anders als Ihre Mitbewerber haben Sie erkannt, dass sich mit ökologischem Name-Dropping wie zum Beispiel Umweltverträglichkeitsprüfung, Öko-Audit und Sustainable Development die Umsätze nach oben bringen lassen. Das ist solange gut, wie der Rubel rollt und Ihre weniger ökologischen Aktivitäten nicht ins Licht der Öffentlichkeit gezerrt werden.

Achten Sie immer darauf, dass Sie Ihren schönen Worten nicht auch entsprechende Taten folgen lassen müssen. Dies könnte nämlich unschöne Folgen haben. Sie müssten einzelne, höchst lukrative Geschäftsfelder in ihrer bisherigen Form infrage stellen – Sie erinnern sich: Etwaig gesparte Deponiegebühren sind leicht verdientes Geld! Solche Kostenfallen wollen Sie auf keinen Fall. Geld wollen Sie ja einnehmen und nicht ausgeben.

Nun haben Sie es vielleicht aber etwas zu bunt getrieben. Sie haben im vereinbarten Sinne etwas öffentlich zu Ihrem vorbildlichen Umweltengagement gesagt. Man hat Ihnen applaudiert und Sie hochleben lassen. Und dann haben Sie, beflügelt durch die Ihnen entgegengebrachte Begeisterung, noch mehr versprochen. Hierauf brachte man Ihnen endlich die Anerkennung entgegen, die Ihnen in Ihrem eigenen Haus bislang noch nie zu Teil wurde. Und zu Ihrer eigenen Verwunderung tragen nun Umweltverbände, Politiker und Anarchisten einen Button mit Ihrem Konterfei beziehungsweise dem Firmenlogo auf dem Kragenrevers oder der Baseballkappe.

Tja, dumm gelaufen, können wir da nur sagen. Jetzt werden Sie wohl handeln müssen, wenn es sich gar nicht mehr vermeiden lässt – und das wird teuer. Aber vielleicht gibt es noch ein Schlupfloch: Setzen Sie auf Ihre Wettbewerber! Tun Sie so, als ob Sie handeln. Ihre Mitbewerber werden Ihnen die öffentliche Reputation neiden. Über kurz oder lang werden sie es Ihnen nachmachen. Dann können Sie zu Ihren Aufsehern und Vorständen gehen und selbstbewusst sagen: Diese Umwelt-Bestrebungen sind ein Branchentrend, den Sie zum Glück für Ihr Unternehmen rechtzeitig antizipiert und in ein geldwertes Image umgewandelt haben!

Dann bekommen Sie vielleicht endlich das schon lange geforderte Budget – und mit etwas Glück können Sie dann auch tatsächlich etwas machen, das halbwegs als umweltbewusstes Handeln durchgeht.

Sollte Ihnen allerdings der Rückhalt bei Ihren Oberen fehlen, dann wird man Ihnen statt des Budgets einen Tritt verpassen. Und wenn Sie abgedreht und beflügelt genug waren, als man Ihnen applaudierte, dann kann es geschehen, dass Sie tatsächlich zu dem Spinner werden, für den Sie von anderen schon immer gehalten wurden.

Besser ist es also, Sie bleiben auf der sicheren Seite. Werden Sie Mitglied einer Partei, die nicht im Verdacht steht, das Thema Umwelt oder Nachhaltigkeit zu traktieren. Lassen Sie sich als Umweltexperte in Ihren Branchenverband wählen. Formulieren Sie an schönen Worten mit, ohne jedoch Taten zu fordern. Wehren Sie Begehrlichkeiten der Öffentlichkeit bei Verbandstagungen klar ab. Gegenüber Ihrem Anarcho-Fan-Club können Sie ja immer noch behaupten, Sie hätten wie ein Löwe für deren Anliegen gekämpft. Sie seien aber leider den uneinsichtigen Beschlüssen des Vorstandes erlegen. Diese Strategie funktioniert eine Zeit lang ganz gut.

Wir warnen aber davor, diesen Lösungspfad allzu lange weiter zu beschreiten. Aus gut informierten Kreisen wissen wir, dass sich im globalisierten Wirtschaftsumfeld der Wind mehr in Richtung »Taten« als in Richtung »Worte« gedreht hat. Überall auf dem Globus? Nein, zumindest noch nicht. Es ist daher durchaus möglich, dass eine kleine mittelständische Firma wie British Petroleum Ihre Umweltexpertise benötigt, wenn sie sich an neuen Umweltschutzprojekten wie der Erschließung von Ölfeldern in Afrika beteiligt.

Auch Firmen, die sich auf die saubere Beseitigung von Zivilisationsrückständen spezialisiert haben, könnten für Ihre neue Karriere von Interesse sein. Schließlich erfreuen sich Uran-Brennstäbe eines langen strahlenden Lebens. Wenn sie nicht mehr waffentauglich sind oder zur Stromherstellung benötigt werden, könnten sie billig Licht in so manches dunkle russische, indische oder chinesische Bergwerk bringen – oder auch in afghanische Höhlen. Dort gibt es so viele, dass es auf die eine oder andere überhaupt nicht ankommt.

Sie sehen also: Als Umweltexperte sind Sie ein global gesuchter Spezialist. An Ihrem Heimatstandort müssen Sie sich daher nur dann Gedanken machen, wenn Sie selbst für einen Umzug ins Ausland zu unflexibel sind. Und dieses Stadium sollten Sie im Laufe Ihrer Karriere ja nun wirklich überwunden haben. Schließlich waren Sie auch bisher Experte für Nachhaltigkeit. Wenigstens in eigener Sache.

60
›Die grüne Gentechnik stillt den Hunger in der Welt.‹

Haupteinsatzbereich: Landwirte, Konsumenten
Nebeneinsatzbereich: Nichtstaatliche Organisationen, Öffentlichkeit

Wirft man auch Ihrer Firma – einem Life-Science-Unternehmen – vor, sich durch »Biopiraterie« und Patentierungen von Pflanzen, deren wertvolles Genmaterial Sie entdeckt haben, unnötig zu bereichern? Dann haben Sie als Marketing- oder Kommunikationschef noch Aufklärungsarbeit zu leisten. Als wichtigste Maßnahme sollten Sie die Vorteile Ihrer gentechnisch veränderten Agrarprodukte in das Bewusstsein der Öffentlichkeit rücken und dabei diese Lüge einsetzen.

Vermitteln Sie zunächst die Segnungen dieser »zweiten grünen Revolution« im Vergleich zur ersten. Diese wurde ja von der Chemieindustrie bereits in den fünfziger Jahren des vorigen Jahrhunderts vor allem in den armen Ländern Asiens, Lateinamerikas und Afrikas eingeleitet – also lange bevor sich überhaupt irgendeine grüne Partei um Umweltschutz gekümmert hat. Dort sollten endlich blühende Landschaften mit reichen Ernten die armseligen, kaum nutzbaren und wenig ertragreichen Agrarflächen ersetzen. Auf diese Weise wollte die Industrie die Ernährungssicherheit weltweit sicherstellen. Natürlich musste dazu erst einmal der primitive Ackerbauer durch den Agronomen und professionellen Züchter ersetzt werden. Durch Einsatz industrieller Züchtungen von »hungrigem« Saatgut, das dankbar auf die Bemutterung durch chemische Dünger, künstliche Bewässerung und Pestizideinsatz anspricht, sollten höhere Erträge erwirtschaftet werden. Die Umstellung auf Monokulturen tat ein Übriges. Die Erträge wurden zunächst erheblich gesteigert, aber nach 50 Jahren waren zwei Drittel der landwirtschaftlich genutzten Flächen ausgelaugt – durch Erosion, Versalzung, Nährstoffabbau und Verschmutzung. Das war ein gefundenes Fressen für die ewig gestrigen Politiker der Grünen, die nicht verstanden hatten, dass die chemische Industrie selbst schon längst die Sanierung der grünen Re-

Lügen in der Chefetage. Mathias Schüz, Stephen Wirth und Aiko Bode

ISBN 978-3-527-50213-4

volution eingeleitet hatte. Eine Kritik an den vermeintlichen ökologischen und sozialen Folgen lief von da an also ins Leere.

Die Industrie hatte nämlich mit Einführung der Gentechnik bereits eine zweite grüne Revolution, die so genannte »grüne Gentechnik« vorbereitet. Mit ihrer Hilfe vermochte der Einsatz der riskanten Chemikalien drastisch gesenkt zu werden. So konnte zum Beispiel die Firma Syngenta die Hoffnung verbreiten, den Vitaminmangel großer Bevölkerungsteile in Asien mit dem genveränderten »Golden Rice« zu stoppen. Das Vitamin A sollte 500 000 Kindern jährlich das Augenlicht retten. Zwar kenne man noch nicht die Nebenwirkungen dieser Therapie, sehe aber darin keine großen Probleme, weil das eingepflanzte Vitamin A selbst von Genen aus Narzissen und harmlosen eubiotischen Bakterien stamme.

Die böswilligen Vorwürfe vieler nichtstaatlicher Organisationen gegenüber der grünen Gentechnik kann man nun wirklich nicht mehr nachvollziehen. Was tut denn Gentechnik auf dem Agrarsektor anderes, als es die Natur durch Selektion und der Mensch seit der neolithischen Revolution schon immer gemacht haben? Manche meinen, diese naturalistische Interpretation der Gentechnik sei pure Polemik gegen deren Kritiker. Mitnichten! Wir haben dafür hervorragende Wissenschaftler als Kronzeugen. Hubert Markl, der ehemalige Präsident der Deutschen Forschungsgemeinschaft, hatte schon vor mehr als zwanzig Jahren die Analogie zwischen natürlicher Evolution und Gentechnik festgestellt. Die natürliche Evolution sei letztlich nichts anderes als »biologische Gentechnik«. Die humane Gentechnik beschleunige nur den langwierigen Genaustausch, der auch Ziel der Evolutionsprozesse in der Natur sei.

Machen Sie sich diese Einsicht Markls zu Eigen und Ihren Kritikern klar: Was sich in der Natur noch auf umständlichem sexuellem Wege zu bestimmten Jahreszeiten und hohem Ausfallrisiko vollzieht, wird nun im Reagenzglas praktiziert – einfach nur viel besser, schneller und gezielter, nicht mehr so verschwenderisch und mit viel weniger Ausfällen. Die Natur leistet sich immer noch unzählige Fehlproduktionen. Milliarden von Samen- und Eizellen verpuffen sekündlich sinn- und zwecklos auf unserem Globus. Es dauerte Jahrmillionen, bis die Natur aus den unzählbaren Irrtümern und Fehlentwicklungen endlich den, weiß Gott, noch immer höchst unvollkommenen Menschen hervorgebracht hat.

Mit dem Menschen allerdings hat die Natur erstmals einen Helfer, der ihr mit Hilfe von intelligenten Züchtungen zur Hand gehen konnte. Er erzeugte im Laufe von Jahrhunderten wesentlich ertragreicheres Saatgut und dienstbarere Tiere – allerdings immer noch auf der Grundlage von Versuch und Irrtum, wobei nur ein geringer Prozentsatz zum Erfolg führte. Ganz anders mit der Biotechnologie. Erst durch sie ist er in der Lage, der Natur wirklich zur Seite zu stehen und deren fehlerhafte Errungenschaften rasch zu perfektionieren.

Wie vollkommen es dabei zugeht, können Sie ja an folgendem Beispiel deutlich machen: Die Firma Monsanto pflanzte in das Erbgut von Sojabohnen ein Gen mit der Eigenschaft ein, resistent gegen das ebenfalls von Monsanto hergestellte Herbizid Roundup™ zu sein. Jetzt war die Welt perfekt: Die Ernteerträge von Roundup-Ready™-Sojabohnen konnten nun mit dem unbedenklichen Einsatz der Monsanto-Herbiziden erheblich gesteigert werden. Die Perfektion wurde noch dadurch gesteigert, dass das Saatgut der Sojabohnen mit Hilfe eines Gens zur Unterdrückung der Keimung steril, also unfähig zur Fortpflanzung, gemacht wurde. Das hat zwei Vorteile: Zum einen wird mit dieser so genannten »Terminatortechnik« das geistige Eigentum des Herstellers geschützt – das Saatgut ist nur zum Einmalgebrauch bestimmt. Zum anderen müssen die Bauern nun nicht länger einen Teil der Ernteerträge für die nächste Aussaat zurückhalten. Sie werden stattdessen alljährlich mit neuem Saatgut von Monsanto beliefert. Die Firma war sogar so großzügig, ihren Kunden den Einstieg in ihr Angebot kostenlos zu gewähren. So viel Altruismus hat sich zuvor nur die Firma Nestlé geleistet, die ja, wie bereits erwähnt, den Einstieg in das Abstillen der frisch entbundenen Mütter mit der kostenlosen Verteilung von Milchpulver erleichterte. Das Muttermilchersatzprodukt sollte die jungen Mütter von der Last des Stillens befreien.

Sie sollten aus diesen Beispielen lernen und sich bewusst sein, dass so viel Großzügigkeit ihre Grenzen hat und häufig gar nicht richtig gewürdigt wird. Sie können schließlich nicht alles verschenken, denn wie sollten Sie sonst weiterhin zum Wohle der Menschheit zur Verfügung stehen und die Erträge des Ackerbaus dank der »grünen Revolution« steigern? Nur durch die Ingeniosität innovativer Firmen kann der Welthunger schließlich besiegt werden. Monsanto hat deshalb entschieden, von denjenigen Bauern, die das Roundup-Saatgut anwenden, auch eine kleine Entschädigungsgebühr zu verlangen. Das ist nur gerecht, denn schließlich hat der Hersteller ja Milliarden in das Produkt investiert. Wenn also Bauern ein solches Saatgut ansäen, dann sollen sie auch zahlen. Wie immer, wenn es um das Zahlen geht, behaupten nun einige Bauern in Kanada, sie hätten das Saatgut gar nicht bestellt, es sei einfach von Nachbarfeldern angeflogen gekommen. Das sind natürlich die üblichen Tricks der Schwarzfahrer, die sich immer irgendwelche Ausreden einfallen lassen. Monsantos Saatgut kann wegen der Schwere der eingepflanzten Gene gar nicht so weit fliegen, wie diese Trittbrettfahrer behaupten. Jedenfalls geben die ersten Gerichtsurteile der Firma Recht: Die Beweislast bleibt bei den Bauern und nicht bei Monsanto.

Die Gerichte haben selbst bereits erkannt, welch immens wichtige Rolle Firmen wie Monsanto bei der erfolgreichen Bewältigung von globalen Problemen, wie zum Beispiel dem Welthunger, spielen. Es wäre geradezu unethisch, deren Aktivitäten durch unnötige Vorschriften und sonstige Hindernisse zu stören. Der kleine Mann kann jedenfalls nur schwerlich nachvollziehen, was die Life-Science-Firmen alles unternehmen, um den Hunger in der Welt zu besiegen. So sammeln sie in konzertierten Aktionen ungeheure Kapitalmengen für gemeinsame Investitionen, um die Welternährung mit zahlreichen neuen Produkten dauerhaft sicherzustellen. Ziel ist dabei, die Erträge, den Nährwert, die Schädlings- und Pestizidresistenz der angebauten Pflanzen noch mehr zu steigern und zu optimieren. Das geht nicht ohne den Einsatz neu entdeckter Gene mit wundersamen Eigenschaften wie Herbizid-, Fungizid- und Pestizidresistenz, Appetithemmern und vielen anderen nützlichen Eigenschaften.

Jetzt wird auch verständlich, weshalb für die Firmen die Patentierung von Pflanzen und Tieren, deren Genen sie bestimmten Eigenschaften zuordnen konnten, zur Absicherung ihrer horrenden Investitionen so wichtig ist. Jedenfalls ist seit 1998 die Patentierung auf Leben gesetzlich geschützt. Die Firmen hätten sonst vergeblich investiert, weil sonst jeder andere die Früchte ihrer Anstrengungen zum Nulltarif hätte nutzen können. Die grüne Revolution wäre am Ende gewesen, bevor sie überhaupt erst richtig damit begonnen hätte, den Hunger in der Welt nach immer mehr profitablen Einnahmequellen zu stillen.

Epilog
›Glaubwürdiges Management hängt vom Menschenbild ab!‹

Haupteinsatzbereich: Mitarbeiter
Nebeneinsatzbereich: Presse, Öffentlichkeit

Ein interessantes Statement, das Sie als vorbildlicher Unternehmer da bei einer Jubiläumsveranstaltung eines Großkonzerns in einer Festrede vor den versammelten Herren aus den wichtigsten Chefetagen Deutschlands abgegeben haben. Sie machten die Glaubwürdigkeit des Managements von dessen Menschenbild abhängig. Dabei erinnerten Sie an christlich geprägte Unternehmer vom Schlage eines Heinz-Horst Deichmann, seines Zeichens Inhaber der größten Schuhfilialkette Europas und auf der Forbes-Liste der Superreichen im Jahre 2006 mit der Kleinigkeit von 1,66 Milliarden Euro immerhin auf Rang 365. Bescheiden sei der Mann geblieben. Er vertraue auf Gott, spende viel und schon seit langem, und sei der Ansicht, Unternehmen hätten den Menschen zu dienen.

Es hatte den Anschein, Sie glaubten selbst an Ihre Worte. Es schwang so etwas Vorbildhaftes, Christlich-Verklärtes, Nächstenliebendes in Ihrer Rede mit. Es steht zu befürchten, dass Sie sonntäglich in die Kirche gehen. Was ja an sich nicht schlimm wäre. Das tun ja manche zur Wahrung des schönen Scheins. Aber man muss doch nicht gleich daran glauben. Wie es aussieht, liegt in Ihrem Fall so etwas wie ein Selbstbetrug vor. Schwierig. Aber nicht unheilbar. Schließlich sind wir Lügenspezialisten und somit auch darauf bedacht, nicht in unsere eigenen Fallen zu tappen! Wir werden uns Ihrer also annehmen. Noch ist nichts verloren. Zunächst einmal: Herr Deichmann wurde gerade 80 Jahre alt. Wir gönnen ihm den Erfolg und noch ein langes, erfülltes Leben – aber bitte: Sie müssten doch zur Kenntnis nehmen, dass es solche Unternehmertypen künftig nur noch in schöngeistige ZDF-Melodramen am Sonntagabend bringen werden. Sie sind romantische Auslaufmodelle. Die raue Wirklichkeit der Weltwirtschaft sieht etwas anders aus.

Lügen in der Chefetage. Mathias Schüz, Stephen Wirth und Aiko Bode

ISBN 978-3-527-50213-4

Haben Sie einmal darüber nachgedacht, dass man sehr unterschiedlicher Auffassung darüber sein kann, was der Mensch ist? Sehen wir uns die Sache einmal etwas genauer an und fragen Sie, verehrte Führungskraft: Welches Menschenbild haben Sie denn eigentlich? Möglicherweise sind Sie bereits einmal auf philosophische oder andere Brocken zum Thema »Menschenbild« gestoßen und haben sich eines der vielen Angebote zu Eigen gemacht, das aber bei Licht betrachtet jedes auf seine Weise ein wenig unausgegoren ist:

1. Es gibt ja eine Interpretation des menschlichen Wesens, die sich über 200 Jahre gehalten hat. Nach Johann Gottfried Herder (1744–1803) und dem Anthropologen Arnold Gehlen (1904–1976) ist der Mensch ein Mängelwesen. Ein Wesen also, das mit den Errungenschaften seiner Kultur die Mängel ausgleichen muss, die ihm die Natur im Vergleich zu anderen Lebewesen mitgegeben hat.
2. Douglas McGregor (1906–1964), der Begründer der Motivationstheorie in der Betriebswirtschaft, hat dieses Menschenbild in seiner bekannten »Theory X« berücksichtigt: Der Mensch hat prinzipielle Mängel. Denn er ist faul und scheut Verantwortung. Er muss daher gesteuert, motiviert oder sogar gewaltsam angetrieben werden. Wie es scheint, hat sich daran bis heute noch nicht viel geändert. Denn McGregors entgegengesetzte »Theory Y«, nach der der Mensch von sich aus motiviert ist und in flachen Hierarchien eigenverantwortlich handeln kann, hat sich noch nicht einmal im öffentlich-rechtlichen Rundfunk in Europa durchgesetzt.
3. Betrachten wir einen anderen Ansatz: Nach Auffassung des Freiburger Philosophen Martin Heidegger (1889–1976) ist der Mensch ein Wesen, das nicht einfach einen Daseinszweck erfüllt, den ihm die Natur zugedacht hat. Er ist vielmehr ein Wesen, das das Problem der Zeit und damit auch seine eigene Endlichkeit versteht. Aus diesem Grund kann er sich schon heute um seine Zukunft sorgen. Er deckt sich also im Hier und Jetzt mit dem ein, was er morgen zu brauchen glaubt. Ja, die Philosophie kann recht nahe an der Wirtschaft dran sein. Auch da geht es ja ums Hamstern.
4. Eine weitere allgemeine Auffassung vom Menschen kennzeichnet ihn als ein »animal rationale«, also ein denkendes Lebewesen.

Auch dieser Ansatz hat einen gewissen Schick für die Wirtschaft: Aus ihm folgt nämlich auch, dass die einen wesentlich besser denken können als die anderen. Und dieses Wissensgefälle macht die einen zu Führern, die anderen zu Arbeitern auf den verschiedenen Ebenen. Um die richtigen Personen für bestimmte Aufgaben aus der großen Masse herauszusieben, gibt es zum Beispiel die Assessment Center.

5. Gut gefällt uns auch eine weitere Definition des Menschen. Sie besagt nach dem niederländischen Philosophen Johan Huizinga (1872–1945), dass der Mensch das Lebewesen ist, das spielen kann, also in der Lage ist, zweckfrei, selbstvergessen und ins Spiel versunken zu handeln. Ja – auch hier ließe sich so manche Parallele zur Wirtschaft ziehen. Doch ist uns zweckfreies Handeln ein wenig suspekt, und daher möchten wir Sie nicht in eine falsche Richtung weisen.
6. Halten wir es lieber mit einer Definition des Menschen, die ganz nahe an der Wirtschaft ist: der Mensch als »homo faber« – als werktätiges, produzierendes, herstellendes Wesen. Wenn Sie dann im Gegensatz zu Ihrem Personal über die entsprechenden Ressourcen und Produktionsmittel verfügen, steht einer erfolgreichen Umsetzung eines philosophischen Menschenbildes nichts mehr im Wege.
7. Eine weitere, sehr alte Definition arbeitet das Lachen als Wesen des Menschen heraus. Es ist sehr interessant, dass die alte Mutter Kirche sich große Mühe gegeben hat, diesen Wesenszug so lange zu unterdrücken, wie es ihr nur irgendwie möglich war. Wer lacht, erkennt nämlich keine Autoritäten an. Und dies ist für Sie als Führungskraft schlechthin unverzichtbar. Wenigstens so lange Sie selbst noch nicht ganz oben stehen. Denn dann muss selbstverständlich »Schluss mit lustig« sein. Zwar ist mittlerweile erwiesen, dass auch Affen, Hunde oder Delphine lachen können, aber dies mindert nicht die weitaus größere Spannweite des menschlichen Humors. Immerhin gibt es gut und gerne Dutzende Arten und Anlässe zu lachen. Wir müssen sie nicht alle durchspielen, legen Ihnen aber ans Herz, Ihren Humor sehr ernst zu nehmen. Nur wer über Humor verfügt, der hat in jeder Lebenslage genügend Abstand. Und den werden Sie brauchen, glauben Sie uns! Wenn Sie unsere kleinen Lügen in einer stillen Stunde lesen,

dann werden Ihnen allmählich auch die erwachsenen Brüder des Humors ans Herz wachsen – Sarkasmus und Zynismus.

8. Der bekannte französische Existenzialist Jean Paul Sartre (1905–1980) kennzeichnete den Menschen hingegen als ein geschichtliches Wesen. Nach Sartre ist der Mensch nicht gerade der, der er ist, sondern immer gerade das, was er nicht ist – also ein Wesen, das beständig wird, das in einem dauernden Prozess des Werdens begriffen ist. Er ist also in jedem beliebigen Augenblick in der Gegenwart bereits auf Zukunft hin angelegt. Ein recht interessanter Gedanke: Auf die Wirtschaft übertragen, können Sie als Führungskraft das Wesen Ihrer Mitarbeiter dann zu jedem Zeitpunkt kneten, wie Sie es künftig gerne hätten. Dieses Menschenbild beweist auch unsere These von der Realisierbarkeit der Lüge. Denn die Lüge greift auf, was zwar noch nicht ist, was aber im Sinne des Lügners sein soll, und damit auch wird, wenn die entsprechenden Mittel zur Realisierung der Lüge eingesetzt werden.
9. Wichtig bei den philosophischen Menschenbildern scheint uns ein weiteres zu sein. Es besagt, dass der Mensch ein Wesen ist, das sein Verhalten über abstrakte Begriffe reguliert wie zum Beispiel Gott, Freiheit, Gleichheit, Brüderlichkeit, Unendlichkeit, Unsterblichkeit, Vernunft, Sinn und Liebe. Abstrakt heißen diese Begriffe deshalb, weil man sie nur denken, nicht aber anfassen und in der gegenständlichen Wirklichkeit treffen kann. Sie sind Konstrukte unseres Geistes, Ideen, Werte. Als solche sind sie aber trefflich geeignet, ihnen die Inhalte beizulegen, die uns in unserer Argumentation als Führungskraft am meisten nützen.
10. Aus diesen Ansätzen ist das so genannte humanistische Menschenbild erwachsen, das bis in die Verfassungsgesetzgebung demokratischer Staaten hinein wuchert. Da sieht man wieder einmal, was passiert, wenn man der falschen Anwendung und Umsetzung abstrakter Begriffe in geltendes Recht nicht rechtzeitig Einhalt gebietet ...

Wie uns scheint, sind Sie diesem humanistischen Quatsch gleichfalls auf den Leim gegangen. Freiheit, Gleichheit, Brüderlichkeit – tss – das sind doch alles Wolkenschiebereien. Solche grotesken Kopfgeburten sind das moderne Opium fürs Volk – so wie früher die Religion. Das haben die Philosophen Karl Marx (1818–1883) und Ludwig

Feuerbach (1804–1872) doch nun wirklich überzeugend herausgearbeitet. Mit diesen Begriffen werden die Dummen eben nur weiterhin unter irgendeinem Banner versammelt und in neue Schlachten geführt, die nicht die ihren sind. Eben das sollten Sie sich selbst zunutze machen. Schwenken Sie die Flagge solcher Begriffe für Ihre Zwecke – aber bitte wahren Sie den notwendigen aristokratischen Abstand zu diesem Volksaberglauben. Sie wollen sich doch nicht wirklich mit »Bürgern« verbrüdern.

Wir sehen besorgt, wie Sie mit stolz geschwellter väterlicher Brust durch Ihr Unternehmen wandeln. Sie drücken Ihre Mitarbeiter an sich und laden sie ein, das Unternehmen als ihr eigenes Heim und corporate home anzusehen. Sie haben für jeden ein freundliches Wort, kennen jeden beim Namen, erkundigen sich hier und da nach dem werten Befinden, nach der Familie oder privaten Plänen. Ganz der Papa. Gebildet, gütig, glaubwürdig. Ganz Humanist. Und demnächst pleite.

Nein, verehrter Herr, die humanistische Philosophie hat Ihnen vermutlich den Kopf verdreht und den Blick auf die Realitäten verstellt. Während Sie in blumigen Gefilden wandeln und mit beiden Füßen fest in der Luft stehen, haben Sie das Wichtigste versäumt: Dieser schönen Gedankenkunst ihre Begriffe abzulauschen und sie in wirtschaftlichen Erfolg umzumünzen. Wir haben Ihnen oben ja allerlei Alternativen zu Ihrem Humanistengeschwurbel angeboten, aus welchen sich wirtschaftlicher Erfolg ungleich leichter münzen ließe.

11. Sie sind noch immer nicht recht überzeugt? Nun, dann noch einmal etwas deutlicher: Halten wir Ihrem christlich-humanistisch korrumpierten Menschenbild einmal versuchsweise ein Menschenbild entgegen, das sich nicht auf jenseitige Spekulationen, sondern auf Jahrtausende lange reale Erfahrungen stützt: Der Mensch ist ein Lebewesen, das verdrängt, sich breit macht, rücksichtslos verbraucht. Ein Lebewesen, das sich nicht scheut, Vernichtungskriege gegen seinesgleichen zu führen. Ein Lebewesen, das im Daseinskampf kein Mittel der Selbstbehauptung auslässt. Das stiehlt und raubt. Das andere benutzt. Das dieses Treiben in nettere Begriffe kleidet, damit es umso leichter täuschen kann. Ein Wesen, das getrieben ist von Gier, Neid und Niedertracht. Von Scheelsucht, Bosheit, Rücksichtslosigkeit – und dies, wohlge-

merkt, bis in seine karitativen Unternehmungen hinein. Der Mensch ist dies alles – vielleicht nicht immer und nicht überall. Doch ist man gut beraten, davon auszugehen, dass er im Kern ein Schweinehund ist.

Warum gibt es das freie Spiel der Kräfte? Wer hat es ausgerufen? Doch wohl diejenigen, die den größten Vorteil von ihm haben: die Stärkeren. Die Krumen, die von ihrem prassenden Tisch unter die Schwächeren und Hunde fallen, nennen sie »Gemeinwohl«. Wohlan: Möchten Sie ein Kerl sein, mit am Tisch sitzen und essen, oder möchten Sie weiter Ihren hungrigen Magen mit abstrakten Begriffen füttern, bis Sie selbst zum Futter Ihrer Konkurrenten werden? Über all den seichten Humanistenbüchern haben sie wohl einen Friedrich Nietzsche (1844–1900) übersehen, dem der Wille zur Macht als einzig ehrliche Triebkraft galt.

Wirtschaft beruht nun einmal auf der Dynamik von Angebot und Nachfrage. Dem freien Spiel der Kräfte bei begrenzten Ressourcen an Personal und Material. Wirtschaftlicher Erfolg bringt demnach Umverteilung von Vermögen durch geschicktes Handeln mit sich. Wirtschaft ist Nutzung fremder Kraft mit einer Aneignung von deren Überschuss. Oder bei großem Angebot von fremder Kraft deren Ausnutzung bis zum vollständigen Ersatz.

Merken Sie jetzt, dass Sie ja eigentlich Recht hatten mit Ihrem Eingangsstatement vom Menschenbild? Sie müssen nur endlich den Menschen als das verstehen, was er in der Wirtschaft nun einmal ist: als Kraft. Man kann sie nutzen, lenken, umbiegen, einsetzen, vereinen, trennen – ganz nach dem jeweiligen Zweck. Herrgott noch eins: Es laufen sechs Milliarden Menschen auf dem Globus herum. Da muss Ihnen doch um ein paar einzelne nicht Bange sein. Also räumen Sie einmal gründlich auf mit Ihrem humanistischen Menschenbild! Bringen Sie Ihre Leute in Wallung! Schaffen Sie Wettbewerb im Unternehmen! Weg mit den Kuschelstunden. Weg mit Alten, Kranken, Versagern, Zauderern, Schwangeren und anderweitig sozial Angehauchten, die es sich in der Hängematte Ihres Unternehmens bequem eingerichtet haben.

Sagen Sie, was Sache ist: fressen oder gefressen werden! »Der Krieg ist der Vater aller Dinge« – sprach auch ein Philosoph mit Namen Heraklit zu Ephesos bereits im alten Griechenland! So schafft man Erfolg. Und wer Erfolg hat, ist auch glaubwürdig. Man muss eben nur das richtige Menschenbild haben!

Wir haben es daher schon immer höchst erfolgreich mit der einzig wirklich überzeugenden Definition des menschlichen Wesens gehalten: dem »homo mentiens« – dem Menschen als ein Wesen, das lügt.

Register

Lügen in der Chefetage. Mathias Schüz, Stephen Wirth und Aiko Bode

ISBN 978-3-527-50213-4

Stefan Tilk

Courage

Mehr Mut im Management

2006. 274 Seiten. Gebunden.
ISBN-13: 978-3-527-50215-8
ISBN-10: 3-527-50215-7

»Wir sind Weltmeister im Zögern und Zaudern.« Passender als mit dieser Aussage von Jochen Kienbaum von Kienbaum Consulting kann die aktuelle Situation in Deutschland und das Verhalten seiner Manager nicht beschrieben werden. Massenarbeitslosigkeit, zahlreiche Unternehmensbankrotte, Sozialsysteme vor dem Aus und Deutschland auf den hinteren Rängen in der Pisa-Studie – es gibt genug Gründe, den Mut zu verlieren. Aber hilft uns das?

Schluss mit Jammern und weichen Knien fordert Stefan Tilk. Gerade in den Unternehmen braucht es Manager, die sich trauen, Probleme anzupacken, die wissen, wie man das Ruder herumreißt und wieder auf Erfolgskurs kommt. Das einzig Richtige in Deutschland wäre, das wieder zu entdecken, was viele in den letzten Jahren mehr oder weniger verlernt haben: Mut im Management. Mut ist keine abstrakte Tugend, Mut ist eine konkrete Fähigkeit, die Managern täglich, und besonders auch in solchen Turnarounds, abverlangt wird.

Stefan Tilk weiß, wovon er redet. Er hat schon mehrere Krisensituationen in Unternehmen erfolgreich gemeistert. In seinem Buch zeigt er, wie und womit Manager Turnarounds schaffen können. Betrachtet werden einerseits Manager, die in Augenblicken der Wahrheit aus Feigheit »gekniffen« haben und andererseits die wenigen Vorbilder, die Mut bewiesen und einen Wandel bewirken konnten.